雨森芳洲と朝鮮通信使

—未来を照らす交流の遺産—

長浜市長浜城歴史博物館
高月観音の里歴史民俗資料館 編

ごあいさつ

国交正常化五十周年の今年、日本と韓国が手を携えて、共同提案の形で、「善隣交流の歴史～朝鮮通信使に関する記録～」をユネスコの記憶遺産に登録申請しようとする取り組みが進められています。その登録リストの核となる史料の一つは、芳洲会が所有し長浜市が管理団体となっている重要文化財「雨森芳洲関係資料」（高月観音の里歴史民俗資料館保管）です。

雨森《あめのもり》芳洲《ほうしゅう》（一六六八～一七五五）は、雨森村（現・長浜市高月町雨森）出身と伝える江戸時代中期の儒学者です。対馬藩（現・長崎県対馬市）に仕え、藩では文教をつかさどるかたわら、内政・外交・藩主の御用人などを務めました。ことに外交面では、隣国朝鮮との交流で「誠信（誠意と信義）の交わり」を説き、その思想は現代の国際認識にも当てはまり、時空を超えてなお、我々に多文化共生の指針を示し続け

ています。

長浜市では、このユネスコ記憶遺産登録推進事業として、シンポジウムや企画展等を開催します。これにより朝鮮通信使の概要や歴史的意義を再確認し、郷土の先人・雨森芳洲の思想や果たした役割、そして思想史や国際関係史の中での芳洲の実績を明らかにし、芳洲が目指した「誠信」の心を全国に向けて発信したいと考えます。

最後になりましたが、貴重な資料の出陳にご協力を頂いた所蔵者各位、また種々ご教示頂いた協力者の皆様に、深甚なる謝意を表します。

平成二十七年九月二日

長浜市長浜城歴史博物館
高月観音の里歴史民俗資料館
館長　太田　浩司

写真：対馬

目次

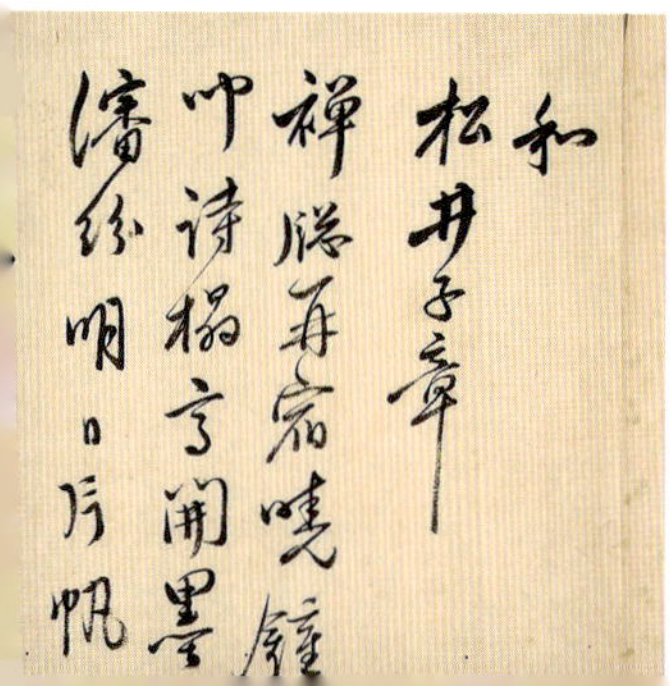

図版
上　：朝鮮通信使絵巻「正徳度朝鮮通信使参着帰路行列図巻」　高麗美術館蔵
右下：朝鮮使節騎馬図　佐賀県立名護屋城博物館蔵
左下：朝鮮通信使詩巻　南秋月・成龍淵・元玄川筆　個人蔵

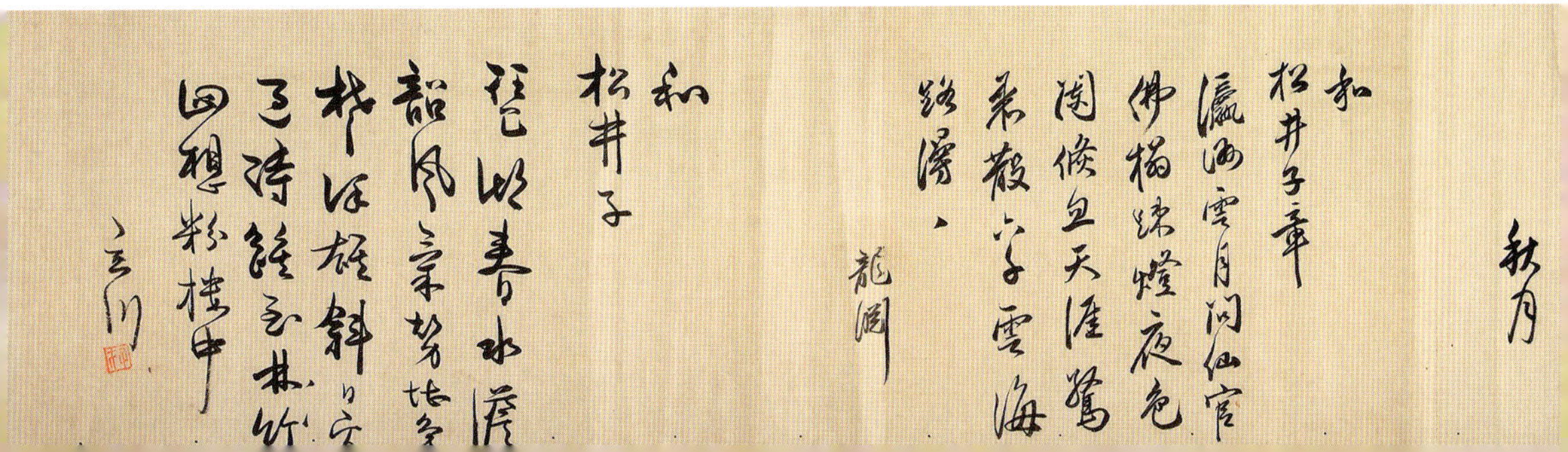

凡　例

＊本書は、長浜市朝鮮通信使ユネスコ記憶遺産登録推進事業として左記のとおり開催される企画展およびシンポジウムの記念誌である。

企画展「雨森芳洲と朝鮮通信使～未来を照らす交流の遺産～」
　長浜会場：長浜市長浜城歴史博物館
　　会期：平成二十七年九月三日㈭～十月十八日㈰
　高月会場：高月観音の里歴史民俗資料館
　　会期：平成二十七年九月二日㈬～十月二十五日㈰
シンポジウム「雨森芳洲と朝鮮通信使～未来を照らす交流の遺産～」
　会場：長浜文化芸術会館ホール
　日時：平成二十七年十月十七日㈯　午後一時三十分～

＊図版には、指定記号、列品番号、資料名、所蔵者を付した。
＊列品番号の前にある指定記号は、◎…重要文化財　△…市指定文化財を示す。
＊列品解説には、列品番号、資料名、員数、年代、所蔵者、材質・技法、法量を付した。
＊法量はすべてセンチメートルを単位とし、原則、縦×横で示した。
＊本書の構成・編集・執筆は佐々木悦也（高月観音の里歴史民俗資料館学芸員）が担当した。ただし、列品解説のうち33・34・39・40は太田浩司が担当した。
また、コラム・論考については、執筆者を冒頭に記した。

朝鮮通信使と江戸時代の日本

京都造形芸術大学客員教授
朝鮮通信使ユネスコ記憶遺産登録日本学術委員会委員長
仲尾　宏

一.

江戸時代の日本は近隣の東アジアの諸国、諸民族とは総じて友好的な関係を築くことに成功した。その代表的な例が朝鮮国とのかかわり方であった。

一六〇〇年の関ヶ原役のあと、天下の再統一に成功した徳川家康は朝鮮国との平和な関係を回復しようとして、朝鮮国に対して「私は豊臣秀吉のはじめたあの戦争に加担はしていなかった。朝鮮に対して復讐や怨みの念は持っていない。和を請う。日本に捕らわれている被虜の人びとは早く祖国にかえることができるよう、諸大名にも伝える。」と明言した。

この家康の言葉によって、朝鮮との国交が回復した。その間、中間にたった対馬島主の懸命の努力もあって、やがて一六〇七年に第一回の外交使節団が来日し、それからの友好関係を確かなものにすることに両国は成功したのである。

やがて、一六三六年から、毎回五〇〇名ちかいこの大外交使節団は「通信使」とよばれるようになる。また日本側では「来聘使」ともよばれるようになった。というのは、その後、徳川幕府は将軍の代替わりなどの慶事に、朝鮮の朝廷に国書を送り、その慶事祝賀の使節団を送るように求めたからである。朝鮮側もその招きを快く受け入れて、朝鮮国王の祝意をこめた国書を持たせる使節団を日本に派遣した。その国書をみると、両国は互いの国が安寧であることを願い、たがいに「誠信」をつくして交流しよう、という意思を確かめる内容が盛り込まれていた。このような関係を「善隣外交」という。

二.

一七世紀の前半、近世の日本は徳川政権のもとで近隣諸国やヨーロッパ諸国との関係を整序する必要に迫られていた。その目

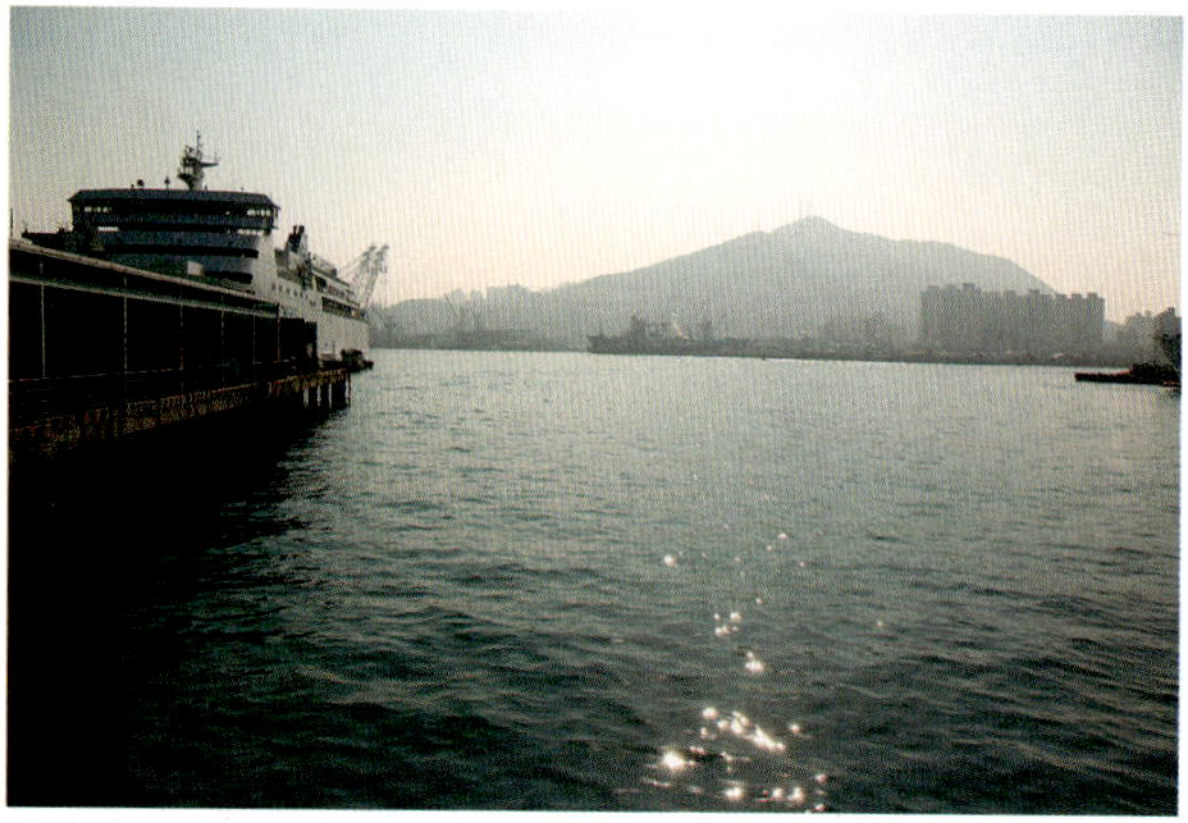

釜山港（片山通夫氏撮影）

的は朝鮮国との関係は無事に国交回復ができたが、他の諸外国との関係はキリスト教を禁止する、という幕府の対外方針を貫徹するために、いくつかの方策を考えださねばならなかったからである。その結果として、ヨーロッパの国とはキリスト教の布教をしない、というオランダとの通商関係だけに絞ることにした。

また中国とは今までも民間の貿易船が多数来航しており、また中国の商船が運んでくる中国沿岸や東南アジアの商品の輸入は幕府にも莫大な利益をもたらしていたので、オランダとともに中国の貿易船の長崎入港も認め、中国商人の長崎での居住もオランダ商館に滞在するオランダ人同様に認めることとした。また琉球王国とは一六〇九年に薩摩藩が琉球王国を支配下においたが、幕府は国の存続を認め、琉球が中国との外交・貿易上の関係を続けることを認めた。そして朝鮮国からの外交使節団と同様に、琉球国の使節団が将軍家の慶事や琉球国王の代替わり時に江戸へ使節団を送ることとした。

北方では松前藩がアイヌの人びととの交易を独占することを幕府は認めた。その結果、蝦夷地と日本海を通過して下関に至り、さらに瀬戸内を東進して大坂にまで物資を運ぶ北前航路が開発され、国内の流通網も一段と活発になった。そのような西、すなわち長崎での中国・オランダ、南の薩摩と琉球、北の松前という対外交易場とならんで忘れてはならないのは対馬藩による朝鮮貿易である。対馬は古代から朝鮮半島の諸王朝との交易で島の経済が成り立っていたので、秀吉のはじめた戦争によって中断した対朝貿易の復活を強く望んでいた。そのために国交回復にも尽力を重ねたのだが、その努力の甲斐あって、釜山に一〇万坪の土地を無償で提供され、そこに「和（倭）館」を設置、外交事務や貿易のために江戸時代全期を通じておよそ五〇〇〇人の藩士や商人が常駐することを認められた。

海外の日本人の居住はごく一時期、東南アジア各地にあったが、釜山では二五〇年以上にわたっての居住と交易が認められ、活発な商業活動が営まれていたのである。

このような江戸時代の対外関係を整理して「四つの窓口」が近世の日本に開いていた、という研究者もいる。また琉球国やアイヌの人びととの関係を含めると、近世日本は一種の「華夷秩序」を日本なりに作りあげたのだ、という論者もいる。いずれにしても、この時代は狭く、閉ざされた「鎖国」の時代ではなかったのである。そもそも

草梁倭館跡（釜山、片山通夫氏撮影）

「鎖国」という用語すら存在していなかった、という事実にも注目していただきたい。

三、

その四つの対外関係の中で一段と光り輝いていたのが朝鮮王朝との関係であった。まず正規の外交関係をもっていたこと、それに両国があくまで「対等」であり、二度と戦争をしない、という「不戦」の立場を維持していたこと、そして互いの文化と人の交流が活発であったことによる。

朝鮮通信使は「よしみ（誼）を通じる」という意味でそのようによばれた。そして毎回の使節団は国王の国書を奉じて来日する正使・副使・従事官などのほかに、通訳官、優れた学識や文筆能力をもった学士、写字官、書記、画員、医員などが含まれていた。当時の日本では対馬の商人などを除けば、朝鮮語に堪能な人はいなかったが、両国は共通の漢字文化圏に属し、とりわけ儒学や医学に堪能な人びとは筆談で意志疎通をはかれただけでなく、漢詩文の応酬を通じて互いの友情を確かめあうことができた。対馬から江戸までの各地で両国の知識人は存分に知的交流の機会をもつことができた。その事跡や遺品は各地の寺社や博物館・資料館などで確かめることができる。近江でも大津、守山、近江八幡、彦根などの各地でその文化交流の足跡を知ることができる。

さらに近江は、江戸時代の日朝関係史の中で、特筆すべき人物との縁をもっている。その人は雨森《あめのもり》芳洲《ほうしゅう》という。この人の先祖は長浜市高月町の雨森という集落を発祥の地とする。芳洲もまた近江の地を愛し、多くの詠歌を残している。彼は朝鮮御用支配役佐役という対馬藩の藩主の顧問格で、対馬藩の朝鮮にかかわるさまざまな仕事に一生を費やした。また通信使の江戸への往来には一七一一年と一七一九年の二回、随行する役目を受け持った。その間、朝鮮側の学士たちと交流して理解を深めあい、朝鮮側の学士からも尊敬された。また晩年、藩主に対するこれからの朝鮮関係にかかわる提言書ともいうべき『交隣提醒《ていせい》』という書物を書き上げた。この中で芳洲は「誠信」とは「争わず、偽らず、真実の交わり」に徹すべきことを強く主張している。

まさに今日の私たちが、日韓・日朝関係の未来の指針とすべき一言といえよう。多くの人びとが芳洲の説いた「真実の交わり」とは何であるか、をあらためて考えていただくことを期待したい。

江戸時代朝鮮通信使一覧表

	西暦	日本	朝鮮	干支	将軍	正使	副使	従事官	製述官	書記	良医	総人数	名称	使命・備考	使行録
第一回	一六〇七	慶長十二	宣祖四十	丁未	徳川秀忠	呂祐吉（癡溪）	慶暹（七松）	丁好寛（一翠）	学官・楊万世			五〇四	回答兼刷還使	修好回答兼刷還（国交再開）	慶暹（七松）「海槎録」
第二回	一六一七	元和三	光海君九	丁巳	秀忠	呉允謙（楸灘）	朴梓（雲渓）	李景稷（石門）				四二八	回答兼刷還使	大坂平定回答兼刷還（京都伏見まで）	呉允謙（楸灘）「東槎上日録」 朴梓（雲渓）「東槎日記」 李景稷（石門）「扶桑録」
第三回	一六二四	寛永元	仁祖二	甲子	家光	鄭岦	姜弘重（道村）	辛啓榮（仙石）				四六〇	回答兼刷還使	家光襲封祝賀回答兼刷還	姜弘重（道村）「東槎録」
第四回	一六三六	寛永十三	仁祖十四	丙子	家光	任絖（白麓）	金世濂（東溟）	黄杘（漫浪）	吏文学官・権侙（菊軒）	文弘績 文邲		四七八	通信使	泰平祝賀（日光山遊覧）	任絖（白麓）「丙子日本日記」 金世濂（東溟）「海槎録」 黄杘（漫浪）「海槎録」
第五回	一六四三	寛永二十	仁祖二十一	癸未	家光	尹順之（涬溟）	趙絅（龍洲）	申濡（竹堂）	読祝官・朴安期（螺山）			四七七	通信使	家綱誕生祝賀（日光山致祭）	趙絅（龍洲）「東槎録」 申濡（竹堂）「海槎録」 「癸未東槎日記」
第六回	一六五五	明暦元	孝宗六	乙未	家綱	趙珩（翠屏）	兪瑒（秋潭）	南龍翼（壺谷）	読祝官・李明彬（石湖）	裴裓 金自輝 朴文源		四八五	通信使	家綱襲封祝賀	趙珩（翠屏）「扶桑日記」 南龍翼（壺谷）「扶桑録」
第七回	一六八二	天和二	粛宗八	壬戌	綱吉	尹趾完（東山）	李彦綱（鷺湖）	朴慶後（竹庵）	成琬（翠虚）	林梓 李聃齢（鵬溟）	鄭斗俊	四七三	通信使	綱吉襲封祝賀（大猶院〔家光〕霊廟致祭）	金指南「東槎録」 洪禹載「東槎録」
第八回	一七一一	正徳元	粛宗三十七	辛卯	家宣	趙泰億（平泉）	任守幹（靖菴）	李邦彦（南岡）	李礥（東郭）	洪舜衍（鏡湖） 厳漢重（龍湖） 南聖重（泛叟）	奇斗文	五〇〇	通信使	家宣襲封祝賀（白石の改革）	任守幹（靖菴）「東槎録」 金顕門「東槎録」

第九回	一七一九	享保四	粛宗四十五	己亥	吉宗	洪致中（北谷）	黄璿（鷺汀）	李明彦（雲山）	申維翰（青泉）	張応斗（菊渓） 成夢良（長嘯軒） 姜栢（耕牧子）	権道	四七五	通信使	吉宗襲封祝賀（白石の改変を復旧）	洪致中（北谷）「東槎日録」 申維翰（青泉）「海游録」 鄭后僑「扶桑紀行」 金潝「扶桑録」
第十回	一七四八	寛延元	英祖二十四	戊辰	家重	洪啓禧（澹窩）	南泰耆（竹裏）	曹命采（蘭谷）	朴敬行（矩軒）	李鳳煥（済庵） 柳逅（酔雪） 李命啓（海皐）	趙崇寿（活庵）	四七七	通信使	家重襲封祝賀	曹命采（蘭谷）「奉使日本時聞見録」 洪景海「随使日録」 「日本日記」
第十一回	一七六四	明和元	英祖四十	甲申	家治	趙曮（済谷）	李仁培（吉菴）	金相翊（弦庵）	南玉（秋月）	成大中（龍淵） 元重挙（玄川） 金仁謙（退石）	李佐国	四七七	通信使	家治襲封祝賀	趙曮（済谷）「海槎日記」 呉大齢「癸未使行日記」 成大中（龍淵）「日本録槎上記」 成大中（龍淵）「仙槎漫浪集」 元重挙（玄川）「和国志」 金仁謙（退石）「日東壮遊歌」 「癸未随槎録」
第十二回	一八一一	文化八	純祖十一	辛未	家斉	金履喬（竹里）	李勉求（南霞）	廃止	李顕相（太華）	金善臣（清山） 李明五（泊翁）	朴景郁	三二八	通信使	家斉襲封祝賀（対馬まで）	金履喬（竹里）「辛未通信日録」 金善臣（清山）「島遊録」 柳相弼「東槎録」

『誠信の交わり―文化八年の朝鮮通信使』（佐賀県立名護屋城博物館・一九九七）と李元植著『朝鮮通信使の研究』（一九九七）をもとに作成し、人数については『国史大辞典』に拠った。

江戸時代の外交使節団「朝鮮通信使」

朝鮮国通信使の碑（対馬市）

日本と朝鮮国との関係は、十六世紀後半まで概ね平和な通交関係が保たれてきた。しかし天正十三年（一五八五）関白となった豊臣秀吉は、同十五年九州を平定し、ついで大陸に目を向けた。前後七年間、二度にわたる朝鮮出兵「文禄・慶長の役（韓国ではその干支から壬辰《じんしん》・丁酉《ていゆう》倭乱と呼ぶ）」である。

当初日本軍は優勢だったが、次第に戦況は硬直化し、講和交渉が進められた。秀吉は講和の条件として七ヶ条を提示し明の降伏をせまったが、明は秀吉を日本国王に冊封するという国書を秀吉に示した。その内容に立腹した秀吉が翌年朝鮮へ再出兵（慶長の役）したという。

結局このいくさは、秀吉の死によって終止符を打つが、朝鮮国全土は荒廃の極みに達し、前時代まで築いてきた両国の良好な友好関係はたちまちにして瓦解した。

江戸時代に入り将軍徳川家康は、秀吉の威圧的な外交とは異なり、「善隣友好（和平と国交回復）」を望んだ。そして、日本（徳川幕府）と朝鮮国との関係修復の実務を任されたのは、地理的にも朝鮮半島に最も近く、また古来より朝鮮との独自の交渉ルートを持っていた対馬藩（現・長崎県対馬市）であった。

朝鮮通信使とは

鎖国と呼ばれた江戸時代、将軍と国王が互いに国書を交換しあう、対等の友好国として交わっていたのは朝鮮国だけであった。朝鮮国との交流は、わが国にとって当時唯一の正式な「将軍の外交」であり、朝鮮国王より将軍に対して、国書を携え「信を通じる＝友好のあかし」使節として日本に派遣したのが通信使であった。

将軍の代替わりの祝賀などの目的で、慶長十二年（一六〇七）以来、文化八年（一八一一）までの約二〇〇年間、十二回にわたって通信使は来日した。朝鮮王朝の都である漢城《ハンソン》（いまのソウル）と江戸の往復、約

三千kmを半年間以上かけて往復した。ただし第二回は京都伏見で聘礼《へいれい》行事が行われ、第四回から第六回まで三度の通信使は、江戸からさらに日光山参詣(家康を祀る東照宮)も行っている。また、最後になった十二回目の通信使は江戸まで行かず、対馬府中での易地《えきち》聘礼《へいれい》が行われた。

十二回のうち、はじめの三回は「回答兼《かいとうけん》刷還使《さっかんし》」、つまり将軍の親書に対する返書の伝達と、秀吉軍によって日本に連行されてきた朝鮮人俘虜《ふりょ》の帰還が主な目的であったが、四回目以降は純粋な「通信使」として来日した。

一行の人数は、毎回三〇〇～五〇〇人。その構成は、朝鮮政府が選び抜いた優秀な官僚たちを中心に、随行員には美しく着飾った小童、その芸に秀でた楽隊・文人・画員(絵師)・武官・医師、通訳、そして船を操る船将・水夫などであった。

釜山を船出した一行は、まず対馬島に渡る。対馬からは、警護役の対馬藩士数百人も加わり、一行の総数は千人を数えた。そして、九州北部・瀬戸内海の各港を経て、大坂から川船に乗り換えて淀川を上り京都に上陸。ここから東へは陸路で江戸へ向かった。京都から東海道を東へ進み大津、草津へ。草津宿は東海道と中山道の分岐点で、通信使の一行は中山道を進み、守山宿に至り宿泊した。中山道をさらに進むと行《ゆき》合《あい》村(現・野洲市行畑《ゆきはた》)の村はずれ、小篠原《こしのはら》の三叉路に至る。ここで通信使一行は、中山道を左にそれて「朝鮮人街道」に進路をとった。「朝鮮人街道」は、この先の彦根「鳥居本宿《とりいもと》」でふたたび中山道と合流するまでの約四〇kmの道程である。途中、休憩にあてられた近江八幡・本願寺西別院、宿泊した彦根・宗安寺《そうあんじ》などに通信使ゆかりの資料・史跡が残されている。鳥居本からは、美濃へ向かい、大垣、名古屋、駿府《すんぷ》、箱根、小田原等を経て江戸へ向かった。

異国の文化を迎え、それを見物し、彼らと交流することは、わが国にとって江戸時代きっての国際的イベントで、各地で一行は武士階級のみならず、文人や一般民衆からも大歓迎された。

幕府は、通信使を通じて朝鮮や中国(明・清)をはじめとする東アジアの状況・情報を入手することができ、また大使節団の受入れ接遇等を諸大名に命じることにより、将軍の権威をより高め、さらに大名の統制を強化するという目的もあった。

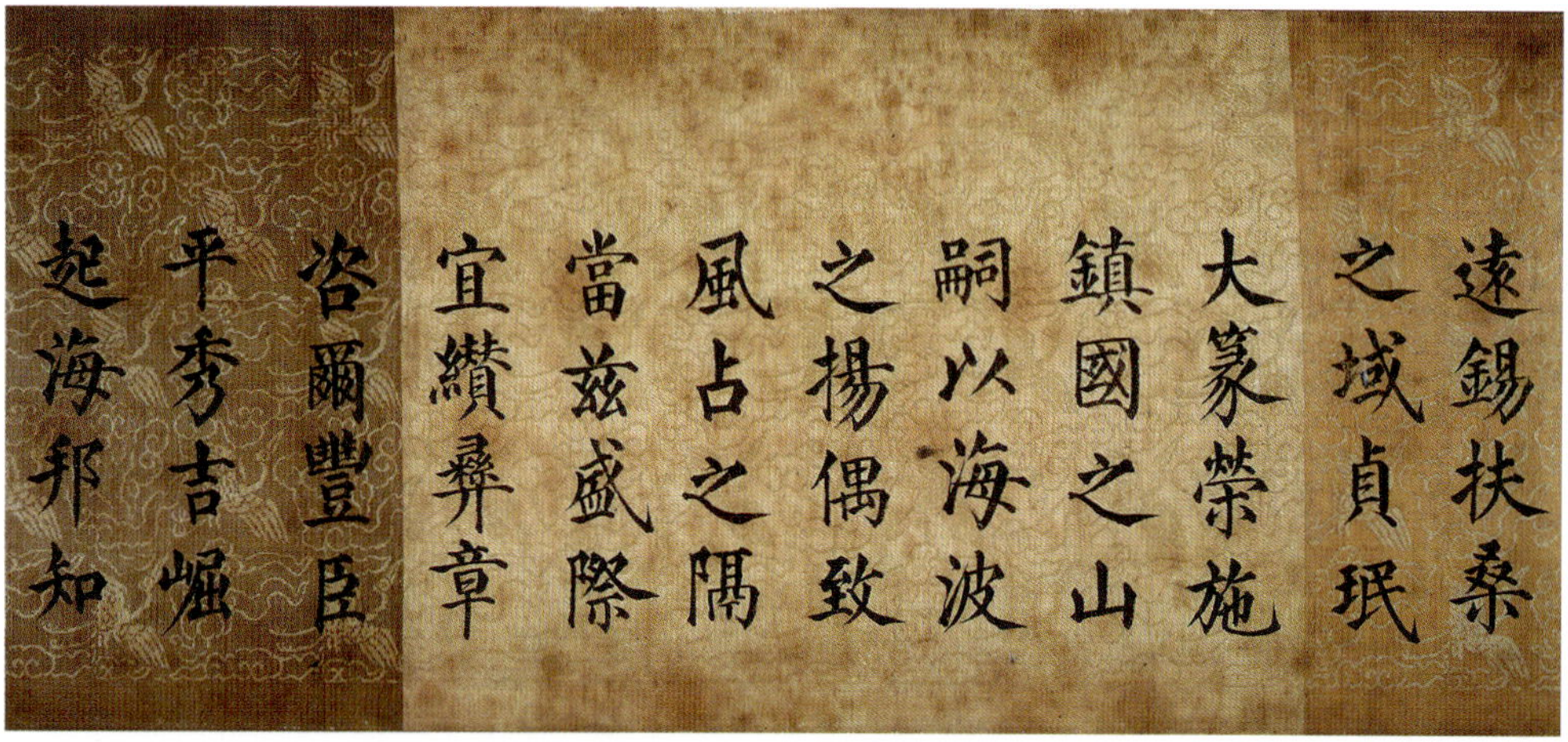

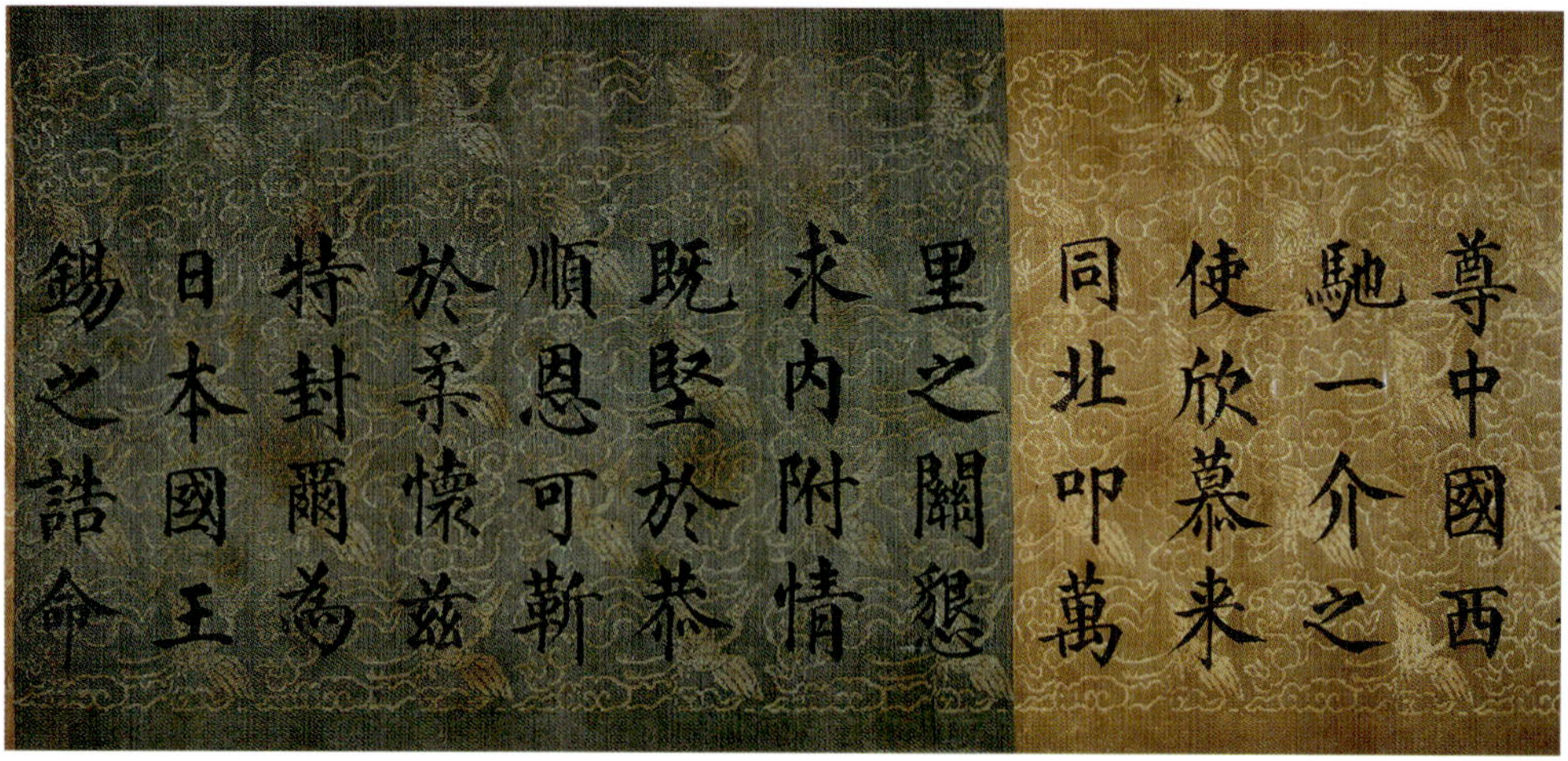

◎1　**明王贈豊太閤冊封文**　大阪歴史博物館蔵

文禄元年（1592：天正20年）に始まった朝鮮出兵・文禄の役（壬辰倭乱）では、当初日本軍は優勢だったが、朝鮮義兵の抵抗や明からの援軍により、戦況は硬直化していった。そして講和の動きがはじまり、小西行長と明の沈惟敬が中心となって交渉が進められた。秀吉は講和の条件として七ヶ条を提示して明の降伏をせまったが、明は受け入れなかったため、小西らは明が秀吉を日本国王に冊封するといった内容で決着をつけ、慶長元年（1596）9月、その内容の国書をもつ明の冊封使が大坂城で秀吉と会見した。その際の国書が本史料である。この内容に腹を立てた秀吉は翌年朝鮮へ再出兵し、慶長の役（丁酉倭乱）が始まった。

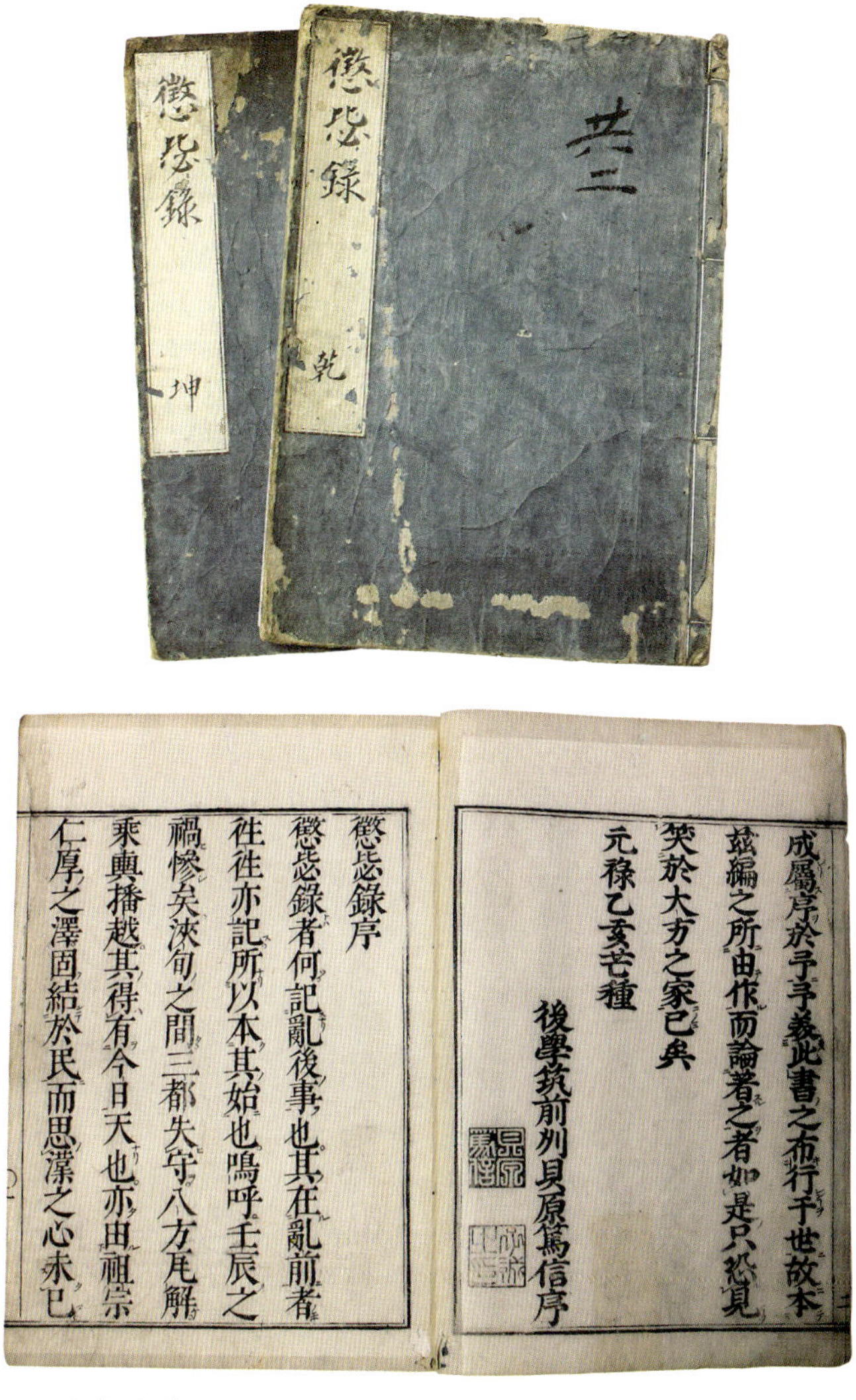

2　懲毖録　下関市立長府博物館蔵

朝鮮中央政府の要職にあった柳成龍《ユ ソンリョン》が自らの体験をもとに、壬辰倭乱（文禄・慶長の役）の全過程をまとめたもの。原本の成立年代は17世紀初頭までと推定されている。本書が日本で初めて出版されたのが元禄8年（1695）であるが、『懲毖録《ちょうひろく》』を含め、朝鮮書の日本での受容については申維翰《シン ユ ハン》著『海游録《かいゆうろく》』（享保4：1719年時の通信使の記録）に詳しい。そこでは、李退渓《イ テ ゲ》の『退渓集《たいけいしゅう》』が日本の儒学者に重視されていたということや、日本に朝鮮の故事に詳しい文士が多いのは朝鮮の書物が古くより日本へ伝来していたためとの見解が述べられている。またその一方で『懲毖録』や姜沆《カンハン》著『看羊録《かんようろく》』といった壬辰倭乱関係の書物が日本で出版されていたことに驚いている。その理由はこれらの書物に国の機密が多く載せられているためで、朝鮮から流出したのは国家の綱紀が緩み、私的な取引がおこなわれているためとの指摘がなされている。朝鮮書の日本での出版の状況はすでに正徳度の第８次通信使から本国へ報告されており、そのため朝鮮書の日本への輸出は禁じられていた。

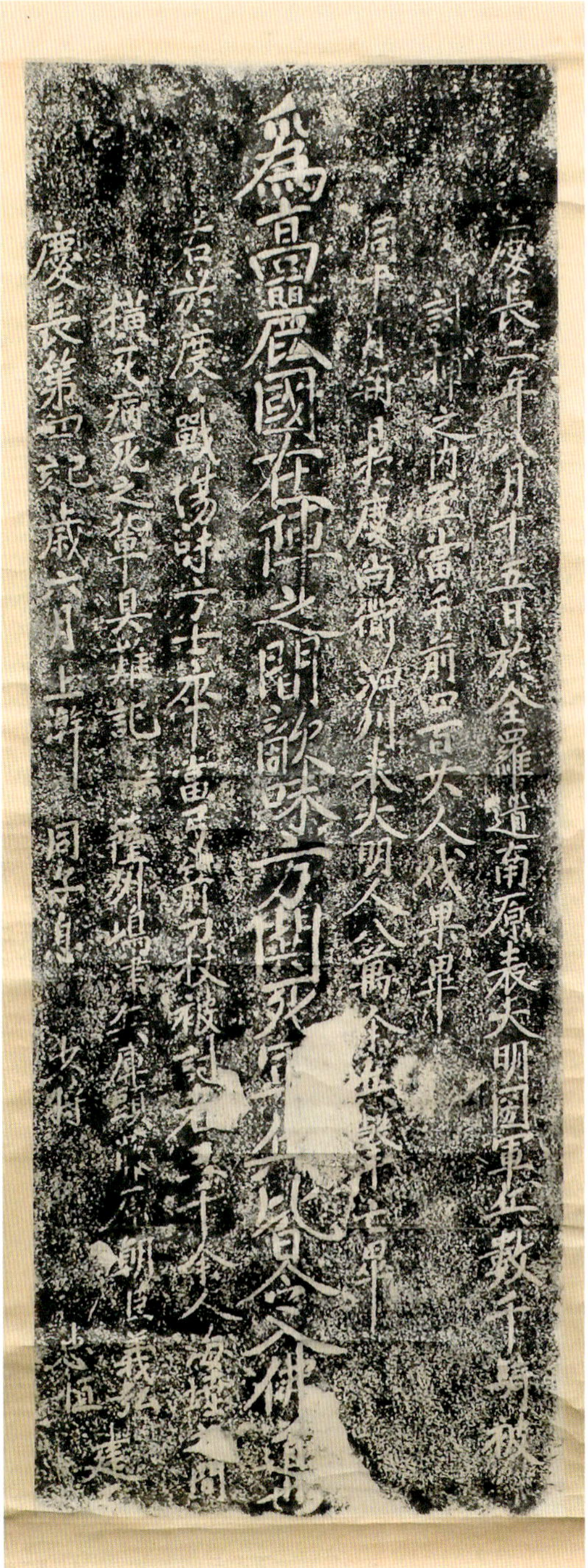

3　高野山敵味方闘死者供養碑拓本　個人蔵（大阪歴史博物館寄託）

慶長三年（一五九八）十二月、多くの犠牲を出した文禄・慶長の役が終了した。二度の出兵に参加した島津義弘（一五三五〜一六一九）は帰国後、自身の戦場（南原と泗川）で亡くなった明（朝鮮）兵と日本兵の菩提を弔うため、この供養碑を建立したという。原碑は高野山奥の院参道に現存している。

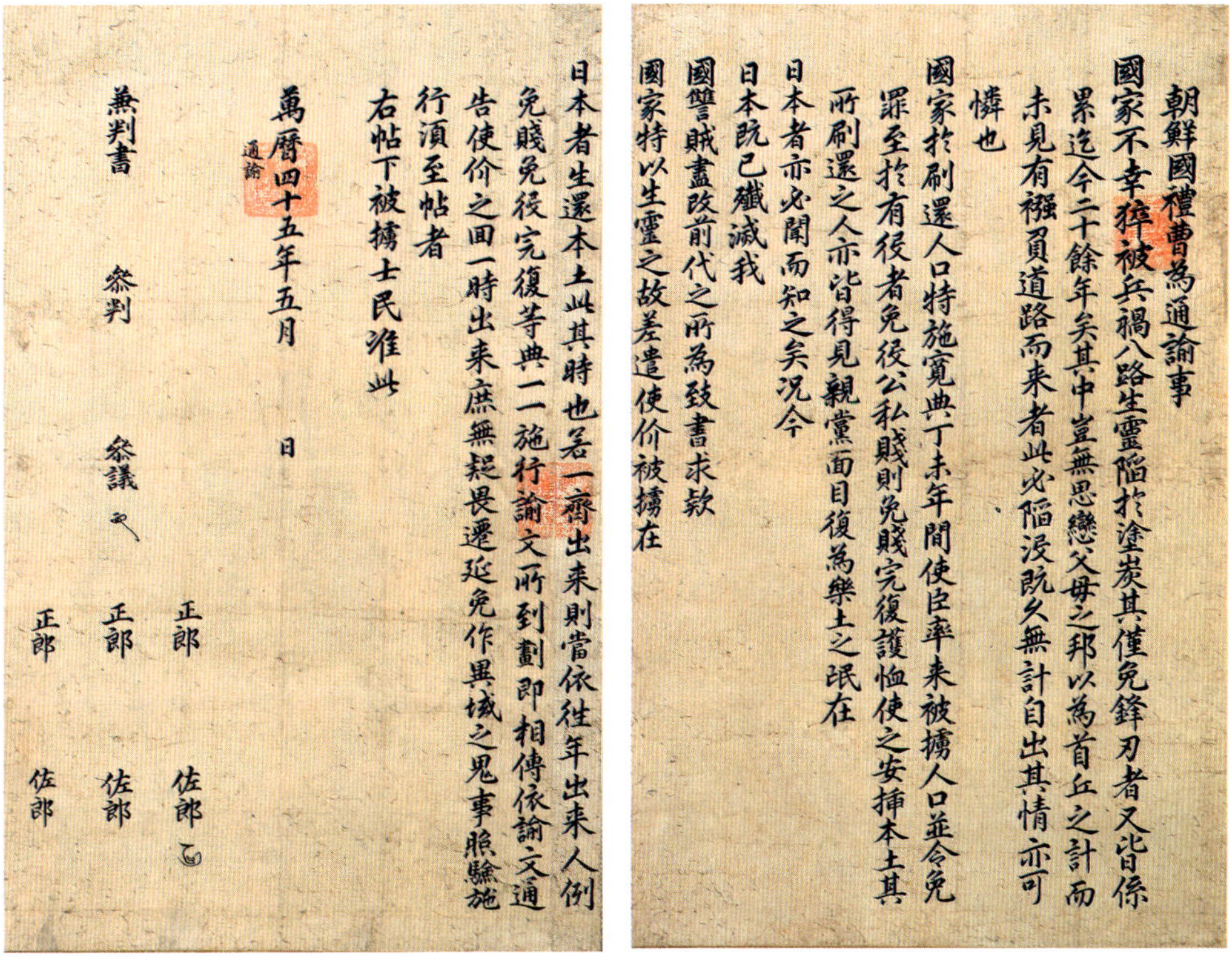

4　朝鮮国礼曹俘虜刷還諭告文　佐賀県立名護屋城博物館蔵

12回におよぶ朝鮮使節来日の初期の目的は、徳川将軍の国書への返答と、文禄・慶長の役で日本に連行された朝鮮の人々の返還要請（回答兼刷還）であった。この史料は、元和3年（1617）に来日した第2次使節団がもたらしたもので、前回（10年前）帰国した人々の朝鮮国における厚遇ぶりを述べ、帰国すれば前例にならってあらゆる特典を与えると、早期に帰国することを諭している。

当時、俘虜の刷還業務はなかなか進まなかった。その理由には、幕府からの刷還命令が徹底しないこと、朝鮮の人々のもつ高い技術や労働力を日本人が手放したがらないこと、慶長の役の終結から20年を経過し、多くの俘虜が日本での生活を続けざるを得ない状況に置かれていたことなどがあった。

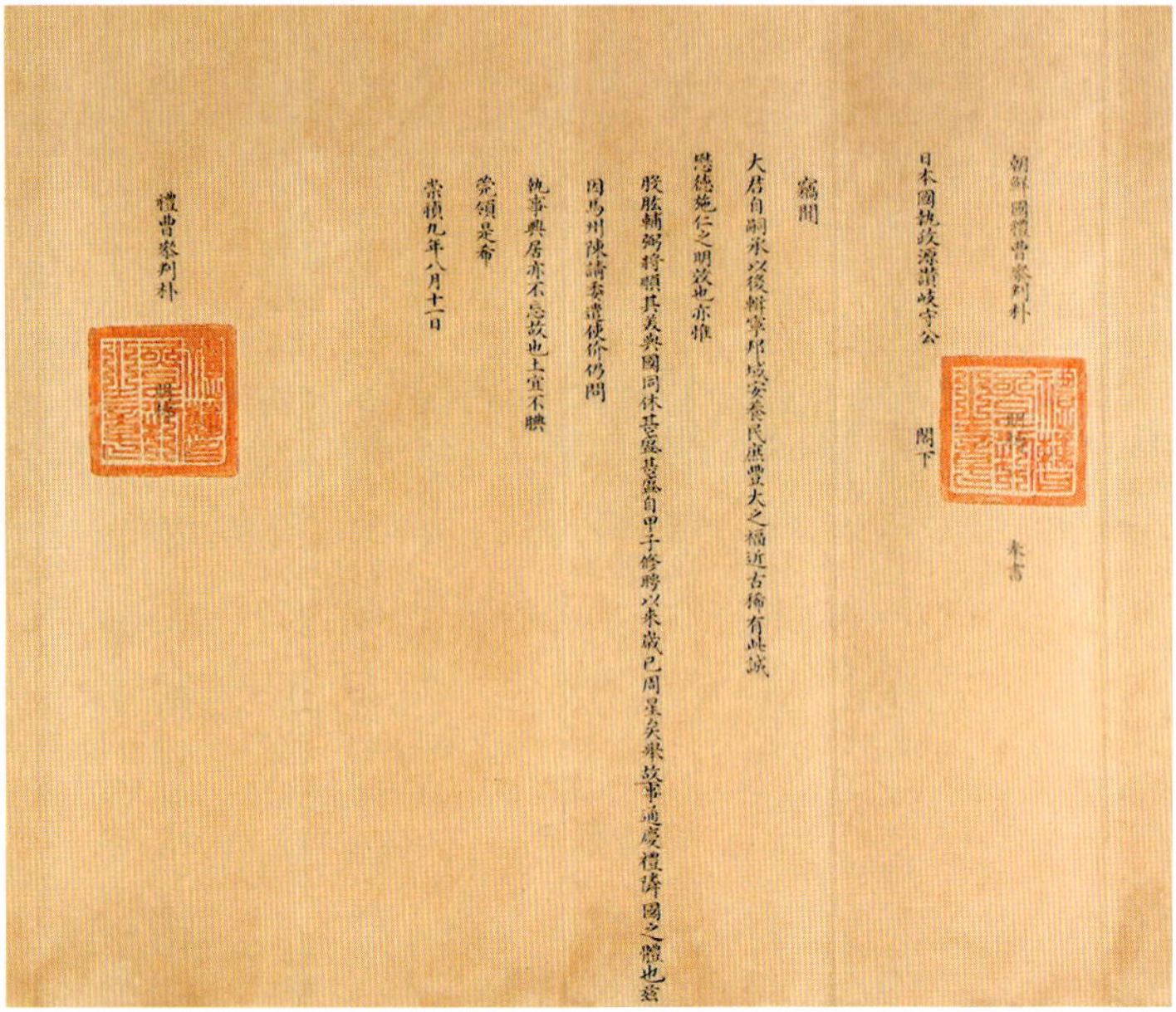
朝鮮國禮曹參判朴
日本國執政源讃岐守公　閤下　奉書
竊聞
大君自嗣承以後輯寧邦域安養民庶豊大之福近古稀有此誠
盛德施仁之明效也亦惟
股肱輔翊將順其美與國同休甚盛甚盛自甲子修聘以來歲已周星矣乘故事通慶禮諸國之體也茲
因馬州陳請委遣使价仍問
執事興居亦不忘故也土宜不腆
笑領是希
崇禎九年八月十一日
禮曹參判朴

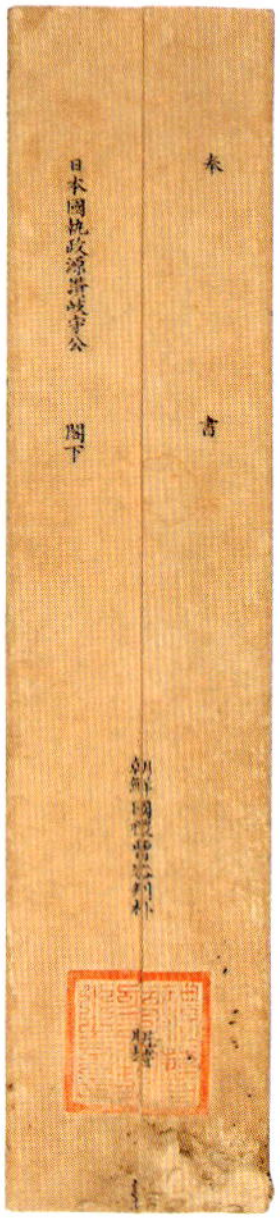
奉書
日本國執政源讃岐守公　閤下
朝鮮國禮曹參判朴

5　朝鮮国礼曹参判書契　一般財団法人布施美術館蔵

朝鮮で外交をつかさどる礼曹（役所）の、通信使来日にかかる朝鮮側外交担当者である参判（次官）から、幕府の老中・酒井讃岐守に宛てられた外交文書。この文書は寛永13年（1636）、わが国の泰平を祝うために来日した第4次通信使の際のもの。

第1次から第3次までの一行の任務は、①将軍からの手紙（国書。対馬藩が偽造したもの）に対する答礼、②文禄・慶長の役で日本に強制連行してきた朝鮮の人達の返還（回答兼刷還使）、および③修好と祝賀であったが、第4次以降は純粋に将軍襲職祝賀の通信使（信《よしみ》を交わす使節）となった。また将軍の呼称が「日本国王」から「日本国大君」に改められたのも今回からである。

6　朝鮮通信使絵巻「正徳度朝鮮通信使参着帰路行列図巻」　高麗美術館蔵

六代将軍徳川家宣の将軍襲位を祝うために来日した第八次通信使の行列の様子を描いた大絵巻。幕府の老中・土屋相模守政直の命により、対馬藩宗家が町絵師四十数人を動員して仕立てた。

警護役の対馬藩士を含め千人におよぶ大行列の様子を実によく伝えていて、美術作品としてのみならず、記録画としても高く評価されている。巻一の前半には、芦毛の馬に騎乗した真文役雨森芳洲《あめのもりほうしゅう》の姿も見える。

本資料は、尾張徳川家の姫が京都近衛家に輿入れの道具として持ち入ったが、明治時代末期、民間に払い下げられたものである。

7　正徳元年朝鮮通信使登城行列図（第一巻）　大阪歴史博物館蔵（辛基秀コレクション）

6 朝鮮通信使絵巻「正徳度朝鮮通信使参着帰路行列図巻」と同様、幕府の老中・土屋相模守政直の命により、対馬藩が町絵師を動員して作成した行列図巻。現在、３巻のみが伝来しているが、行列図４種のうち「朝鮮国信使道中行列図巻」、または「朝鮮国信使参着帰路行列図巻」に相当するものと推定され、公儀に献上された図巻であったと考えられている。紀州徳川家旧蔵の作品と伝える。

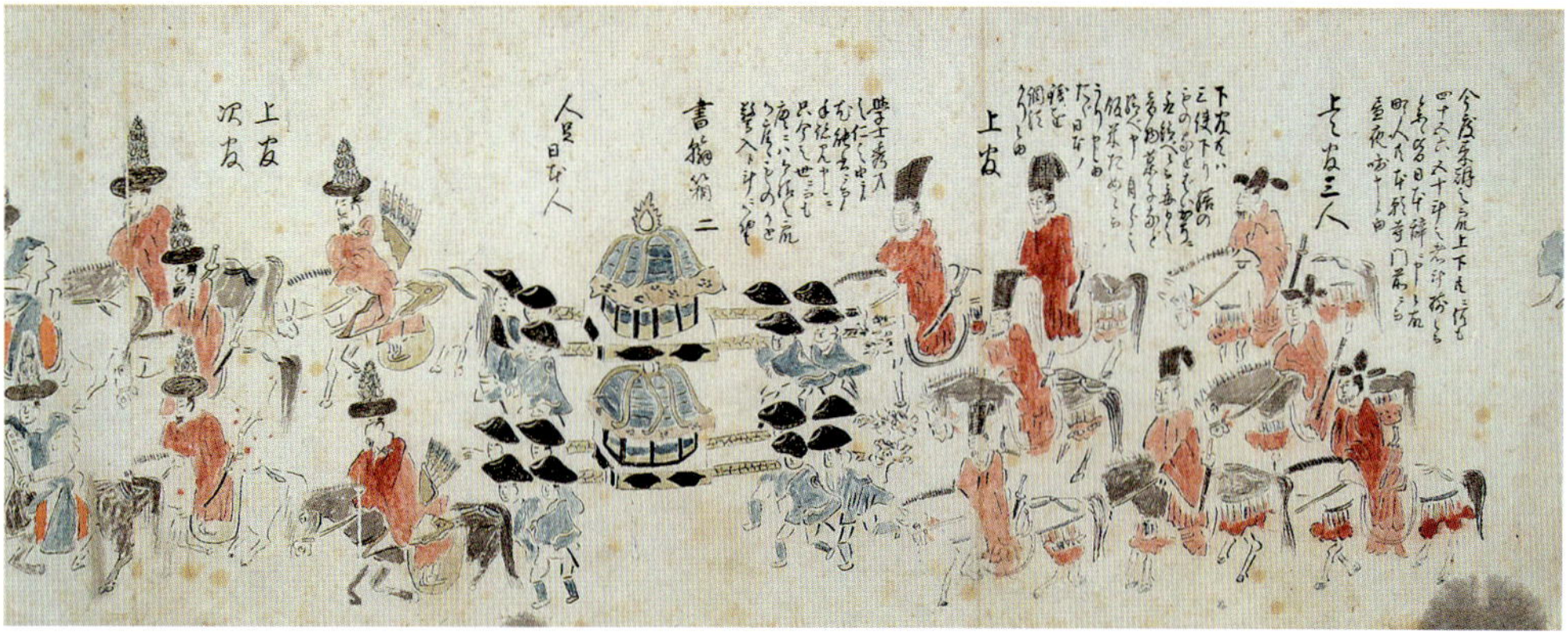

8　延享五年朝鮮通信使登城行列図　下関市立長府博物館蔵

平戸藩の儒者の家に伝来した寛延元年度（＝延享５年・1748）第10次通信使の登城行列図。専門の絵師の手によるものではなく、決して巧いとは言えないが、実際に見聞した行列の感想、通信使に関する流言などがことこまかに書き込まれ、通信使に大きな関心を寄せる当時の日本人の思いに迫ることができる資料である。

9　朝鮮通信使行列図　個人蔵（山口県立山口博物館保管）

文化８年（1811）、徳川家斉の将軍襲職賀慶のために来日した12回目、最後の通信使行列を描く。文化度の通信使は主に日本側の深刻な経済的理由により、対馬での易地聘礼（通信使の目的である国書交換・聘礼行事を江戸城で行わず、対馬藩主邸で実施）となった。本図は対馬の客館から対馬藩主邸へ聘礼行事に向う通信使を描いている。

10　琉球人行列図巻　下関市立長府博物館蔵

近世、琉球王国（現・沖縄県）は、慶長 14 年（1609）に薩摩藩の侵攻を受け、島津氏の支配下となった。しかし中国との冊封関係を維持するため王国の形態は残され、島津氏に従属しながら中国を中心とする冊封体制の中にあるという「日中両属」の状態に置かれた。琉球王国からは、徳川将軍の代替わりごとに慶賀使、琉球国王の就任のたびに恩謝使という使節が江戸に派遣された。琉球からの使節には中国風の衣装が強制されたが、これは江戸幕府が異民族を従えているかのように見せる演出であったという。

11　朝鮮通信使上々官第三船図　大阪歴史博物館蔵（辛基秀コレクション）

正徳元年（1711）、第８次通信使の際に長州藩（萩藩）が接待を担当した、一行を乗せて淀川をさかのぼる、きらびやかに飾られた御馳走船。旗と幔幕の紋（一文字三星と五三桐）から、長府毛利家が提供した船であることがわかる。

通信使一行は大坂上陸後、本国から乗ってきた船から降りて、幕府の命により諸大名が提供した船底の浅い川御座船に乗り換え、淀川をさかのぼって京都へと向かった。

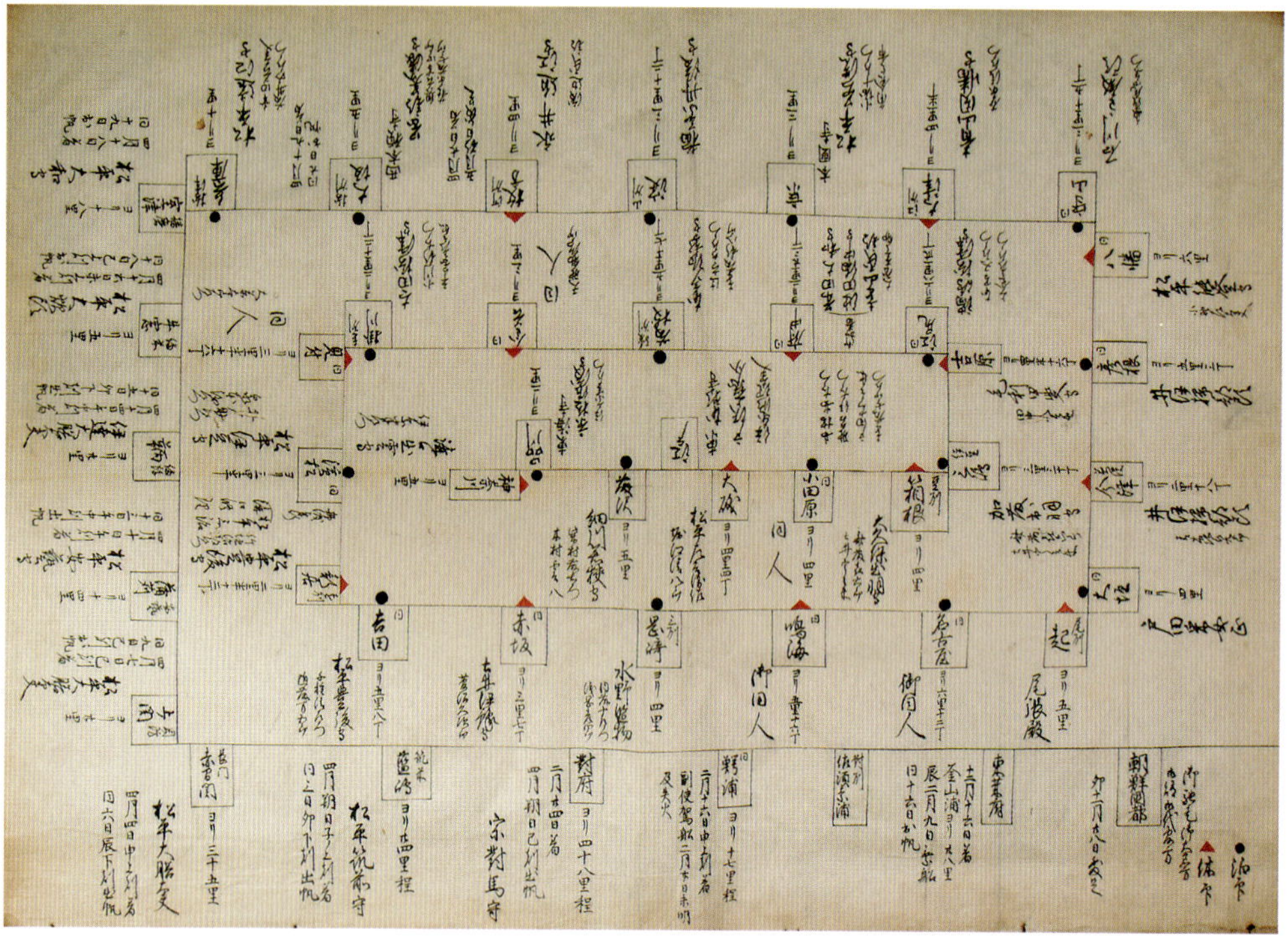

12　延享五年朝鮮人来朝書付　行程図　佐賀県立名護屋城博物館蔵

延享５年（＝寛延元年・1748）に来日した第１０次通信使の、朝鮮国都（漢城・ソウル）から江戸までの行程を記したもの。黒色●は宿泊地、朱色▲は休息地を示し、それぞれ接待役の大名の名も記されている。漢城から大坂までの海路は、発着日時も書き留めてあり、11月28日に漢城を出発して、翌年２月16日に釜山を出航、４月20日に大坂に到着したことがわかる。ちなみに一行は淀から陸路にかえ、江戸には６月21日に到着した。片道７ケ月におよぶ長旅であった。

近江国では、大津宿を青山因幡守、守山宿を石川主殿頭、八幡町（近江八幡）では松平能登守、彦根城下では井伊掃部頭（次の美濃今須宿も）らが接待にあたったことがわかる。

13　乗轎　佐賀県立名護屋城博物館蔵

朝鮮王朝時代の特権階級が使用した輿《こし》。朝鮮通信使では正使・副使・従事官の三使が乗轎《じょうぎょう》に乗って移動した。

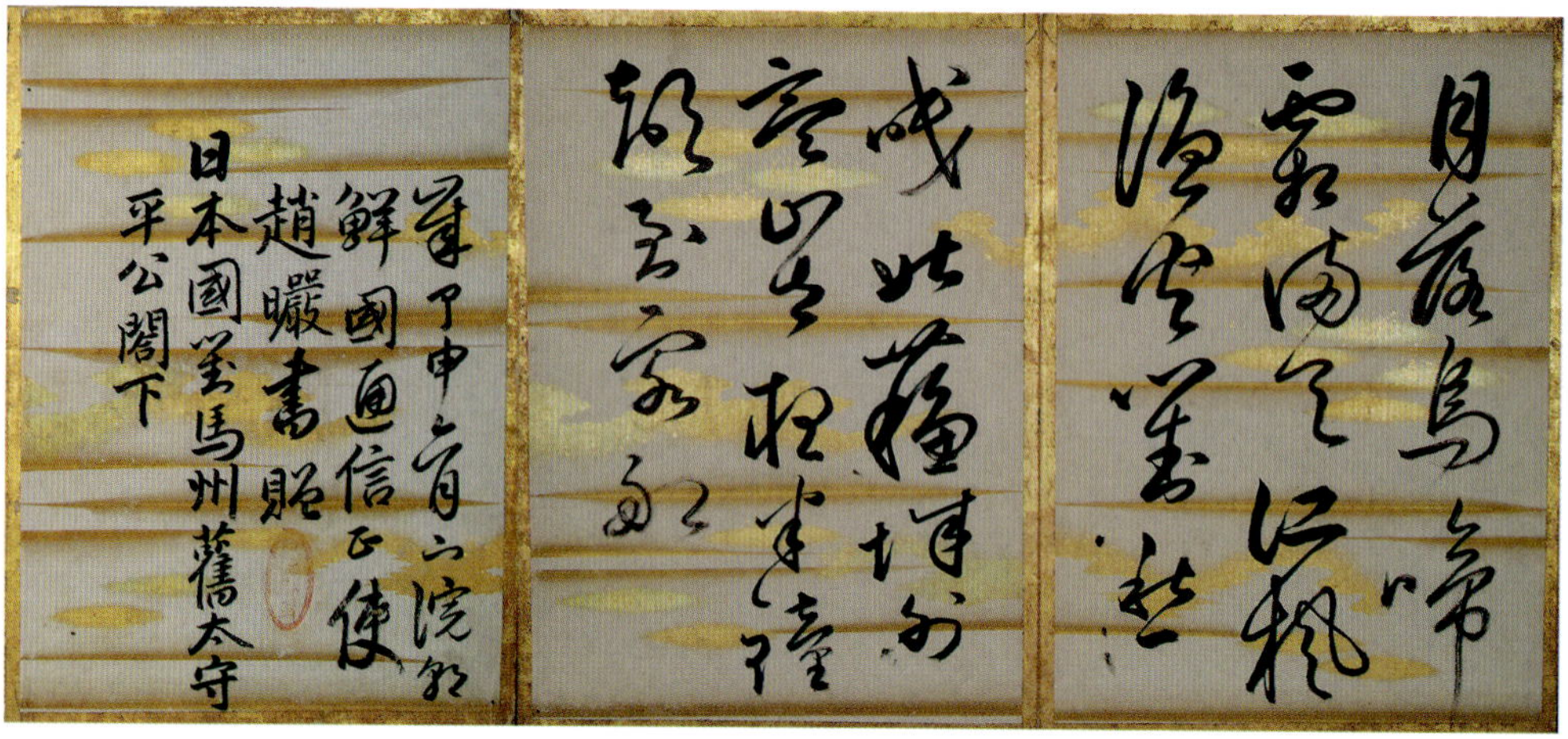

14　宝暦十四年通信正使趙曮書帖　下関市立長府博物館蔵

宝暦 14 年（＝明和元年・1764）に来日した第 11 次通信使の正使趙曮《チョオム》が中国の古詩を揮毫したもの。江戸から朝鮮への帰途、対馬府中滞在中に作成し、前対馬藩主宗義蕃《よししげ》に贈った。通信使随員の遺墨は日本各地に遺っているものの、正使の遺墨は少なく、また、正使と藩主級の交流を物語るものは稀有である。対馬宗家旧蔵品か。趙曮はこの使行で対馬からサツマイモの種芋を持ち帰り、救荒作物として朝鮮に広めた人物でもある。

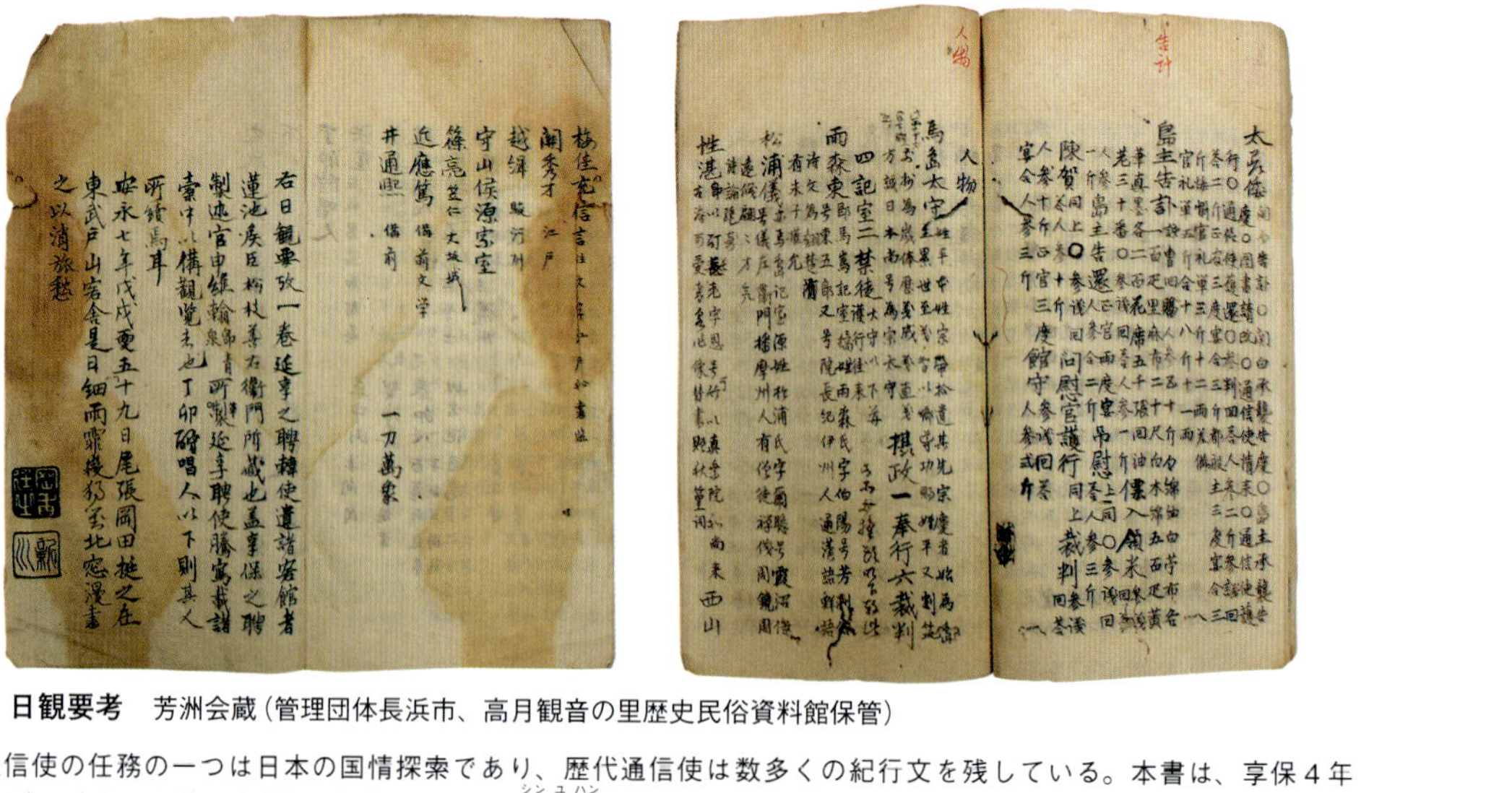

15　日観要考　芳洲会蔵（管理団体長浜市、高月観音の里歴史民俗資料館保管）

通信使の任務の一つは日本の国情探索であり、歴代通信使は数多くの紀行文を残している。本書は、享保 4 年（1719）に来日した第 9 次朝鮮通信使の製述官・申維翰《シンユハン》（号青泉）が著した使行録「海游録」から、テーマごとに抜粋しまとめたもの。内容は、通信・水陸路程・人物・地誌・物産・官制・兵制・風俗などからなる。

奥書によれば、1748 年に来日する第 10 次通信使の来日に際し、それを迎える準備のための参考として、蓮池侯の家臣・松枝善右衛門が所蔵していたものを、江戸末期の文政 7 年（1824）に書写したことがわかる。

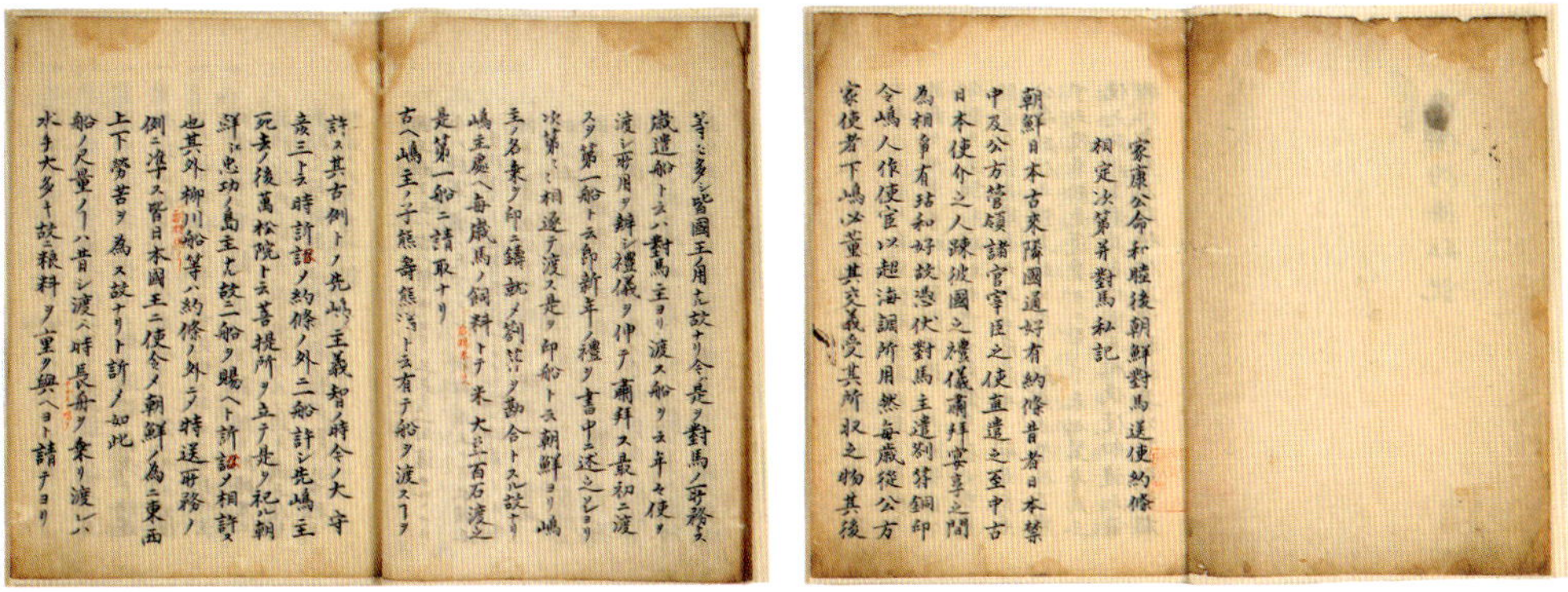

◎16　**送使約條私記　規白玄方著、雨森芳洲筆**　芳洲会蔵（管理団体長浜市、高月観音の里歴史民俗資料館保管）

対馬藩が朝鮮に派遣する年例送使についての覚え書き。対馬と朝鮮との交流が、どのような慣例に従って行われていたかを簡潔に知ることができる。

署名は、対馬に置かれた日朝通交文書の監察機関以酊庵《いていあん》の第２世規白玄方《きはくげんぽう》（1588 ～ 1661）。玄方は、師僧景轍玄蘇《けいてつげんそ》の後任として外交僧を務めた禅僧で、柳川氏主導の国書改ざん事件発覚に際し、幕府への報告を怠ったとして南部へ配流された。

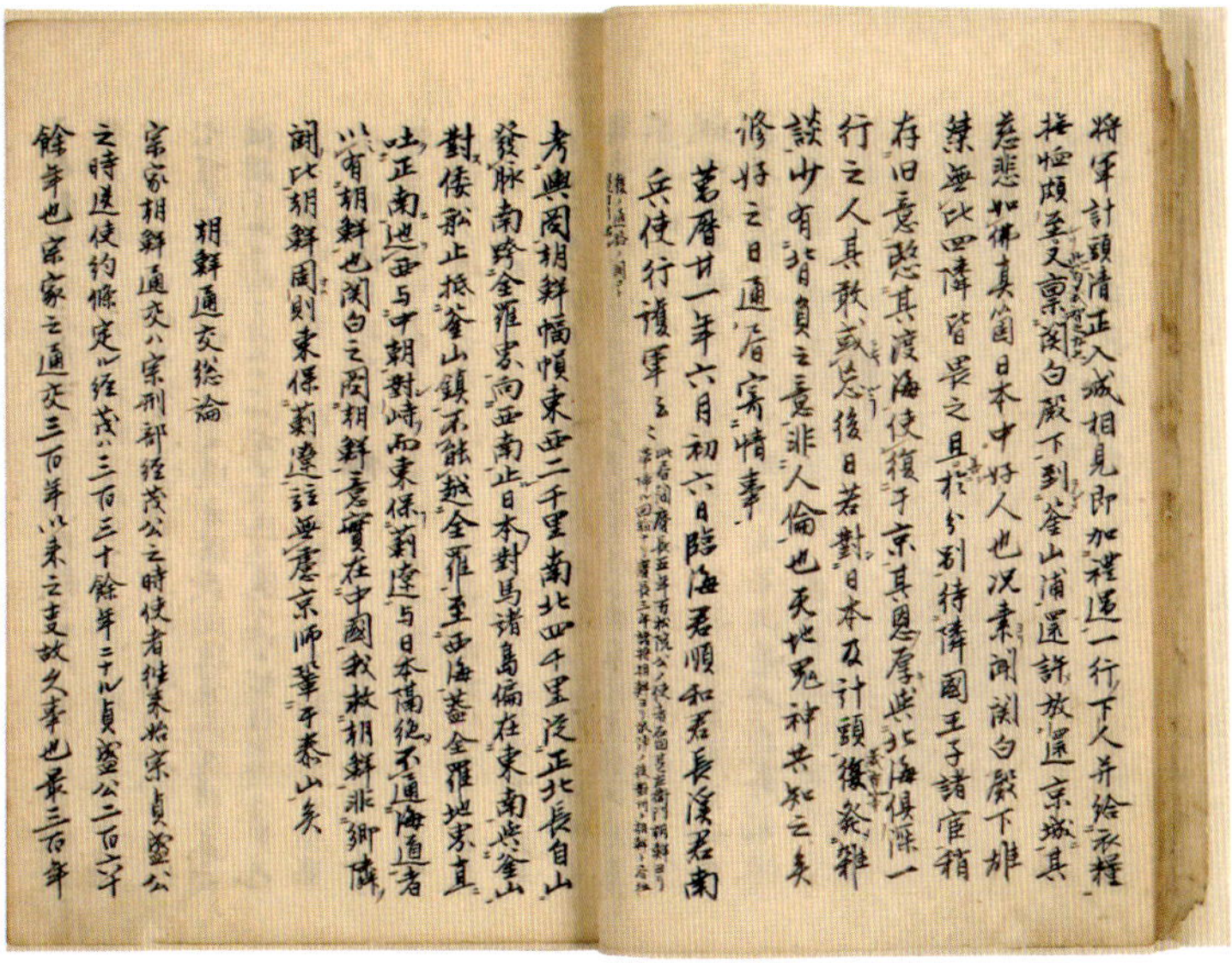

◎17　**交隣大昕録　規白玄方他著、雨森芳洲編筆**
芳洲会蔵（管理団体長浜市、高月観音の里歴史民俗資料館保管）

以酊庵《いていあん》（日朝通交文書の監察機関）の記録をもとに、日朝通交に関する覚書その他を編集したもの。外交書簡作製のために使用する漢字や字義に関するメモ、釜山にある対馬藩の外交機関「倭館」出入りの者に対する注意書きなどが収録されている。

第 56 代輪番として享保 15 年（1730）～ 17 年に在任した雪岩中筠や、第六代藩主宗義誠《よしのぶ》（享保 15 年没）の名までが見られることから、この頃にまとめられたものと考えられる。

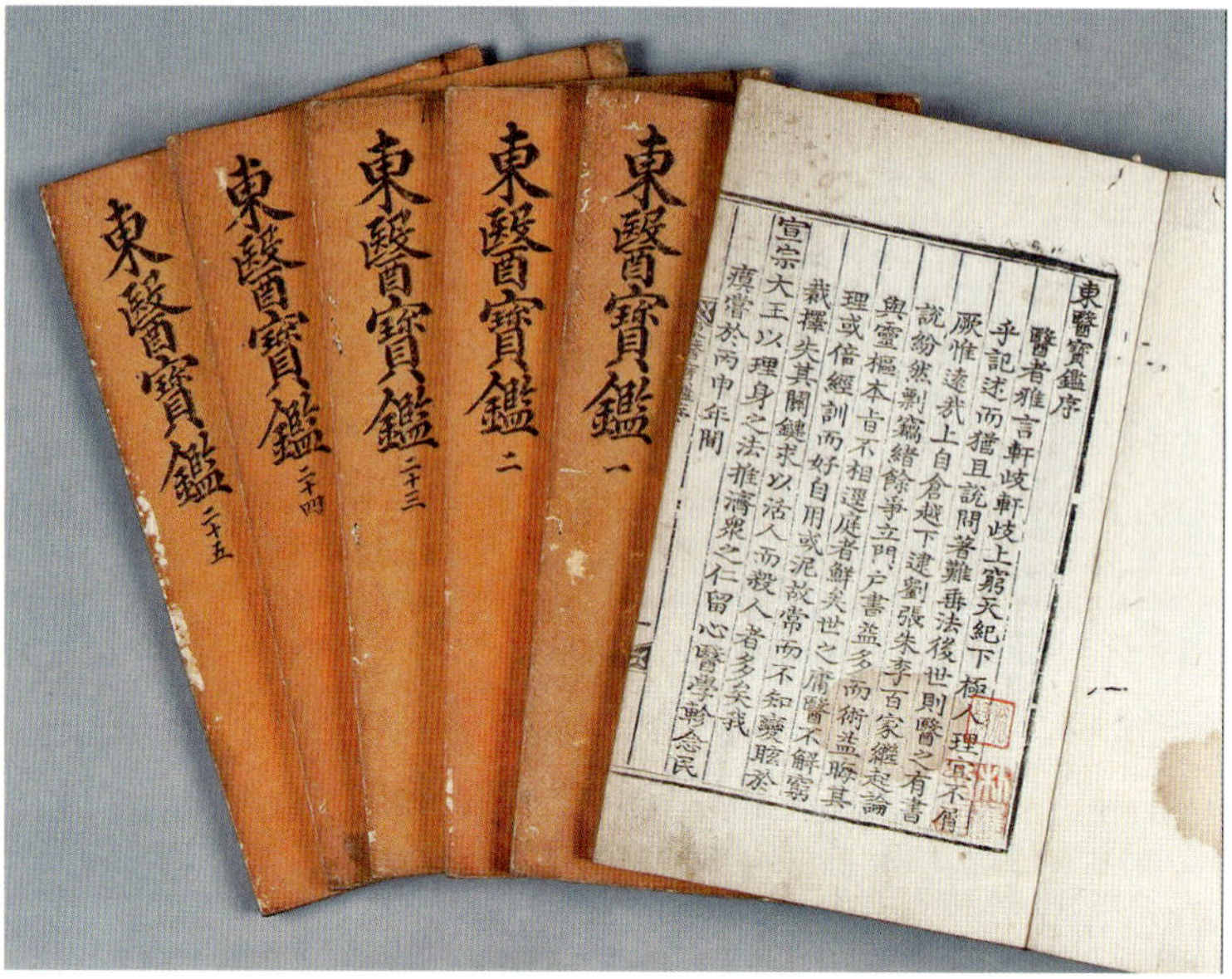

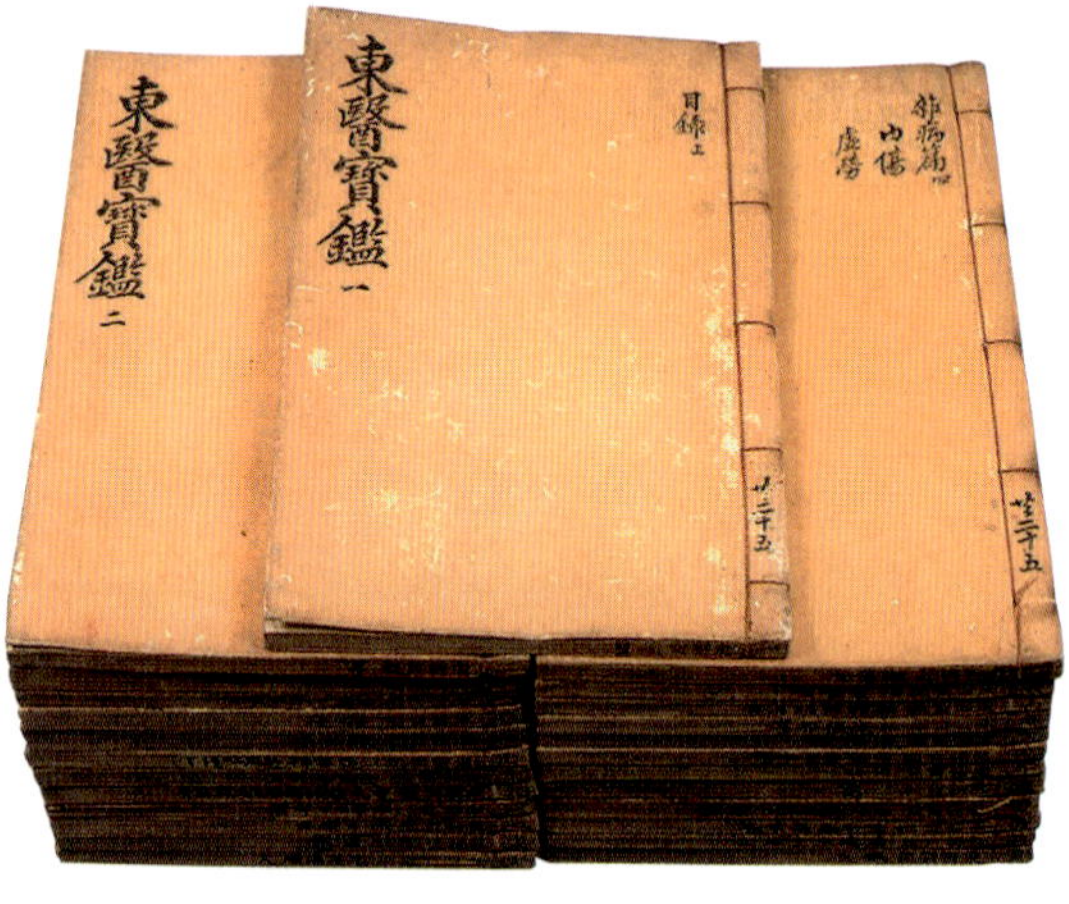

18　東医宝鑑　一般財団法人布施美術館蔵

東医宝鑑は、文禄・慶長の役（1592～98）さなかの宣祖30年（1596）、朝鮮国王宣祖の命により許浚《ホジュン》（1546～1615）が編纂をはじめた書で、朝鮮医学の最高峰とされる25巻25冊の大冊。中国宋・元・明代の主要医学書や朝鮮で出版された医書等を引用し、全医学の融合統一をはかっている。その内容は高く評価され、朝鮮国のみならず日本・中国でも重版が続いた。

布施美術館蔵本は、その伝来はつまびからではないが、巻之十（20冊目）の末尾にハングルで書かれた付箋（伝来記録か）があること、また李王職《イワンジク》が朴典医《パクチョンイ》に宛てた近代の封筒がはさまれていることは注目される。第3巻序文の刊記から初版本とみられる。

なお、全冊とも「朴惟承章（朴典医のことか）」「俗縁」の朱方印が捺されている。

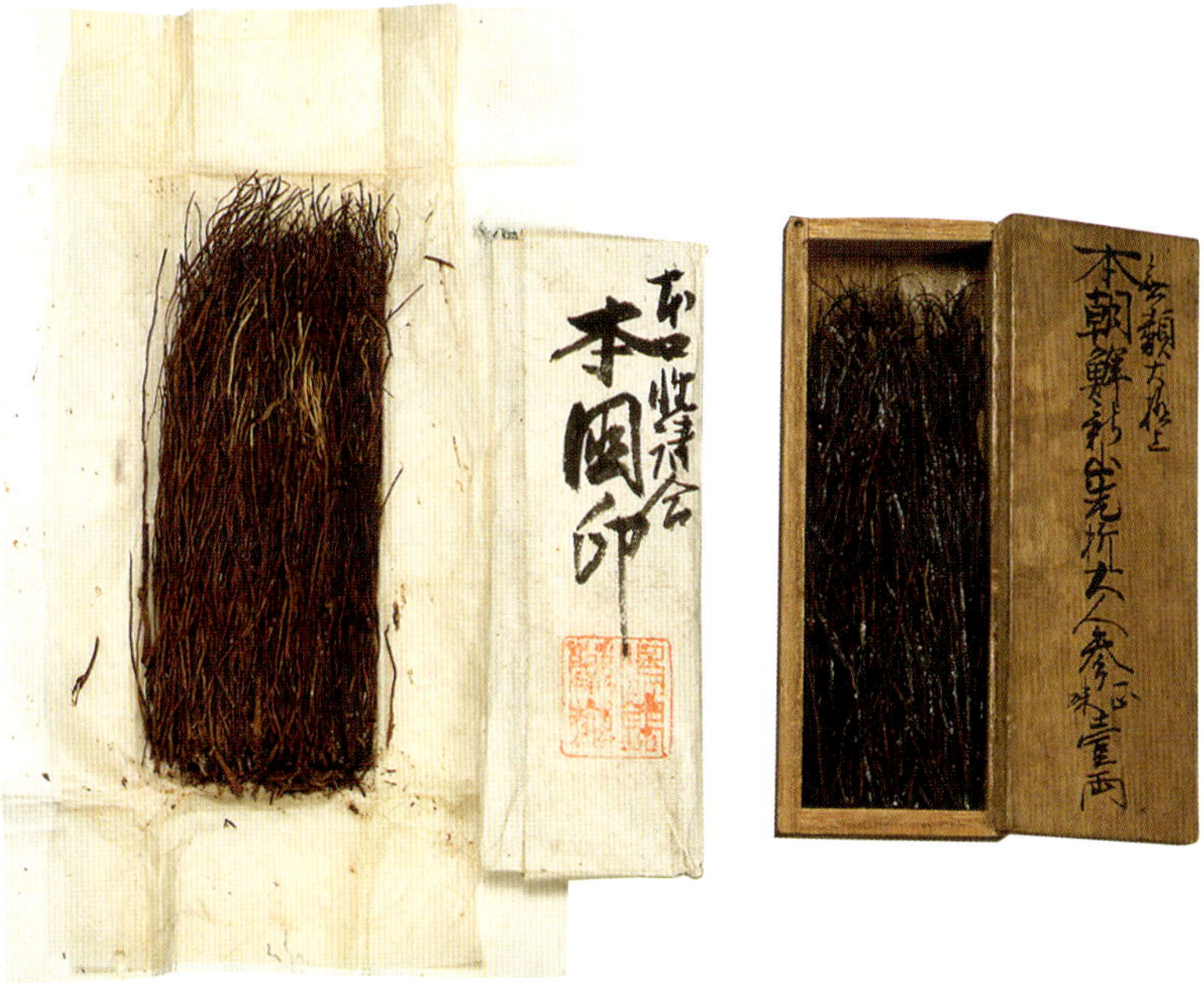

19　**朝鮮人参**　佐賀県立名護屋城博物館蔵

古くから強壮・鎮痛・胃腸衰弱等に薬効があるとして珍重されてきた朝鮮人参の髭根《ひげね》の部分のみを集めて乾燥させた、通称「髭人参」。中世から近世にかけて、日本と朝鮮との外交上の実務と貿易を独占した対馬の宗家に、江戸時代、最も大きな利益をもたらしたものがこの朝鮮人参である。和名の「オタネニンジン（御種人参）」は、医学・薬学に関心の強かった８代将軍徳川吉宗が、対馬藩に命じて試植させ、その後各地の大名に種を分け与えて栽培を奨励したことに由来するという。

また、吉宗が東洋医学の最高峰「18 東医宝鑑」を座右の書としたことは名高く、本書に収録された薬材が和名の何に該当するのか、また記載される薬材を日本で栽培できないか等といった調査を対馬藩に命じていたことも興味深い。

20　朝鮮通信使接待用食器　個人蔵

文化8年（1811）に来日した最後の朝鮮通信使、第12次の一行は、江戸まで赴かず対馬での聘礼であった。そこでの接待のため、遠くはなれた近江国信楽長野村（現滋賀県甲賀市）の窯元に食器調達の命が下った。注文書の写し（「21 朝鮮人御用信楽長野村焼物雛形控」）も残っており、碗・皿・小鉢・飯櫃・しゃもじなど、4000点を超える大量注文であったことがわかる。「はじめて長野村に千両箱が届いた仕事」として、今も現地で語り伝えられている。見本としてのこされた器は、一般的な信楽焼と異なって、キメは細かく朝鮮白磁を想わせる風合いをもつ。

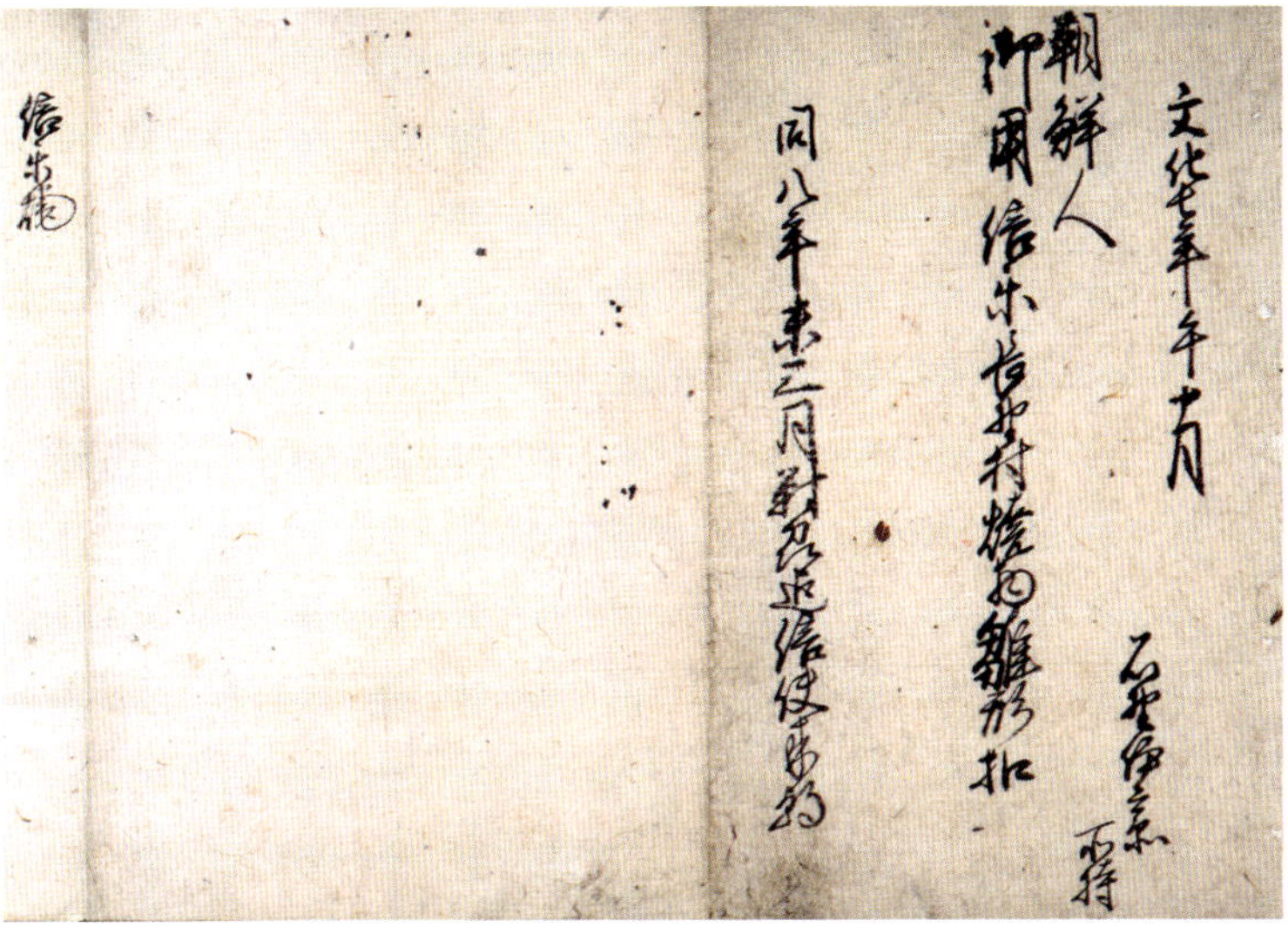

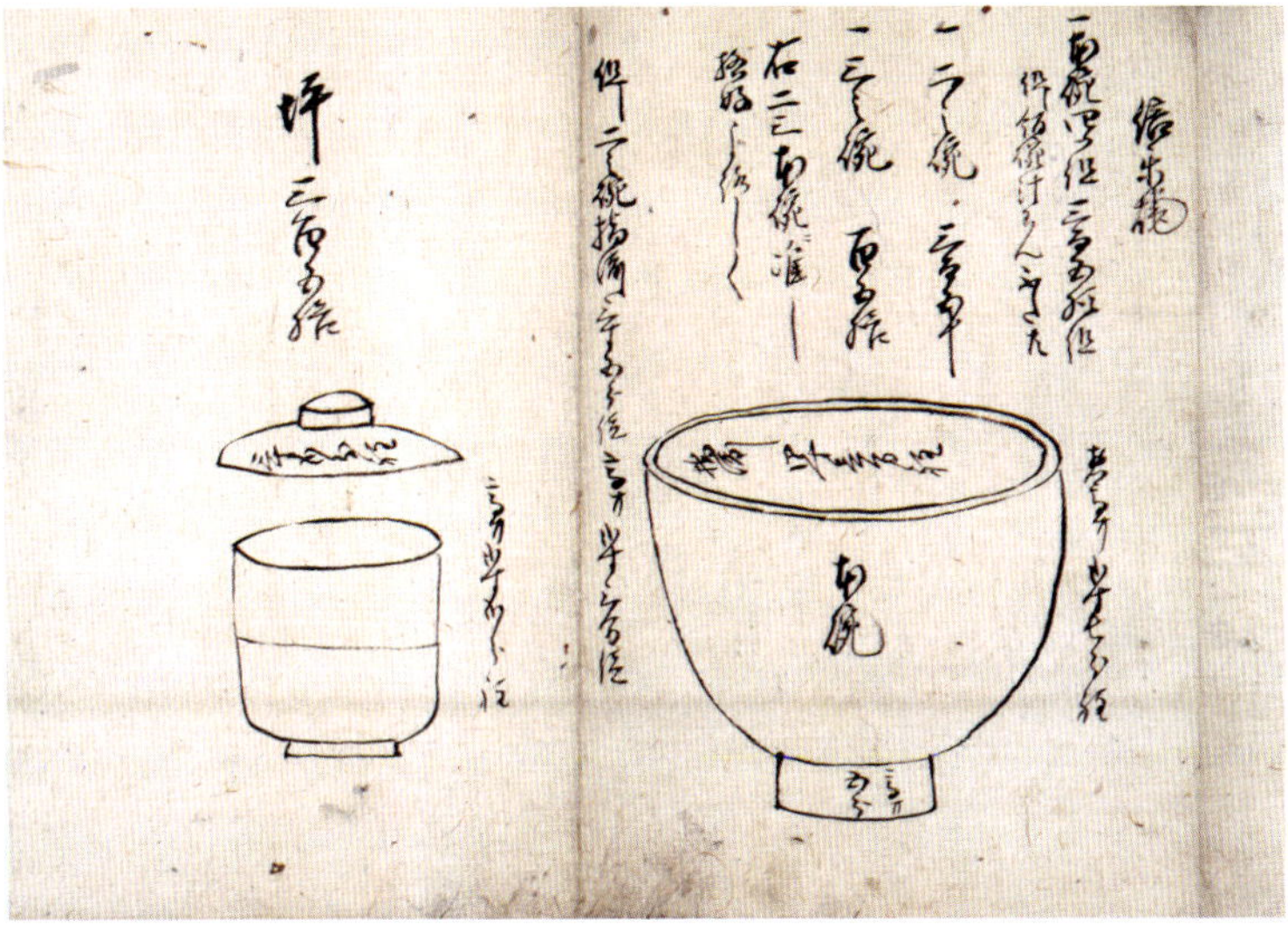

21　朝鮮人御用信楽長野村焼物雛形控　個人蔵

「20 朝鮮通信使接待用食器」の注文書の控えと、個々の食器の形状・寸法・数量等を図入りで記録したもの。350 人分の注文であったことがわかる。

コラム

見習いたい先駆的な知識人、雨森芳洲

前釜慶《プギョン》大学　総長
朝鮮通信使ユネスコ記録遺産登録韓国学術委員会委員長
姜《カン》　南《ナム》　周《ジュ》

　雨森芳洲《あめのもりほうしゅう》、私は五十歳になるまで彼がどういう人物なのか詳しく知らなかった。韓国の多くの人々も私と同様だったと思う。しかし、彼は私たち韓国人にとって知っておくべき日本の先駆的な知識人であり、かつ外交官であった。

　彼の名前を初めて聞いたのは一九九〇年頃である。当時、国賓として日本を訪問した盧泰愚《ノテウ》大統領は、宮中晩餐会の席で、日韓関係のために彼の精神を受け継ぐべきである、と彼の名前を初めて出した。日韓関係は、彼が訴えているところの「お互いに欺かず争わず真実を以って交わる誠信の交わり」であるべきだ、と力説した。私は雨森芳洲先生の主張に強い共感を感じた。いつも繰り返されてきている不穏な日韓関係に対する大変適切な先知者のお言葉であったからだ。

　多くの韓国人は彼が残したその言葉に共感した。そして、彼はどういう人物なのか、関心を持ち始めた。

　彼は学問に強い志を持ちながら生涯を送った人である。儒学を学び真実を追求した人である。そして、新井白石のような権力者の前でも自分の主張を曲げない正義感の強い人である。一七一一年朝鮮通信使の正使を務めた趙泰億《チョテオク》は、対馬から江戸まで朝鮮通信使を随行した雨森芳洲のような学識が深く才能がある人を幕府はなぜ優遇しなかったのか不思議である、と語るほど彼は優れた人物であった。

　彼は日韓関係においては特に先駆的な役割を果たした。外交官として何度も釜山を訪問した。韓国（当時は朝鮮）の風俗に関する著書を記し、日本では初めて『交隣須知《こうりんすち》』という朝鮮語学習書を執筆した。そして、驚くことに一七二七年、対馬で朝鮮語学校を設立し、日本の中でも珍しい小等教育機関を設置した。

　彼は日韓関係においては一方的な優位を主張してはいけないと話した。対等な関係の中で外交を通じ両国は友好的になれると強調した。文禄・慶長の役を経た両国の未来に対しても、最も適切な主張であった。

　韓国人であるが私は、このような精神の持ち主である彼を尊敬せざるを得ない。今でも尊敬し続けているし、これ

釜山竜頭山公園　（片山通夫氏撮影）
かつてこの地に芳洲が滞在した対馬藩の外交出先機関「草梁倭館」があった。

からも変わりはないだろう。

先日、逝去した永留久恵《ながとめひさえ》※先生も、同席した朝鮮通信使日本縁地連絡協議会・理事長の松原一征さんがいらっしゃる場で、日韓関係は雨森芳洲先生が訴えた精神を礎にすべきで、彼に対する研究はより深くなされるべきだとお話しなさいました。まったく同感致した次第である。

今年は日韓国交正常化五十周年を迎える年である。

しかし、私は様々な方々にこう話している。国交正常化五十周年だとか一〇〇周年だというのは、数字を数える以上の意味は持たなくなってきていると。真の意味で、韓国と日本の国交を正常化するためには「お互いに欺かず憎がらず誠信の精神を以って交流すべきである」と訴えた雨森芳洲先生のお言葉に従うべきだと。

雨森芳洲先生のことを思うと、偉大な人は時代を超えて今の私たちと共に生きている、ということに気が付かされる。ギクシャクしている今日の日韓関係の中、再び先生の思想をたどってみた。

※永留久恵（一九二〇〜二〇一五）
対馬市の郷土史家。一九九〇年、対馬「芳洲会」を結成。日韓友好文化交流に尽力。二〇一五年四月十七日没。

道中の記録「描かれた通信使」・「供応の記録」

朝鮮通信使は、釜山を出港してまず対馬島に渡った。対馬からは、警護役の対馬藩士数百人の護衛のもと、九州北部・瀬戸内海の各港を経て、大坂から川船に乗り換えて淀川を上り京都に上陸。ここから東へは陸路で江戸（第二回は京都、第十二回は対馬まで）へ向かった。その行程は往復三千kmにおよび、約一年間の長期にわたる。

朝鮮通信使の来日は、徳川将軍一代の盛儀であるとともに、「鎖国制」下の日本においで最大の異国からの使節団であったから、その様子を一目見ようと多くの人々は熱狂的にこれを歓迎した。

絵画記録は、国家的な行事であった朝鮮通信使の様子を視覚的に伝えるために記録画として作成されたものであり、行列図、船団図、饗応図、服飾図、馬上才《ばじょうさい》図などがある。また、朝鮮通信使を題材とした鑑賞画も数多く作成されている。また庶民の関心の高さがうかがえるものとして、各回ごとに制作されたガイドブック的なものも数多く版行された。

朝鮮通信使一行は、その通路である各地に宿泊滞在した。幕府の老中・寺社奉行らを筆頭にして「来聘御用掛」という組織が作られ、これを中心として人馬の手配・街道・客館の整備など、使節を迎える準備が進められた。朝鮮通信使が滞在する地では、賄《まかな》いや接待を担当する海陸御馳走人が幕府から定められ、各藩が供応した。

近江では、大津や近江八幡、彦根、守山などでの供応記録が伝わっている。またそれに伴《ともな》う人足や川渡し、諸税に関わる史料等も各地に多く、通信使の経路から離れた湖北の地にも残されている。

22　朝鮮人物正写朝鮮人饗応之節

大阪歴史博物館蔵（辛基秀コレクション）

文化８年（1811）、12回目を数える最後の通信使が日本を訪れた。それまで国書の交換や饗応《もてなし》の儀式は、江戸城においておこなわれるのが通例であったが、この回は経済的な理由などから規模も縮小され、一行は対馬止まりの異例なものであった。

江戸から派遣された絵師近藤子文は、正使金《キム》履《リ》喬《ギョ》・副使李《イ》勉《ミョン》求《グ》ら主だった人物の肖像画を描いた。本作はその模写といい、正使・副使が饗応の儀を受ける際の公服姿、国書を受け渡す際の朝服姿、また身長が７尺３寸（約2.2ｍ）もある武官（軍人）、朝鮮独特の楽器をかなでる音楽家たちの様子などが写実的に生き生きと描かれている。

23　御免朝鮮人来聘行列附　高麗美術館蔵

見慣れぬ異国からの使節団は、一般民衆からも大きな関心を寄せられていた。その行列の様子を描いた絵画は、特に人気があり、需要が多かったという。肉筆で描かれたもののほか、木版摺りのものも数多く作られ、本資料もその一つ。清道旗・形名旗や、主要な人物の衣装などに彩色が施され、正使・軍官・小童・国書などの名称を彫り込んだ印が該当箇所に捺されている。

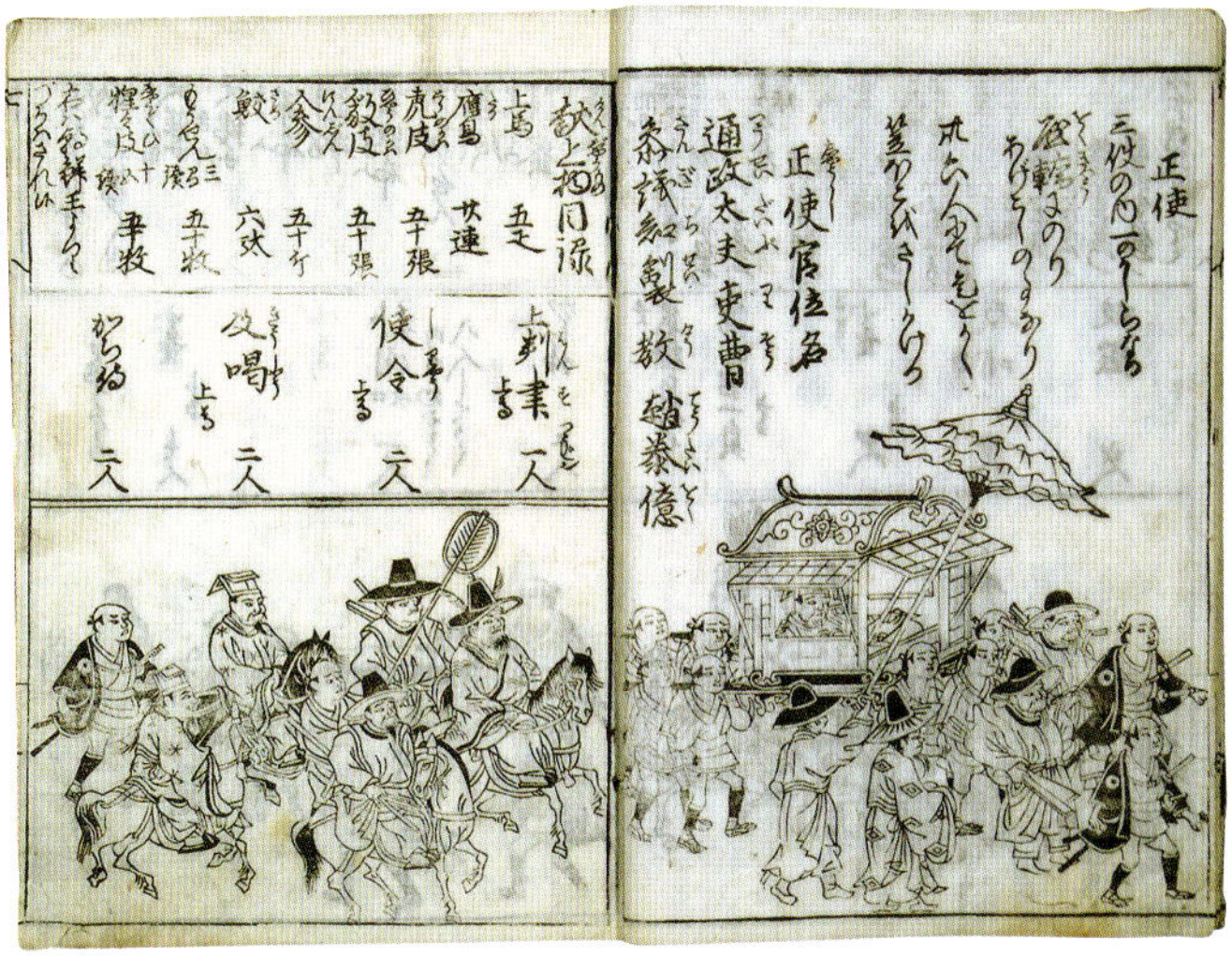

24　正徳元年朝鮮人行列次第　下関市立長府博物館蔵

正徳元年（1711）の通信使の来日に際して、京寺町通松原上ル町菊屋七郎兵衛が出版したもの。通信使行列を描くとともに、三使の役職と氏名、礼物や一行の人数、接持大名と行程などを注記し、通信使の来日に熱狂する庶民向けのガイドブック的な体裁をとっている。現存するこの種類の資料としては早い時期のもので、正徳以降、通信使に関する庶民向けの出版物が次第に増加する。

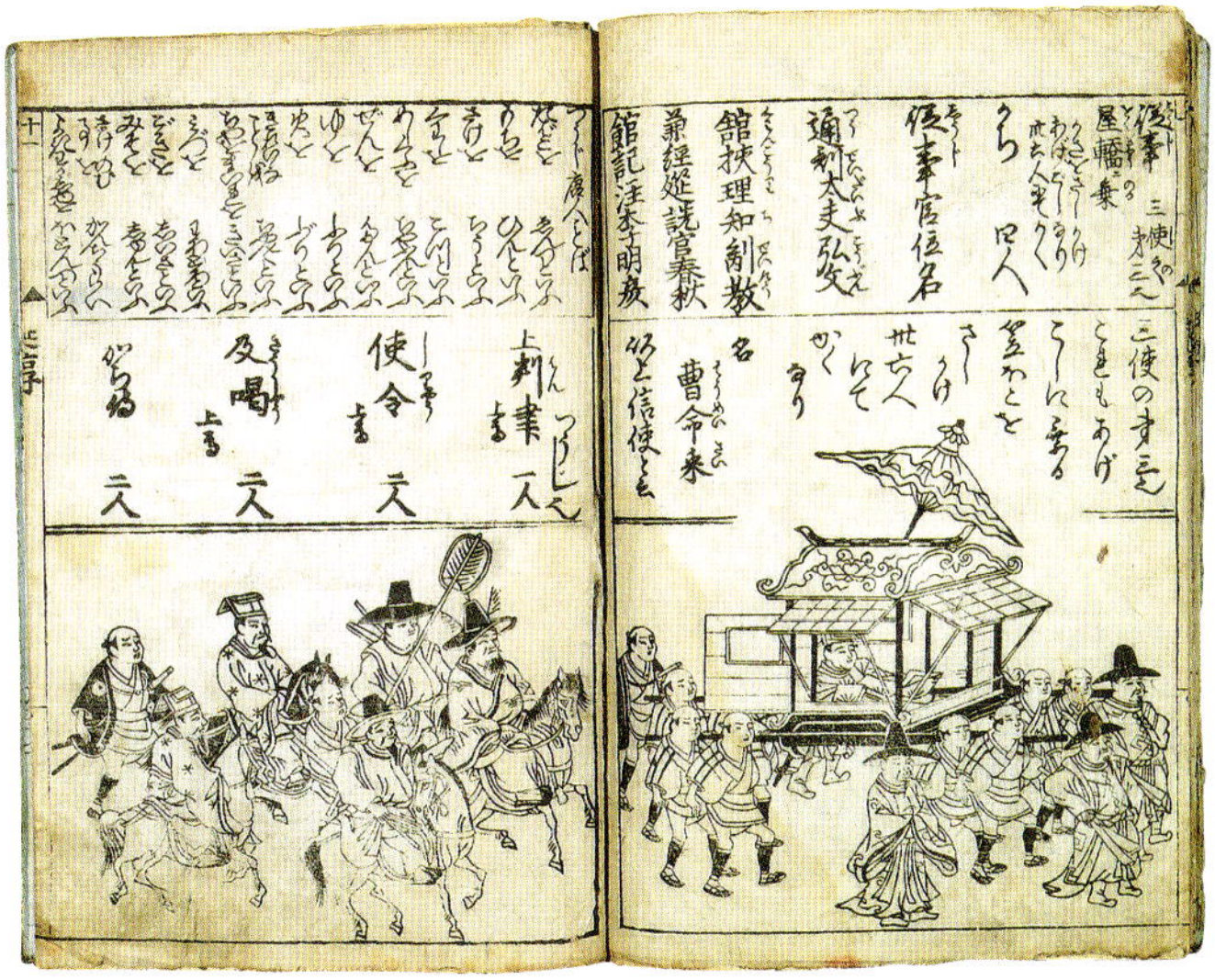

25　延享五年朝鮮通信使次第　下関市立長府博物館蔵

延享５年（＝寛延元年・1748）、通信使の来日に備え、菊屋七郎兵衛が出版したもので、行列図・注記などは正徳度のものを踏襲しているが、この時から淀川上りに使用する川御座船が挿入され、第六番上々官乗船の川御座船を長府藩が提供していることがわかる。

26　朝鮮紀聞　佐賀県立名護屋城博物館蔵

正徳元年（1711）に来日した第８次通信使一行の様子を描いた画帖。正使・中官・軍官など、一行のさまざまな階級の人々を対象に、その衣服・楽器・武器、また曲馬の様子なども詳細に描き、当時の様子を克明に知ることができる。江戸時代後期に書写された本資料の原本は不明であるが、類する資料に「朝鮮聘使詳解」（東京国立博物館）がある。

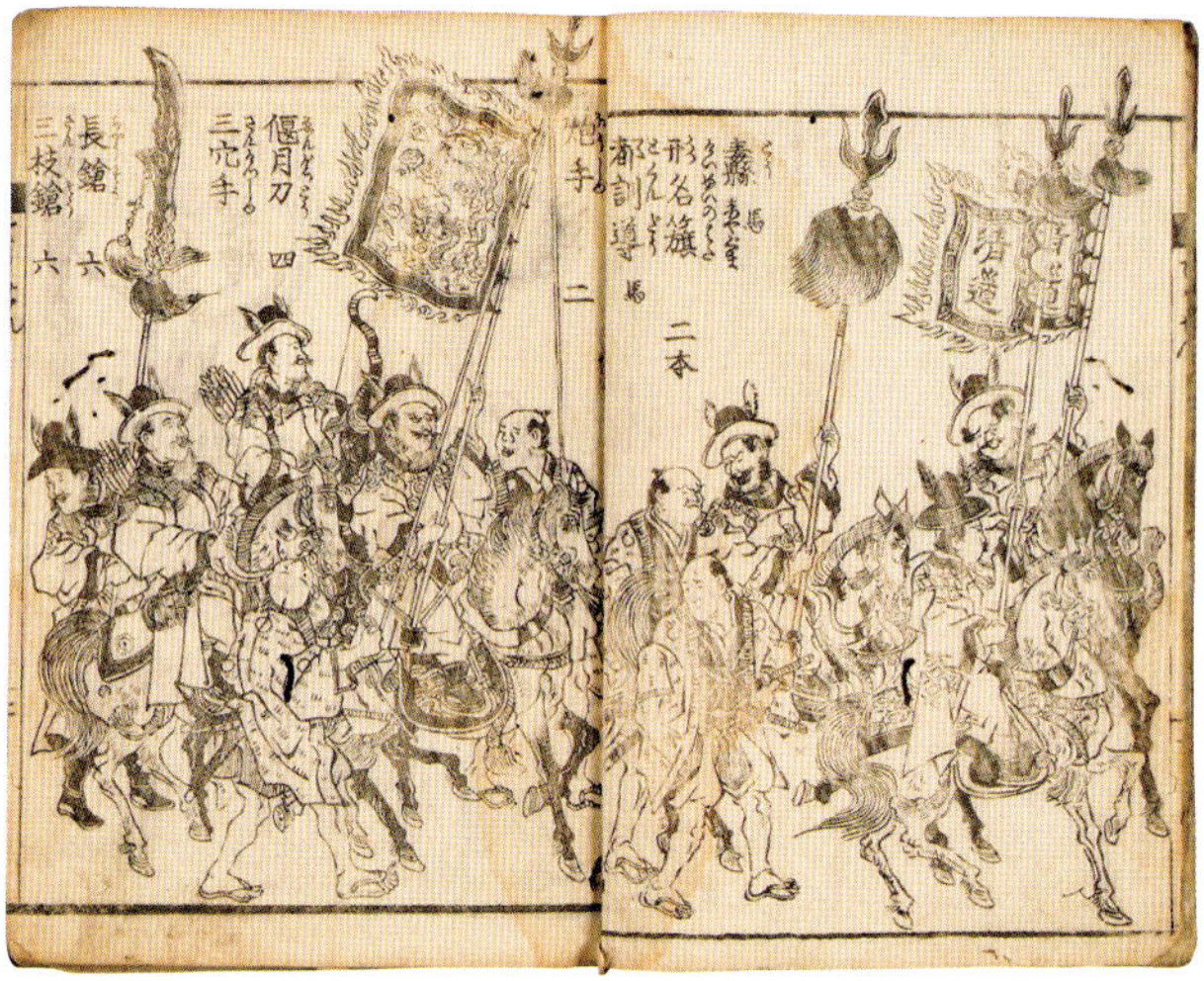

27　朝鮮人来朝行列記　高麗美術館蔵

文化８年（1811）に対馬を訪れ、この地での易地聘礼となった最後の通信使第 12 次の一行の行列の様子を描いて出版された冊子。江戸本石町の西村屋源六と対馬大町の三木屋喜左衛門が版元となって、江戸と対馬で同時に刊行されたことがわかる。十返舎一九が序文を寄せ、２代目喜多川歌麿が筆を執った。当時、遠くはなれた江戸の民衆たちが、いかに朝鮮通信使に対して強い関心をもっていたかを、うかがい知ることができる。

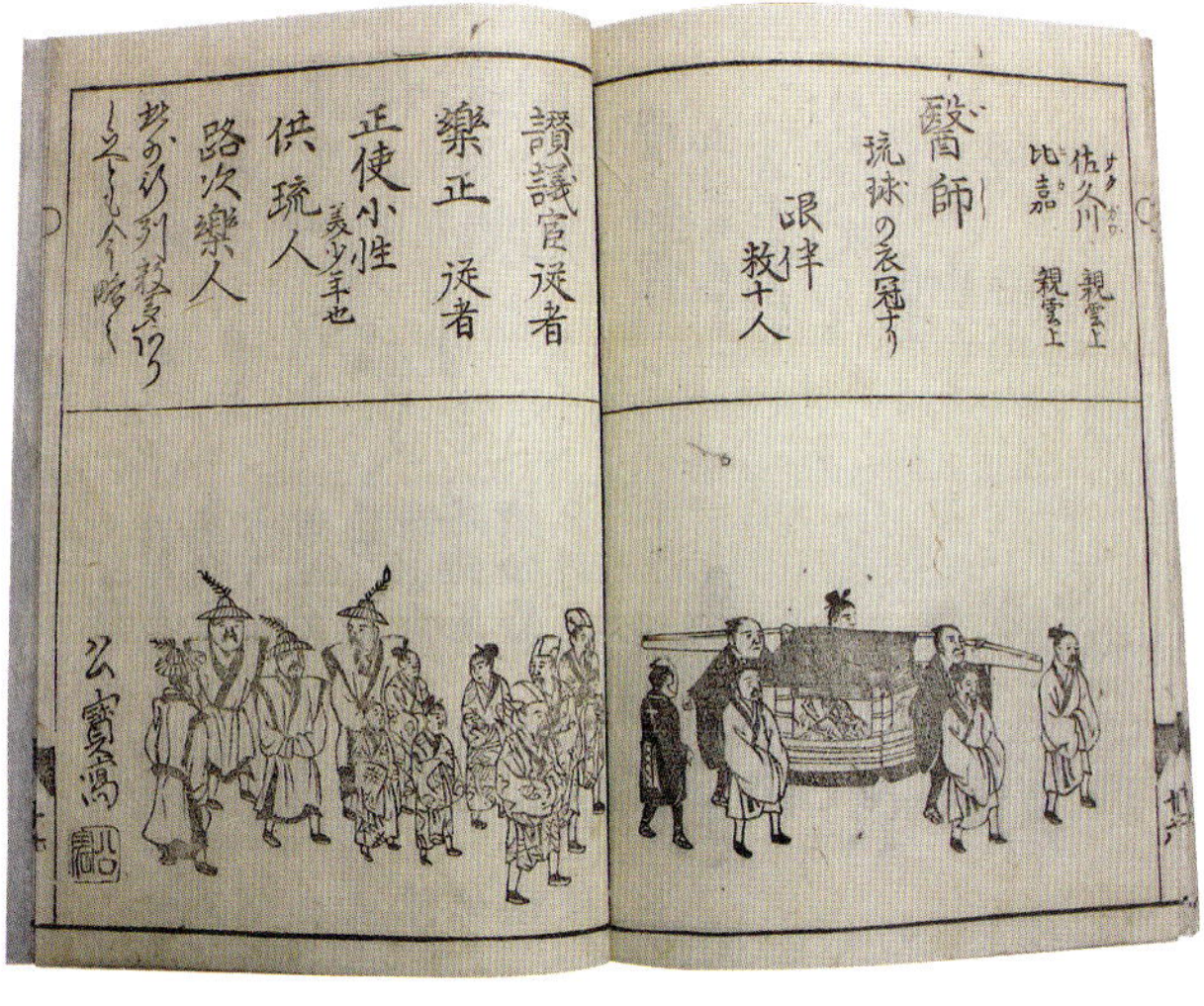

28　琉球人行列図　下関市立長府博物館蔵

天保３年（1832）、尚育の中山王襲封謝恩のための恩謝使来日に際して事前に出版された庶民向けガイドブック。朝鮮通信使と同じく、琉球王国からの使節団も、異文化に触れる機会の少ない民衆の関心の的であったことを裏付けている。京都書林京寺町錦小路上ル菱屋弥兵衛が刊行し、薩州御出入方の伏見箱屋町丹波屋新左衛門と同下板橋兼春市之烝が取次版元となっている。

29　朝鮮使節騎馬図　佐賀県立名護屋城博物館蔵

美人画を得意とした浮世絵師宮川長春（1682 ～ 1752）が描いた風俗画。馬上の人物は、帽子や衣服等から朝鮮使節の一人であることがわかる。長い煙管を片手に煙草をくゆらせ、馬をとめて休憩している様子を描く。馬には、棒に吊り下げたウサギ・かごに入れた２羽の鶏・手桶等がくくりつけられ、馬子は左前蹄に草鞋を履かせようとしゃがみ込んでいる。ストーリー性が豊かで、思わず見る者の想像をかり立たせる洒落た作品といえよう。

30　**馬上才図**　高麗美術館蔵

通信使一行の中には、「馬《ば》上《じょう》才《さい》」と呼ばれる馬の曲乗りを得意とする人たちも含まれていた。本図は、野外で馬上才が馬上立や馬上倒立などの曲乗りを披露し、それをその周囲や座敷から見物する武士階級の男女を描く。江戸の対馬藩屋敷での上演という。左奥には桟敷から馬上才を見物する朝鮮人の姿も見え、その後方には形名旗・清道旗も描かれている。作者の浮世絵師２代鳥居清信は、鳥居派の祖初代清信の三男で、享保10年(1725)頃〜宝暦10年(1760)まで活躍した。

馬上才を題材としているものの、それを見物している人々のさまに焦点をあてて当時流行の風俗画に仕上げている点、ダイナミックな遠近法の使い方などに人気浮世絵師としての本領を見ることができる。なお、左下には「このぬしせんくわ(この主、仙果)」の所蔵印があり、江戸時代の戯作者・狂歌師笠《りゅう》亭《てい》仙《せん》果《か》(1804〜68)旧蔵の品であったことがわかる。

31　馬上才図巻　佐賀県立名護屋城博物館蔵

馬上才がはじめて来日したのは、寛永13年（1636）第4次通信使のことで、3代将軍家光の求めによって披露され、以後の恒例となった。

この図巻は、走る馬の上で曲芸をする様子を、人物の表情まで豊かに描写している。馬上倒立、横添、双馬など、朝鮮馬技の8種の演目が描かれ、巻末から正徳元年（1711）第8次通信使来日の際の様子であることがわかる。

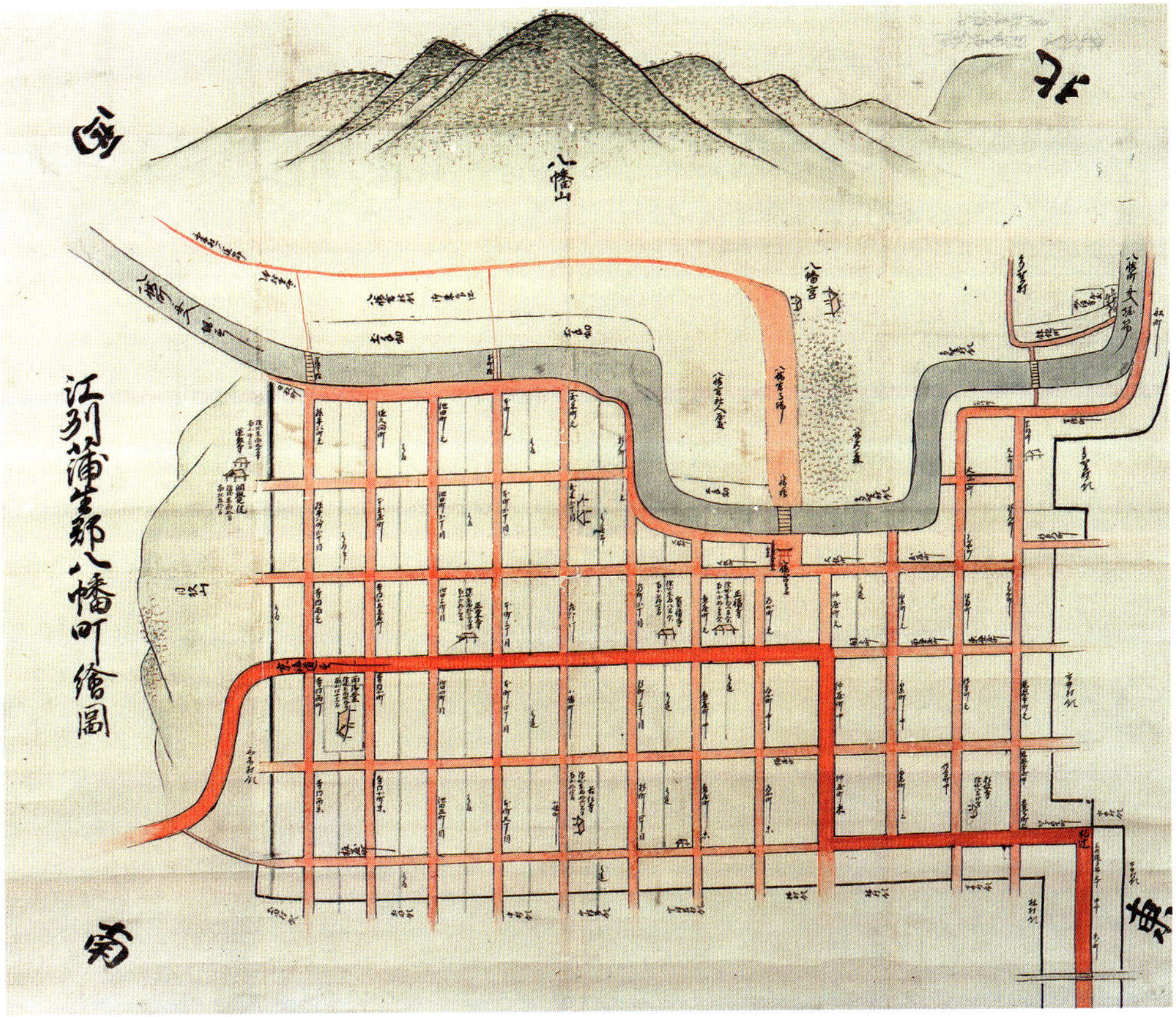

△32　**江州蒲生郡八幡町絵図**　近江八幡市蔵

近江八幡市指定文化財「八幡町絵図」４幅のうちのひとつ。天正 13 年（1585）、豊臣秀次は八幡山に築城し、八幡堀の開鑿と城下町の整備を行った。本図は、八幡山、八幡堀の掘削、城下町の整然とした街区、八幡堀に向かって街区中央を流れる背割りの溝、周辺地域を克明に描写し、1700 年前後の八幡町の構成を研究する歴史資料として貴重である。

本図の裏面には「長谷川猪兵衛代官所／検地絵図　江州蒲生郡八幡町」の墨書がある。長谷川猪兵衛の名は、延宝４年（1675）の文書に幕領代官として見える。なお、本図では「朝鮮人街道」を濃赤色で「京街道すじ」として示している。もとは折り畳んでいた絵図であったが、近年に至って掛幅装に改められたもの。巻留題箋部の墨書の下部に「近江兄弟社図書館印」の朱文方印があることから、近江兄弟社図書館の所蔵となった時の改装であろう。

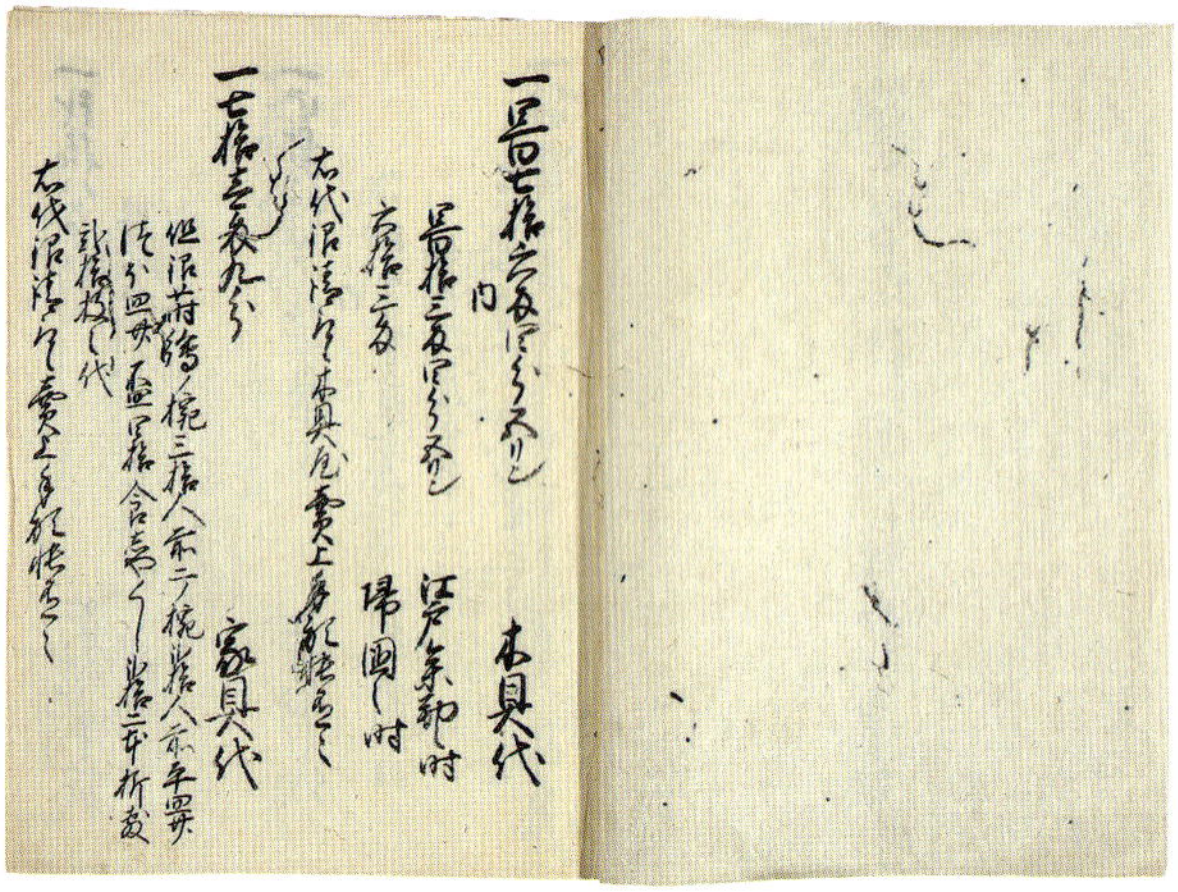
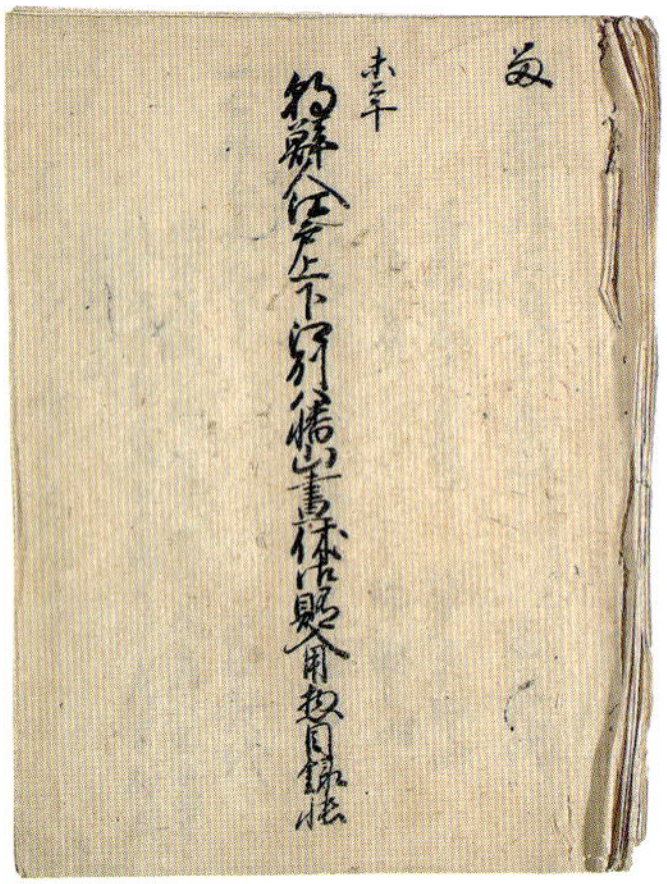

33　朝鮮人江戸上下江州八幡山昼休御賄入用惣目録帳　佐治家文書（長浜市長浜城歴史博物館保管）

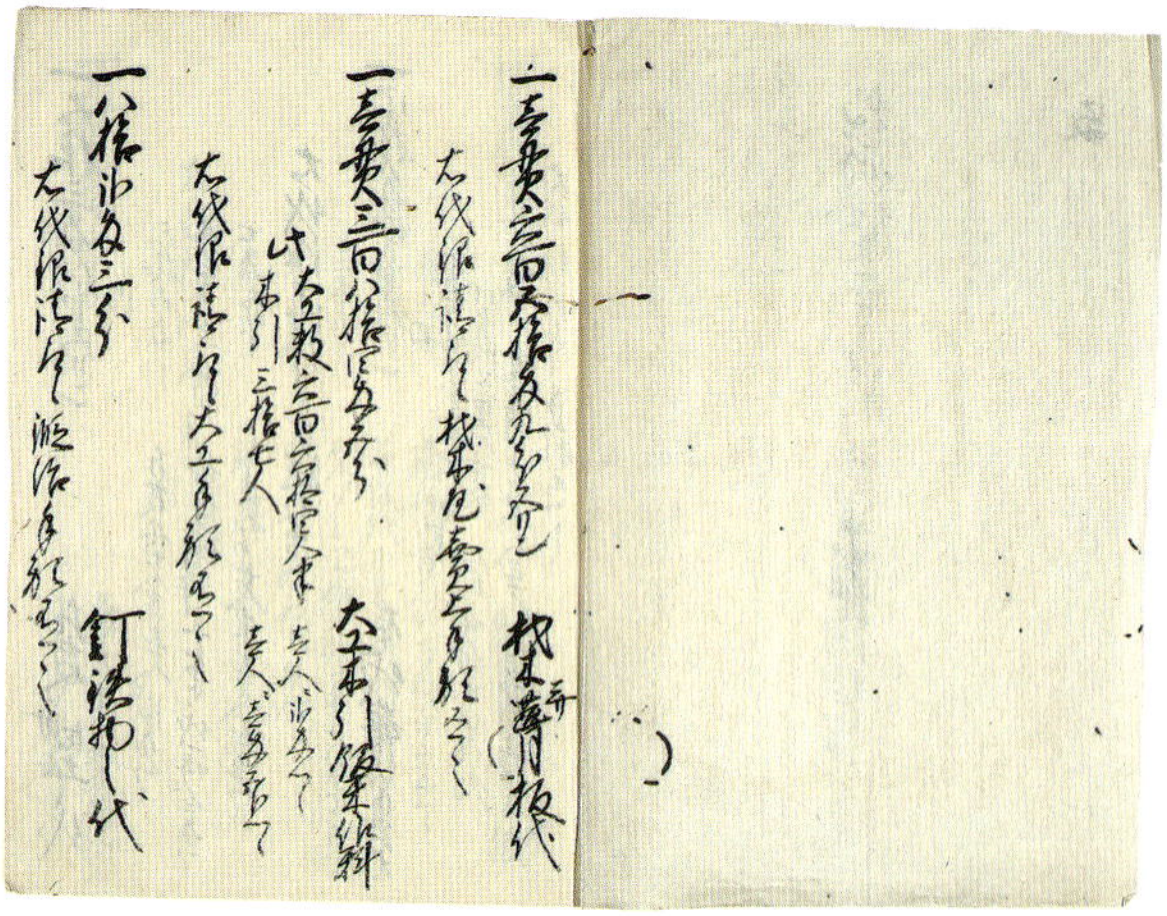
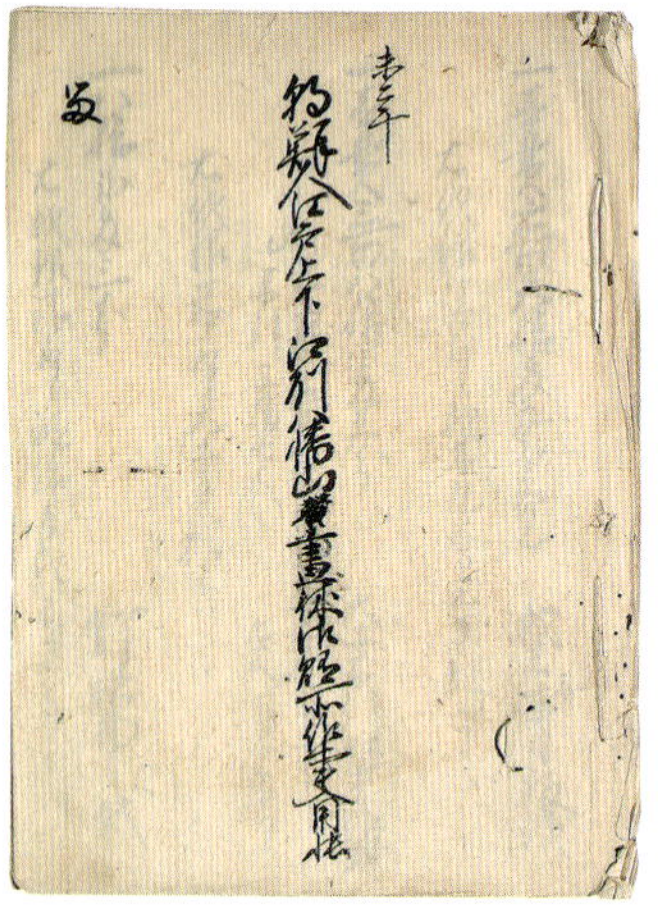

34　朝鮮人江戸上下江州八幡山昼休御賄所作事入用帳　佐治家文書（長浜市長浜城歴史博物館保管）

寛永20年（1643）に第5次の朝鮮通信使が、近江八幡の八幡別院（浄土真宗本願寺派）に昼食をとった際、その賄い方を務めた小堀遠州を当主とする小堀家が、その経費を書き上げ幕府勘定所に届け出た冊子である。表題に「上下」とあるように、江戸への「参勤」時と、江戸からの「帰国」時、2回分の経費が合計して記されている。33「賄入用目録」は通信使やその随行者のために用意した食器・食材の購入経費、それに調理のための光熱費や料理人の経費の書き上げ。総額で銀11貫31匁4分・米49石6斗9升8合が支出されている。34「賄所作事入用」は、八幡別院内に新設した台所の建築経費、上官の休憩場所となった本堂の畳替の経費、人足代などが列記されている。総額で4貫408匁6分5厘、米35石7斗7升5合が支出されている。八幡別院では400人を超える朝鮮通信使一行の内、三使をはじめとする100人近くの料理を作り配膳が行われた。

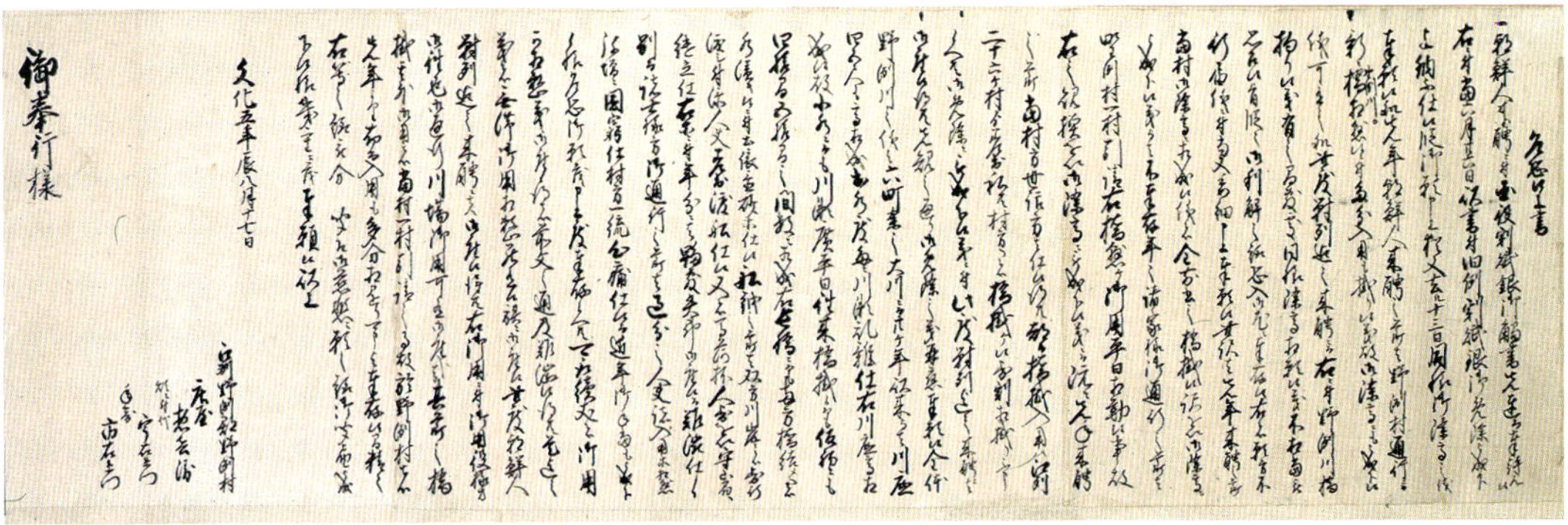

35　近江野洲村朝鮮通信使に対する課役免除口上書　佐賀県立名護屋城博物館蔵

朝鮮通信使の来聘に伴って、全国各地に諸役や税の負担が求められた。野洲村（現・滋賀県野洲市）は、中山道沿いの宿場町として栄えた村であり、村境を流れる野洲川は天井川としても有名で、大水の時にはよく氾濫をおこしていた。

この口上書は、野洲村庄屋が当地を支配する奉行所に対して税の免除を求めたもの。特に文化8年（1811）、第12次の朝鮮通信使聘礼は「易地聘礼」で対馬止まりのため、通信使の通行こそないものの、逆に日本側の役人が対馬に向かう際の通行に要する「川場御用（川渡し等）」が増加すると考えられ、国役金については免除してほしい旨書き記している。江戸幕府や諸藩が迎接する朝鮮通信使は、江戸時代の華やかな国際交流の様子がうかがえるが、反面庶民の負担に支えられていたことも忘れてはならない。

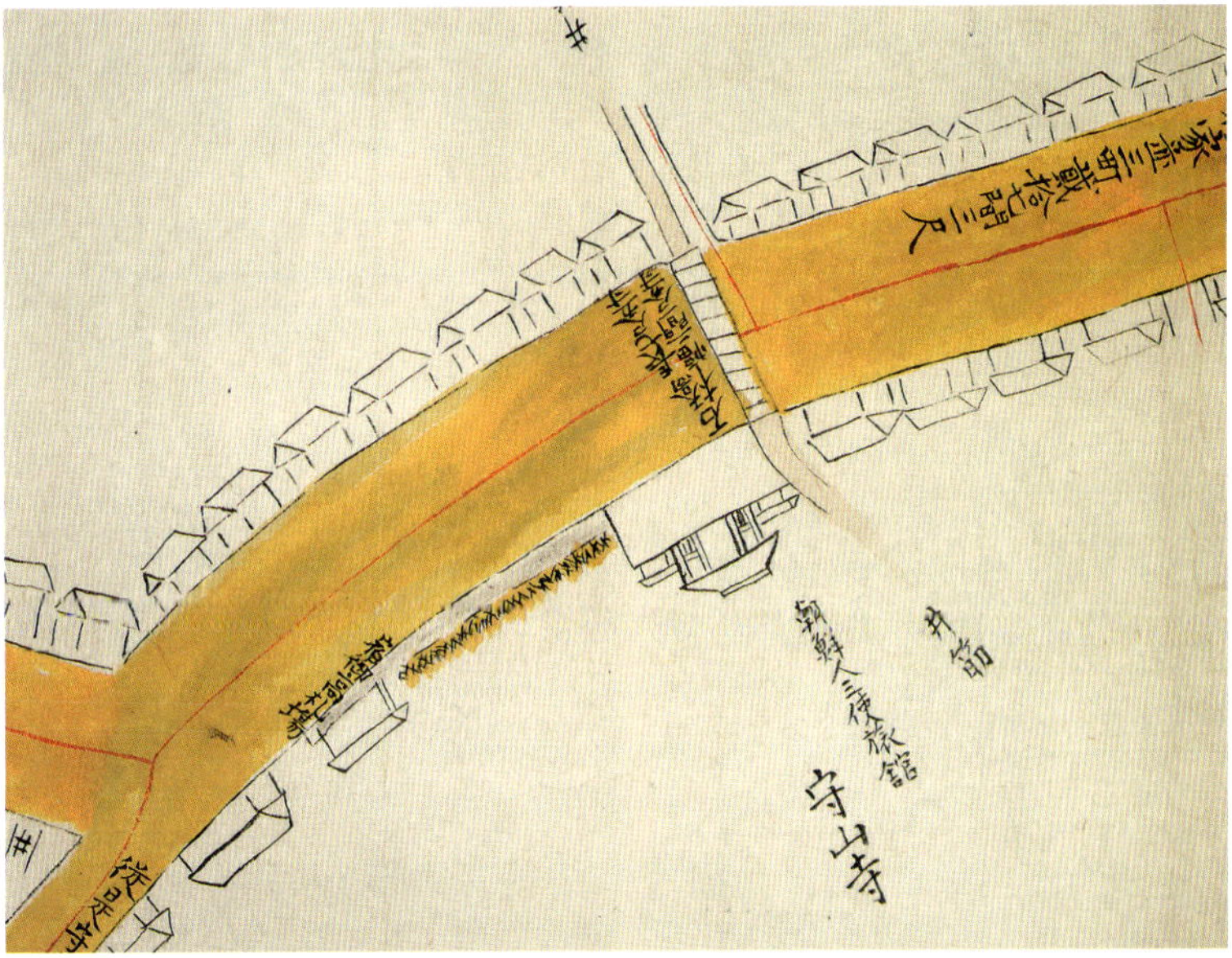

36　朝鮮通信使守山宿宿泊地絵図　佐賀県立名護屋城歴史博物館蔵

中山道守山宿は、京からの東下りにおける最初の宿泊地で、「京発ち守山泊まり」と言われ繁栄した。朝鮮通信使はこの地で、天台宗守山寺（現・東門院）を中心に分宿した。本図には、「朝鮮人通行道筋」や「朝鮮人三使旅館 守山寺」の文字が見える。東門院にも通信使の関係資料が伝わったというが、昭和61年の火災によりそのほとんどを失った。

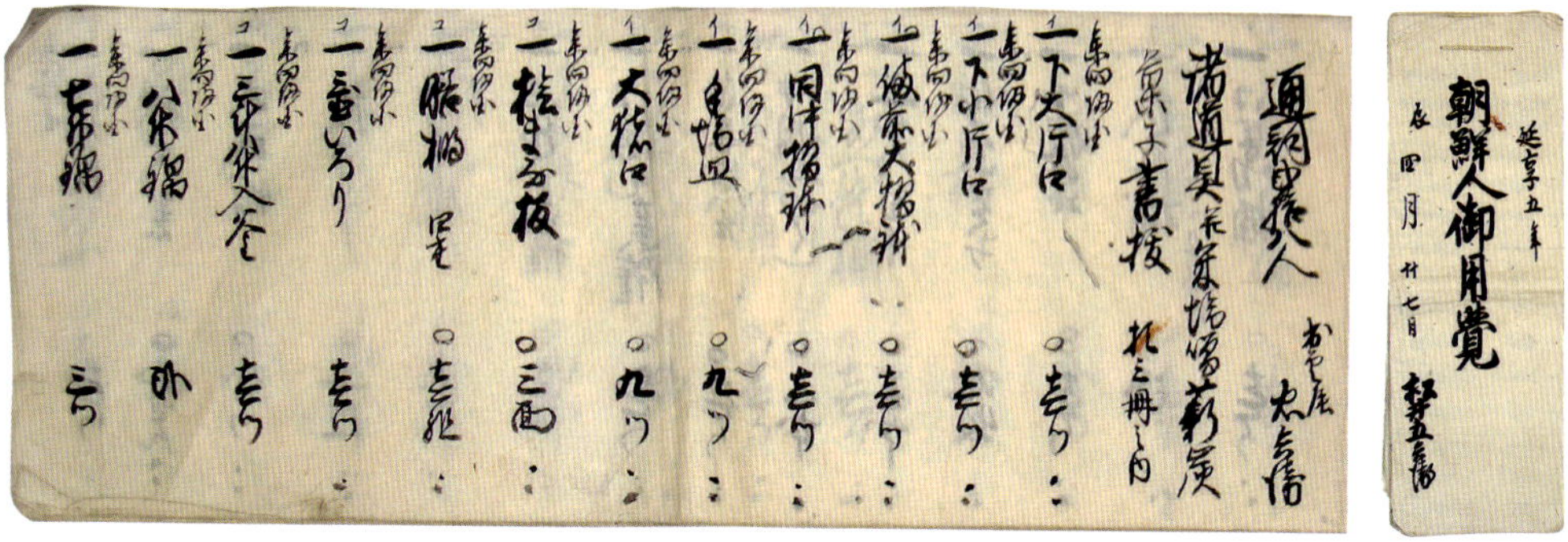

37　朝鮮人御用覚　横関家文書　個人蔵（高月観音の里歴史民俗資料館保管）

延享５年（＝寛延元年・1748）の第 10 次通信使来日に際し、伊香郡井口村（現・長浜市高月町井口）の松井五兵衛をはじめとする幕府領の庄屋たちが、通信使の大津宿での接待等について分担した際の記録。通詞たちを担当したようで、諸道具や食材、献立、宿（寺院）ごとの担当者名などが詳細に記されている。

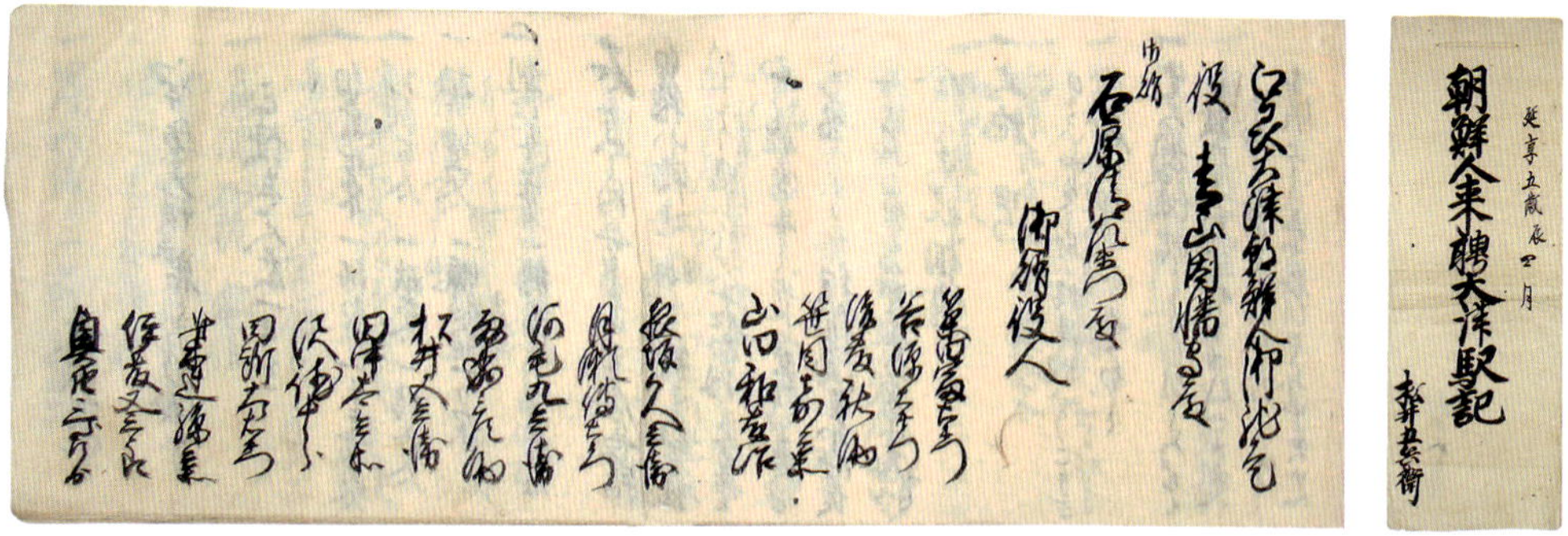

38　朝鮮人来聘大津駅記　横関家文書　個人蔵（高月観音の里歴史民俗資料館保管）

延享５年（＝寛延元年・1748）の第 10 次通信使来日に際し、井口村の松井五兵衛をはじめとする幕府領の庄屋たちが、通信使の大津宿での接待等について分担した際の記録。「江州大津朝鮮人御馳走役　青山因幡守殿　御賄　石原清左衛門殿」の次に「御賄役人」として松井五兵衛や隣村柏原の雨森彦助等 17 人の名がみえる。三使の一日の食材について量や材料について細かく指示し、また、その食材が揃わない場合の代替え食材についても示している。後半には、この回の通信使の概要として、三使の氏名、使節団構成・規模、行程、各地での御馳走役、朝鮮国の忌日等について記されている。

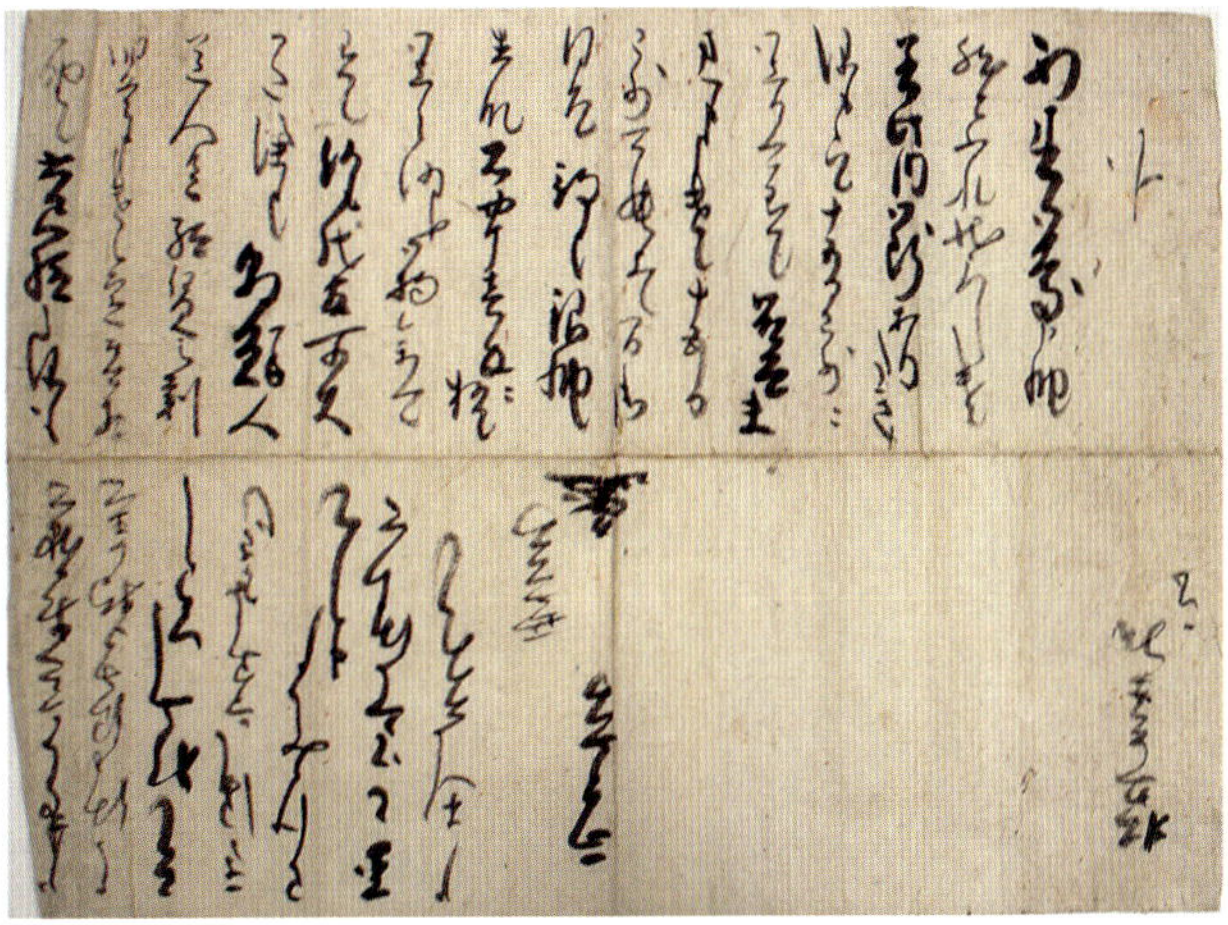

39　西六右衛門書状　松井五兵衛宛　横関家文書　個人蔵（高月観音の里歴史民俗資料館保管）

西（「西川」・「西坂」等の略称の場合もある）六右衛門（大津代官の手代か）が、伊香郡井口村（現・長浜市高月町井口）幕府直轄領の庄屋松井五兵衛に対して、触状を届けるので、支障がある場合は六右衛門がいる場所（大津か）まで、正月15日以前に行き事情を述べるように伝えた文書。本書の差し出し日は、正月６日となっている。「朝鮮人送人足駄賃之割」等も、六右衛門の所へ行った折に銀納するように記されており、先の触書に支障があってもなくても、15日以前の出張は決定していたようだ。年代は不明だが、朝鮮通信使が通過する中山道から、北へ約20キロ離れた井口村も、その通行にかかる荷物の運搬費用を負担する取り決めになっていたことを示す。

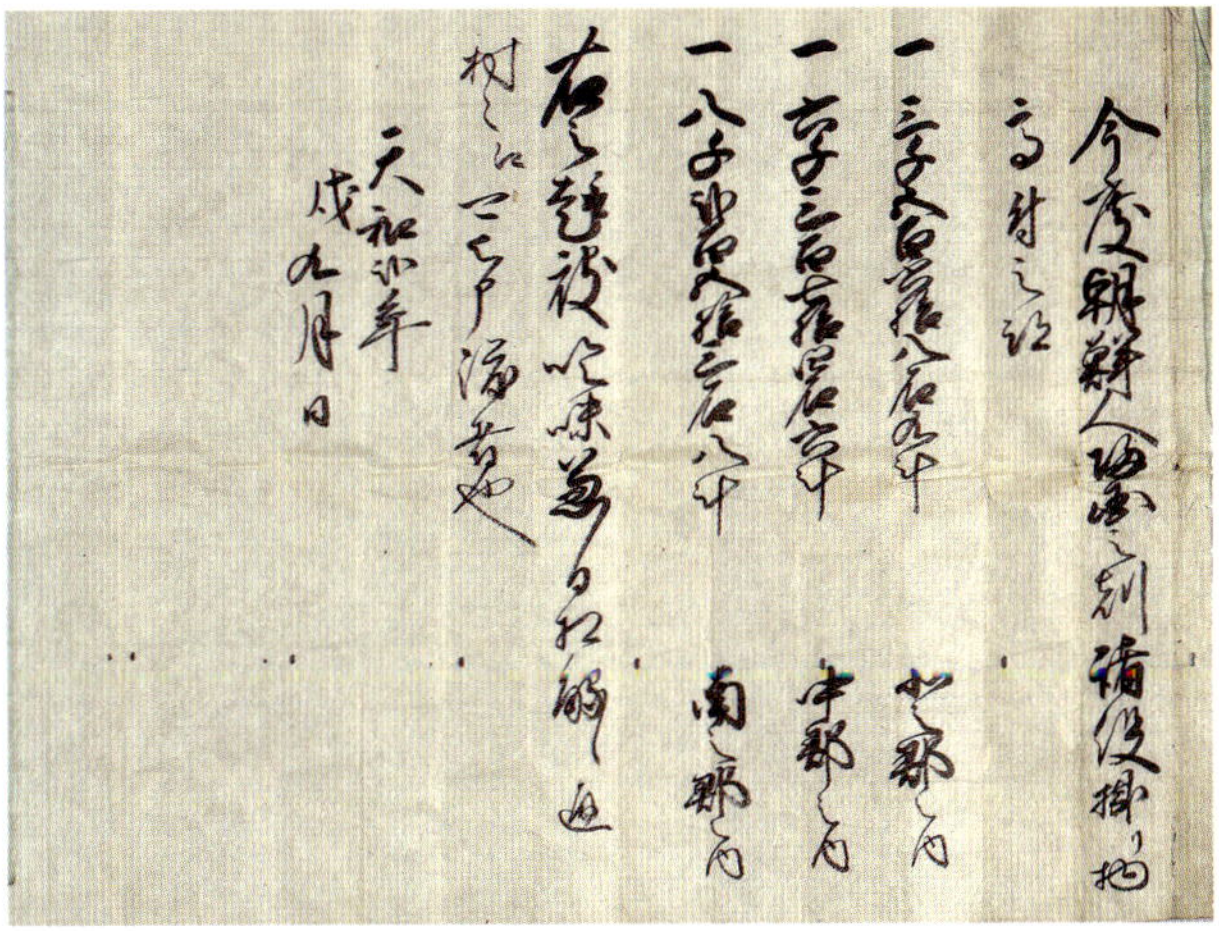

△40　**朝鮮人帰国諸役掛り物高付書**　古橋村高橋家文書　長浜市長浜城歴史博物館蔵

第７回の朝鮮通信使の通過にともない、「荷物運搬人馬役」の割り当て金を、近江国を北・中・南に割り書き記したものである。北郡は伊香・浅井・坂田の三郡、中郡は犬上・蒲生・神崎・愛知の四郡、南部は野洲・栗太・滋賀・甲賀の四郡を指すものと推定される（高島郡の帰属は不明）。差出人も宛名もなく、本書が写された経緯は不明であるが、各村への同役賦課の記録は近江国内の多くの村に残るが、一国規模で課役の高を記した文書は珍しい。伊香郡古橋村（現・長浜市木之本町古橋）の庄屋宅に伝来した。

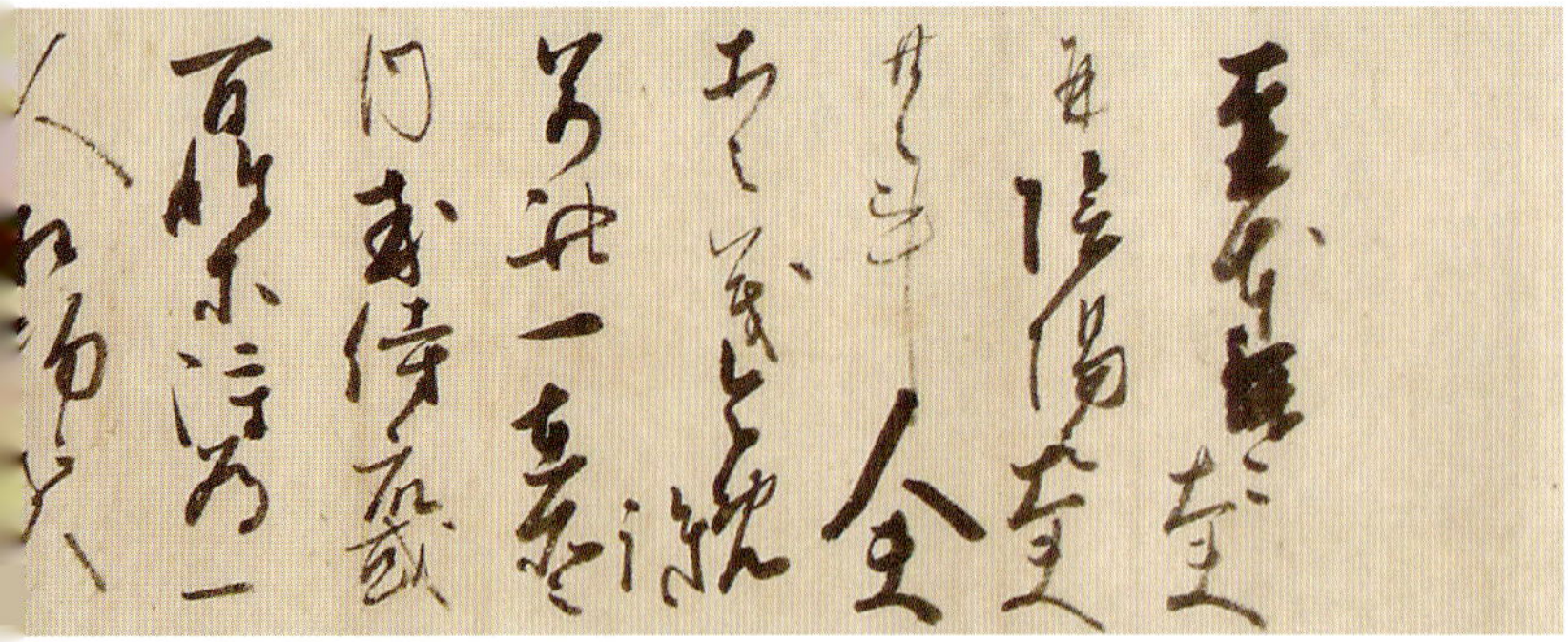

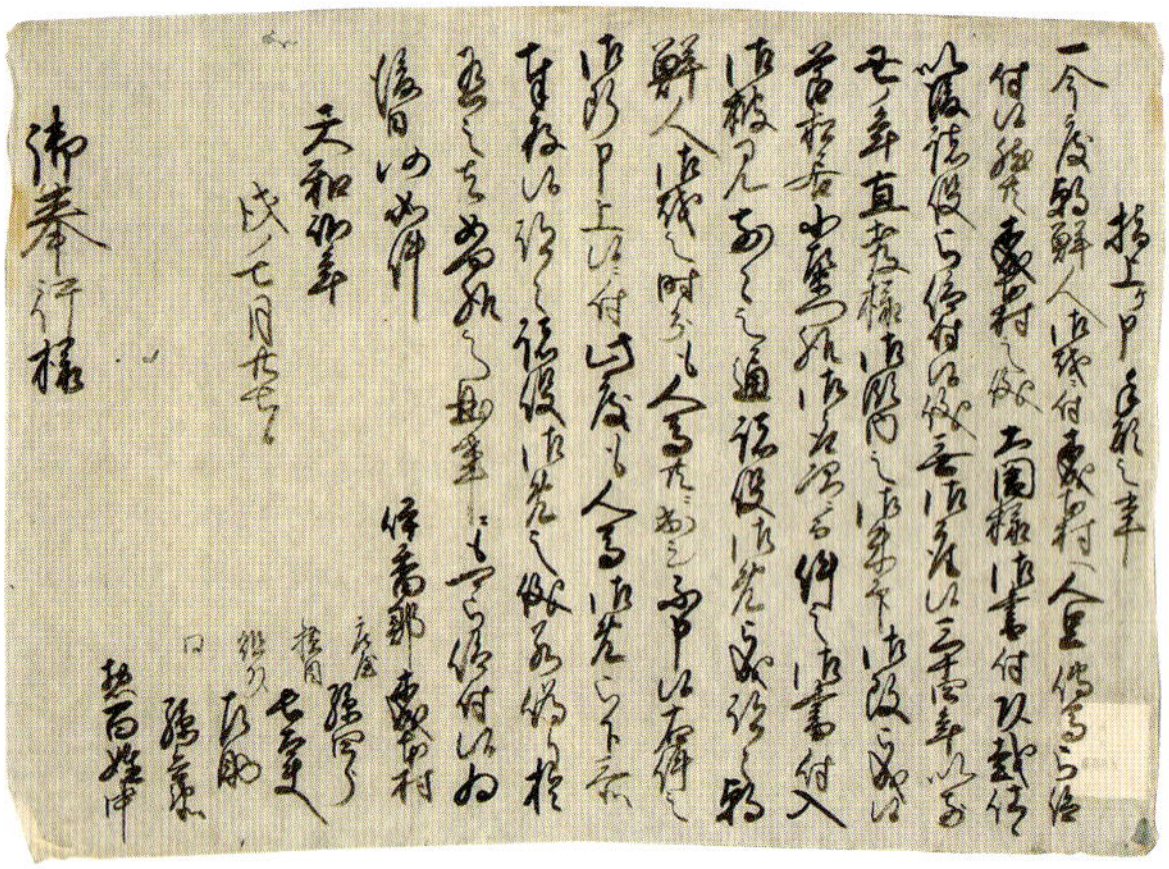

42　朝鮮人御越人足伝馬役御免之儀ニ付指上書　高月町森本自治会蔵

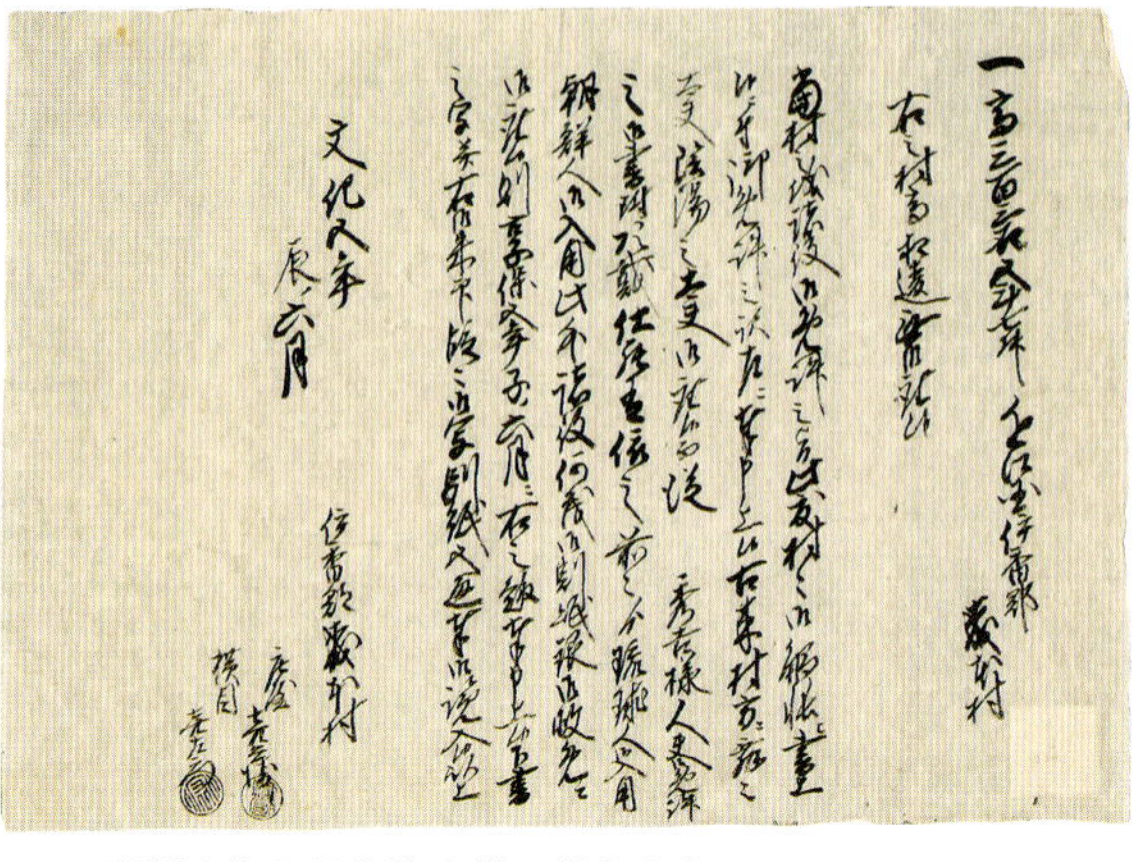

43　朝鮮人御入用免許之儀ニ付申上書　高月町森本自治会蔵

41　羽柴秀吉判物　もりもと大夫宛　高月町森本自治会蔵

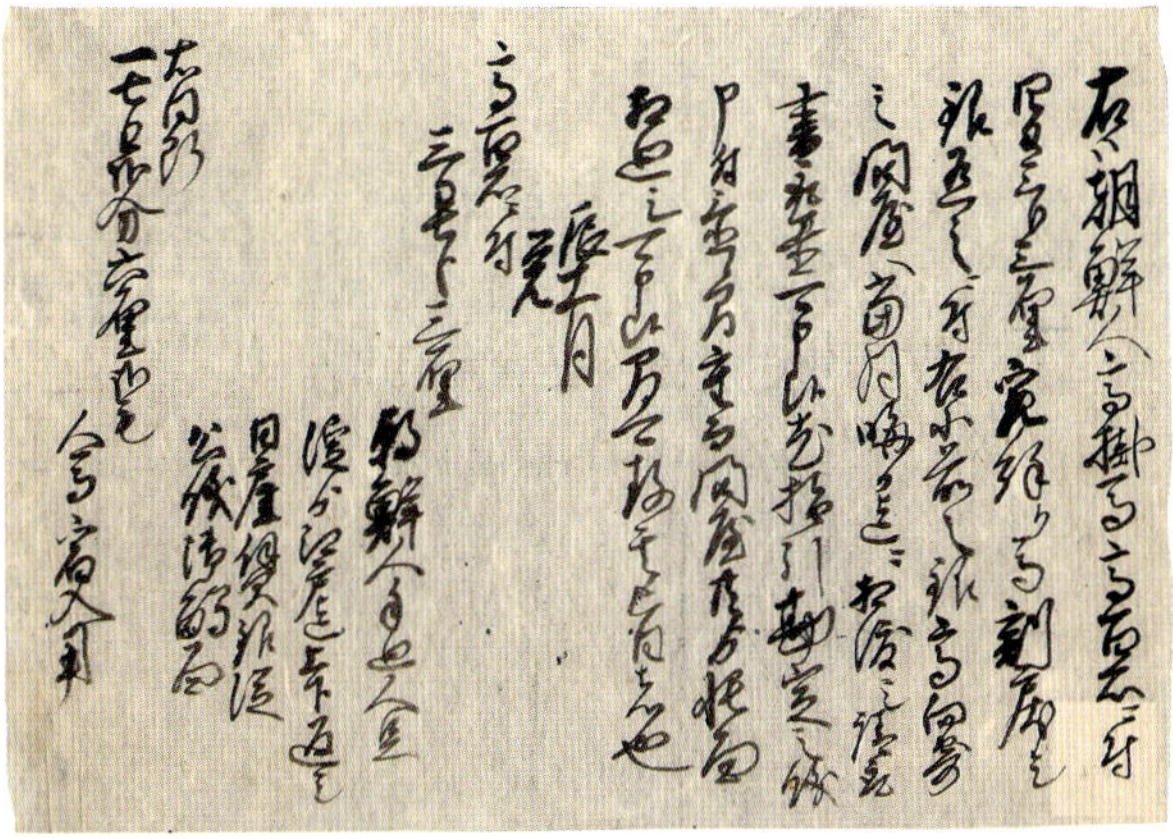

44　朝鮮人高掛馬高割戻シ之儀ニ付書置　高月町森本自治会蔵

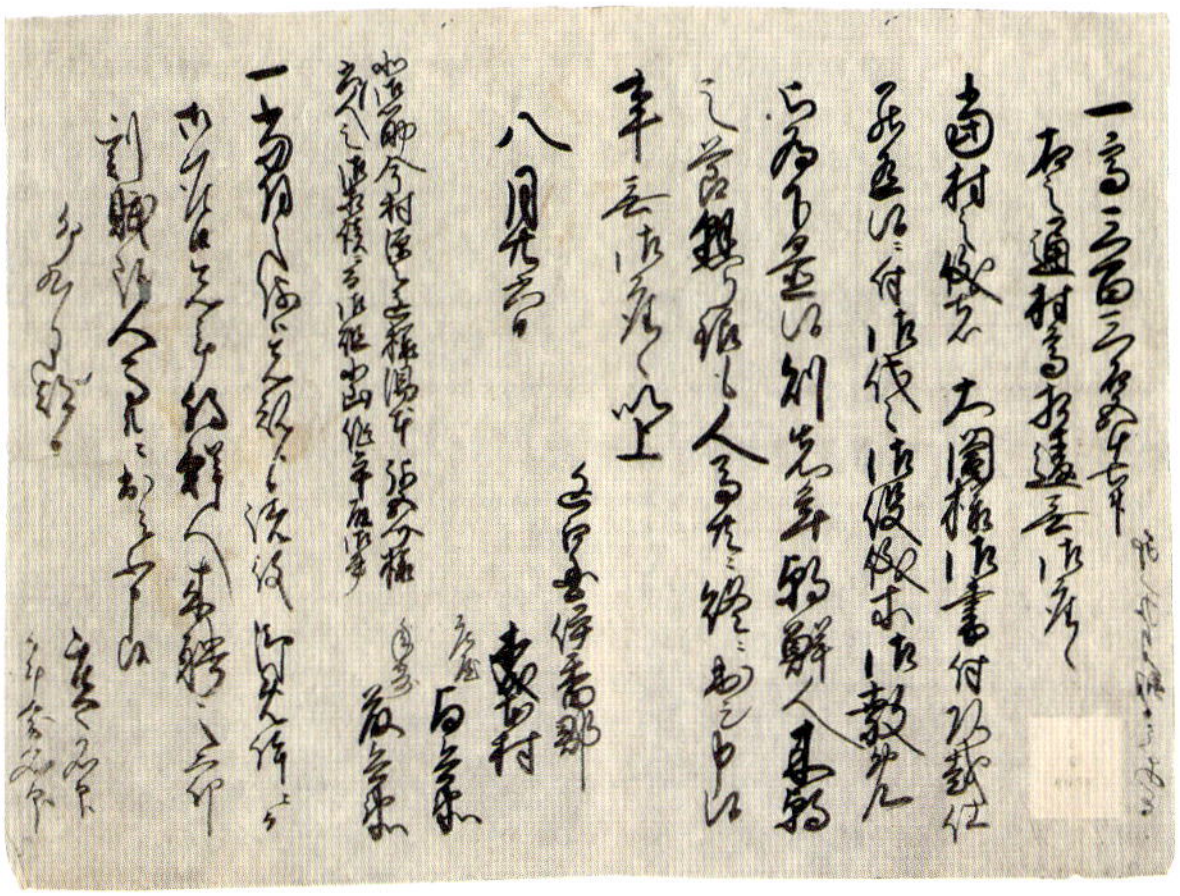

45　朝鮮人来朝懸リ銀赦免之儀ニ付書置　高月町森本自治会蔵

伊香郡森本村（現・長浜市高月町森本）は通信使来日にともなう彦根藩からの諸役の要請に対し、最終回の第十二次通信使の時以外はこれを免除された。かつて湖北地方を領した豊臣秀吉がこの村に発給した役儀免許の判物（41）によるものである。

秀吉の判物によって長期間にわたって諸役免除の恩恵をこうむった森本村の人々は、地元の氏神森本神社境内に豊国神社を勧請して太閤像を祀り、永くその恩に感謝した。

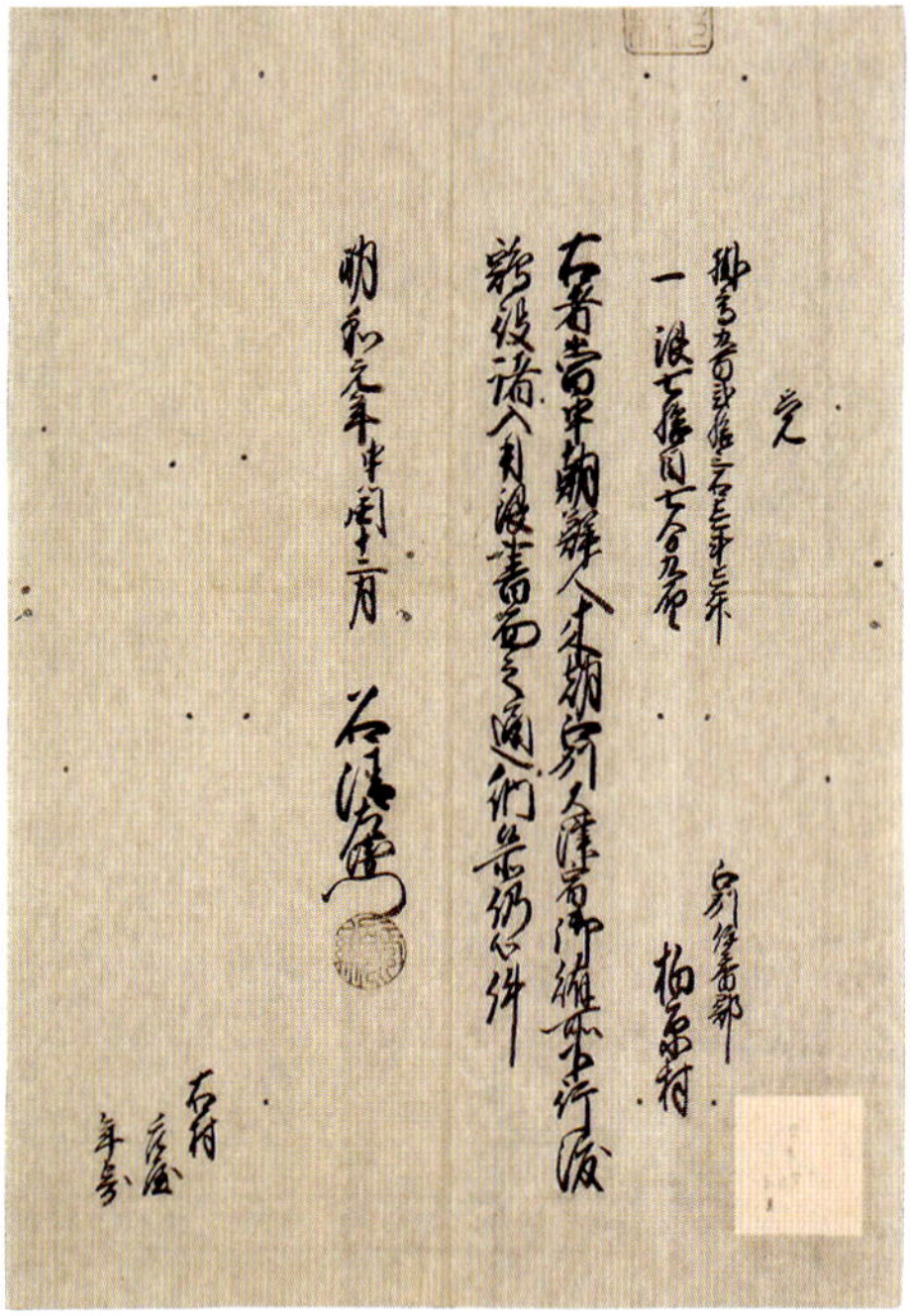

47　大津宿御賄所下行渡鶏役銀請取状
高月町柏原自治会蔵

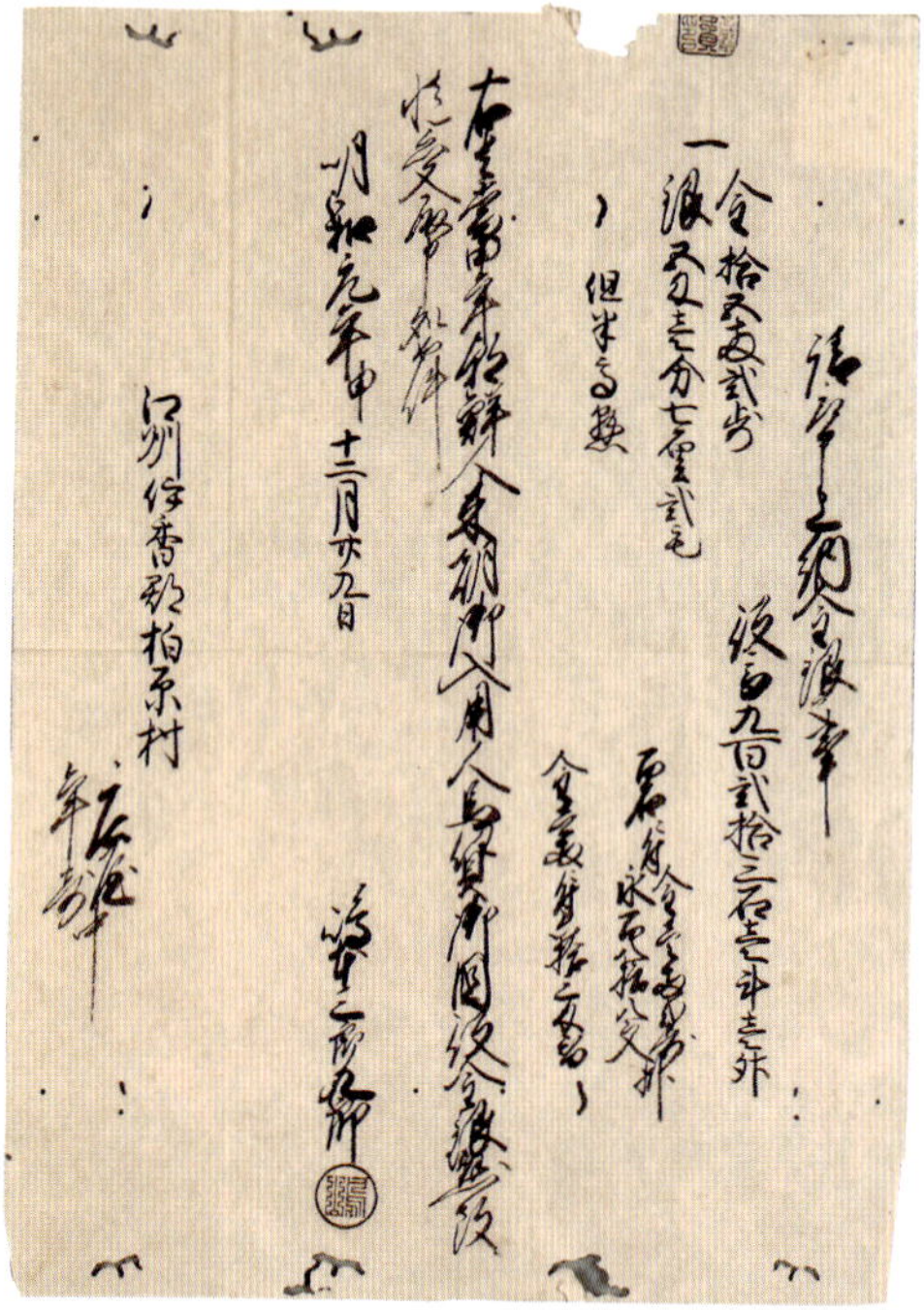

46　朝鮮人来朝御入用人馬賃請取状
高月町柏原自治会蔵

朝鮮通信使の来日にともなって、全国各地の村々にも負担金や出役が求められた。その接待にあたる諸大名や幕府からの要請である。

直接の通行ルートから離れる湖北地方でも、伊香郡柏原村（現・長浜市高月町柏原）では幕府領だった明和元年（1764）、「朝鮮人来朝御入用人馬賃御国役」として金15両２歩と銀５匁１分７厘２毛（高百石につき金１両２歩）、「江州大津宿御賄所下行渡鶏役」として銀70匁７分９厘が課せられ、この地に住む人たちも通信使の来日を支えていたことがわかる。

雨森芳洲について

高月観音の里歴史民俗資料館　学芸員　佐々木悦也

雨森芳洲《あめのもりほうしゅう》（一六六八～一七五五）は、江戸時代中期、対馬藩に仕えた儒学者である。字は伯陽《はくよう》。はじめ俊良《しゅんりょう》と称した。当時の儒者の多くがそうであったように、芳洲も僧籍にあったが、対馬藩仕官ののち還俗して藤五郎《とうごろう》と名乗り、さらに東五郎と改称した。また朝鮮では中国風に三文字で「雨森東」の名も用いた。のちに六代藩主宗義誠《そうよしのぶ》より一字を賜り誠清《のぶきよ》と名乗る。芳洲はその号であり、別号には橘《きっ》窓《そう》・櫟斎《れきさい》・尚絅斎《しょうけいさい》・（朝鮮逗留中は）院長等がある。

芳洲の先祖・雨森氏は、北近江の有力土豪として知られ、戦国期には浅井家に仕え数々の武将を輩出したが、小谷城落城・主家滅亡に際し没落したという。

芳洲は雨森村（現・長浜市高月町雨森）に生まれ（一説に京都・伊勢ともいう）、京都で町医者を開業していた父にならい医学を志すが、のち儒学に転じて、江戸に出て木下順庵の門に入った。順庵門下では、新井白石・室鳩巣《むろきゅうそう》・榊原篁洲《こうしゅう》・祇園《ぎおん》南海と共に『木《ぼく》門《もん》の五先生』に数えられた。「文は芳洲、詩は白石」と称されるなど文章の秀逸さは木門随一で、師は「後進の領袖」と評したという。

二十二歳の時、師順庵の推挙によって対馬藩に仕官。翌年芳洲は中国語を学びはじめ、長崎へも数度遊学している。二十六歳の時、対馬に赴任。藩では文教をつかさどるかたわら、内政・外交・藩主の御用人などを務めた。

対馬藩は朝鮮との交易がその経済を支え、また幕府と朝鮮をつなぐ役割を担っていた。芳洲は三十一歳の時、朝鮮外交を担当する朝鮮御用支配役の補佐役に任じられ、二十年余りその役務を果たした。その間、数度にわたり釜山の草梁《そうりょう》倭館《わかん》（対馬藩の外交出先機関）に滞在し、朝鮮の諸事や朝鮮の言葉を学習した。この留学で朝鮮語をほぼマスターし、『交隣《こうりん》須知《すち》』等十六冊の朝鮮語入門書をも作成した。

さらに自身の経験から通訳の重要性に着眼し、単に朝鮮語が上手なだけでなく才智・学問・篤実をそなえた質の高い通訳の育成を説き、これはのちに藩の通訳養成制度の確立にも生かされていった。

正徳元年（一七一一）第八次・享保三年（一七一八）第九次の二度、芳洲は朝鮮通信使に随行して対馬～江戸を往復し、幕府と朝鮮側との折衝役として様々な交渉にあたるなど、みずからも善隣外交の実践に努めた。なかでも第八次の際、幕府の中心にいた新井白石との、日本国王号改変・通信使の待遇変更・銀の輸出等をめぐる論争は有名。

芳洲は、晩年になっても向学心は衰えず、八十歳を過ぎてから和歌を志し、『古今和歌集』を読むこと一千遍と、みずから一万首作ることを自分に課した。古今集千遍読みは八ケ月ほどで完遂し、作った和歌は現在確認できるだけでも二万首におよぶ。

宝暦五年（一七五五）、八十八歳で対馬厳原《いづはら》日吉の別荘で没し、墓は同所の長寿院にある。

芳洲の存在は、一般にはあまり知られてこなかったが、平成二年五月に来日した韓国の盧泰愚大統領が演説の中で、芳洲と玄徳潤《ヒョンドギュン》との交流（誠意と信義の交際）を取り上げて高く評価し、一躍全国に知られるところとなった。

コラム

対馬藩と雨森芳洲

―雨森芳洲が遺した日朝交流の礎《いしずえ》―

長崎県立対馬歴史民俗資料館　主任学芸員　山口華代

近世を通じて朝鮮通交を管掌していた対馬藩には、朝鮮関連の史料が数多く残されている。朝鮮官人から対馬藩の朝鮮語通詞《つうじ》（通訳）あてに送られたハングル書簡はその最たるもので、対馬で国書交換を実施した文化八年（一八一一）の朝鮮通信使をめぐる日朝交渉の場で授受されたものである（『対馬宗家文庫史料朝鮮訳官ハングル書簡調査報告書』二〇一五年）。書簡調査を終えて感じることは、対馬藩通詞の高い語学能力と粘り強い交渉なしに、聘礼《へいれい》地変更という前例のない通信使の挙行はありえなかったということである。くわえて外交交渉を支えうる有能な通詞を輩出するシステムを藩内に作り上げていた雨森芳洲《あめのもりほうしゅう》の先見の明にも驚きを禁じえない。

芳洲が三代藩主・宗義真《よしざね》の招きをうけたのは元禄二年（一六八九）である。当時の日朝関係は、徳川綱吉の将軍襲職を祝う朝鮮通信使も終わり比較的安定していた。そのなかで芳洲は独学で習得した朝鮮語を駆使し、倭館《わかん》での外交交渉や朝鮮通信使の接応などに従事したことはよく知られている。日朝通交の現場で経

宗家史料が収められている長崎県立対馬歴史民俗資料館の収蔵庫

験を積んだ芳洲は、次第に対馬藩における朝鮮外交体制の整備が遅れていることを認識するようになる。外交交渉にあたっては過去の記録もなく担当者の個人能力に依存し、また藩の通詞といっても専門的な教育を受けていたわけでない。対馬藩にとって朝鮮国との善隣関係を続けることが肝要とする芳洲は、こうした外交面での課題を的確にとらえ、それらを乗り越えるための組織づくりの必要性を説いた。

　芳洲が推し進めたのは朝鮮語通詞の養成である。そこで藩に進言して、商人の子弟を対象とした語学所を設置するにいたった。交渉の場で対馬側の主張を通し、あるいは自己の権益を守るためには優秀な通詞が必要不可欠であることを体験的に知っていた芳洲ならではの意見である。『交《こう》隣《りん》須《す》知《ち》』『全《ぜん》一《いっ》道《どう》人《じん》』といった朝鮮語教育史的に重要なテキストの作成も、実用的な朝鮮語を体系的に学ぶことを目的としたものであった。ただし、芳洲の目指す通詞とは単純に語学ができればよいというものでない。朝鮮の政治・文化に通暁し、深い教養と交渉能力をもった人材こそが理想の通詞であった。上述の通詞養成機関にそれだけの期待をかけていたことを、対馬藩の人間はどこまで理解していたのだろうか。

　しかし、冒頭で紹介したように専門教育を受けた通詞たちが、困難な日朝交渉を経て通信使来聘の実現に貢献したことは事実である。彼ら通詞たちに相通ずるのは、芳洲が『交隣提醒《こうりんていせい》』で掲げた「互いに欺かず、争わず」「誠信の交わり」という相互信頼の理念であったにちがいない。芳洲が対馬に蒔いた「種」は確実に対馬の地に根付き、日朝交流の礎《いしずえ》として見事に結実したといえる。

万松院　対馬藩宗氏の菩提寺で、歴代藩主の墓所は国の史跡に指定されている。

万松院境内にあった御文庫（旧収蔵庫）

雨森芳洲「誠信外交」

芳洲は、国際関係においては平等互恵を宗とし、外交の基本は「誠信（誠意と信義）」にあると説いた。

朝鮮交接の儀は、第一に人情・事勢を知り候事、肝要にて候

一七二八年、芳洲が六十一歳の時に、対馬藩主に宛てた対朝鮮外交の指針書『交隣《こうりん》提醒《ていせい》』の冒頭の言葉である。

早くから中国語・朝鮮語を学んで各々の国の文化に触れ、また日本文化をも見据えた芳洲は、異なった文化は本質的に平等で、民族間に文化上の優劣はなく、それぞれの民族にとって、かけがえのないものであると考えていた。

そして外交にあたっては、国や民族によって風儀《ふうぎ》も嗜好《しこう》も異なるので、こちらの尺度だけで相手を測ってはならず、相手の風儀がこちらと違っているからといって、それを低く見てはいけない。相手の国の歴史・風土・考え方・言葉・習慣・人情や作法などをよく理解し、お互いに尊重し合って、お付き合いすべきだと主張した。同様の考えは『交隣提醒』の中で幾度も説かれている。

また、「誠信の交わりと申す事、人々申す事に候えども、多くは字義を分明に仕らざる事、これ有り候。誠信と申し候は、実意と申す事にて、互いに欺かず争わず、真実を以て交わり候を、誠信とは申し候」とも説いている。

この文の「誠信の交わり」を、いま流行の「国際化」に置き換えても、そのままに通用する。しかも「互いに欺かず争わず」と、一方からだけではなく、相互の真実をもっての交わりを指摘されているのも見逃せない。芳洲の先進的な国際感覚と思想は、三〇〇年の時を経て、国際化が進んだ現代、なお指針とすべきものである。

◎48　**雨森芳洲肖像**　芳洲会蔵（管理団体長浜市、高月観音の里歴史民俗資料館保管）

唐服をまとい、袖に手を入れ胸前で拱手し、儒巾をかぶった晩年の姿で、朝鮮通信使画員の作と伝える。そうであるとすれば、延享５年（＝寛延元年・1748）第10次通信使のとき、芳洲81歳のものか。

「49雨森《あめのもり》芳洲《ほうしゅう》肖像」は本作とほぼ同構図で画印も共通している。あえて相違点をあげるなら、本作は紙に描かれ『49』は絹に描かれている点、本作のほうがより穏和な表情であること、襟元よりのぞく着衣の枚数が異なることなどである。

◎49　**雨森芳洲肖像**　芳洲会蔵（管理団体長浜市、高月観音の里歴史民俗資料館保管）

「48 雨森《あめのもり》芳洲《ほうしゅう》肖像」解説で触れたとおり、芳洲会所蔵の肖像画２幅は、いずれも晩年期の姿を写したものである。

『雨森家系』の雨森二橋（龍山）記によれば、かつて芳洲の肖像画は５幅存在したようで「二幅所持、一幅松浦預ケ、一幅仁位預ケ～小川俊之亮方預リ、一幅田口預ケ」とある。また『雨森先生之事』（九州大学文学部史学科蔵）には「先生肖像、老若ノ二幅有之、御若年ノ像ハ松浦儀兵衛所持、御老年像ハ雨森家ニ近年所持、寛兵衛噺」とあり、老若数種あったようだが、芳洲会蔵品以外、現在その所在は不明である。

◎50　**木下順庵肖像　付自賛**　芳洲会蔵（管理団体長浜市、高月観音の里歴史民俗資料館保管）

唐服をまとい、袖に手を入れたまま胸前で拱手して一指を外に出し、儒巾をかぶった姿。『錦里《きんり》文集』には「榊原篁洲《さかきばらこうしゅう》は師順庵の肖像画を描きたいと願い、師に辞退されるもついにこれを許し、住吉画工に描かせ自賛を寄せた」とある。

本作は、順庵が雨森芳洲《あめのもりほうしゅう》に贈ったもので、同じ賛文は『錦里文集』巻頭にも肖像画とともに紹介されている。順庵は、この文を好んで肖像画に寄せ、門弟たちに贈ったのであろう。

なお画者について、印文「倭画一志」の「倭画」は大和絵をさし、断定はできないものの『錦里文集』にあるように、大和絵を得意とした土佐派の分流住吉派、あるいはその傍系板谷派の絵師かと考えられる。

宗家文庫史料

奉公帳

「奉公帳」は、対馬藩士の奉公召出から致仕にいたるまでの動向・職歴等を記したもの。「御馬廻」「大小姓」「御徒歩」に分かれ、それぞれイロハ順・年代順にまとめられている。

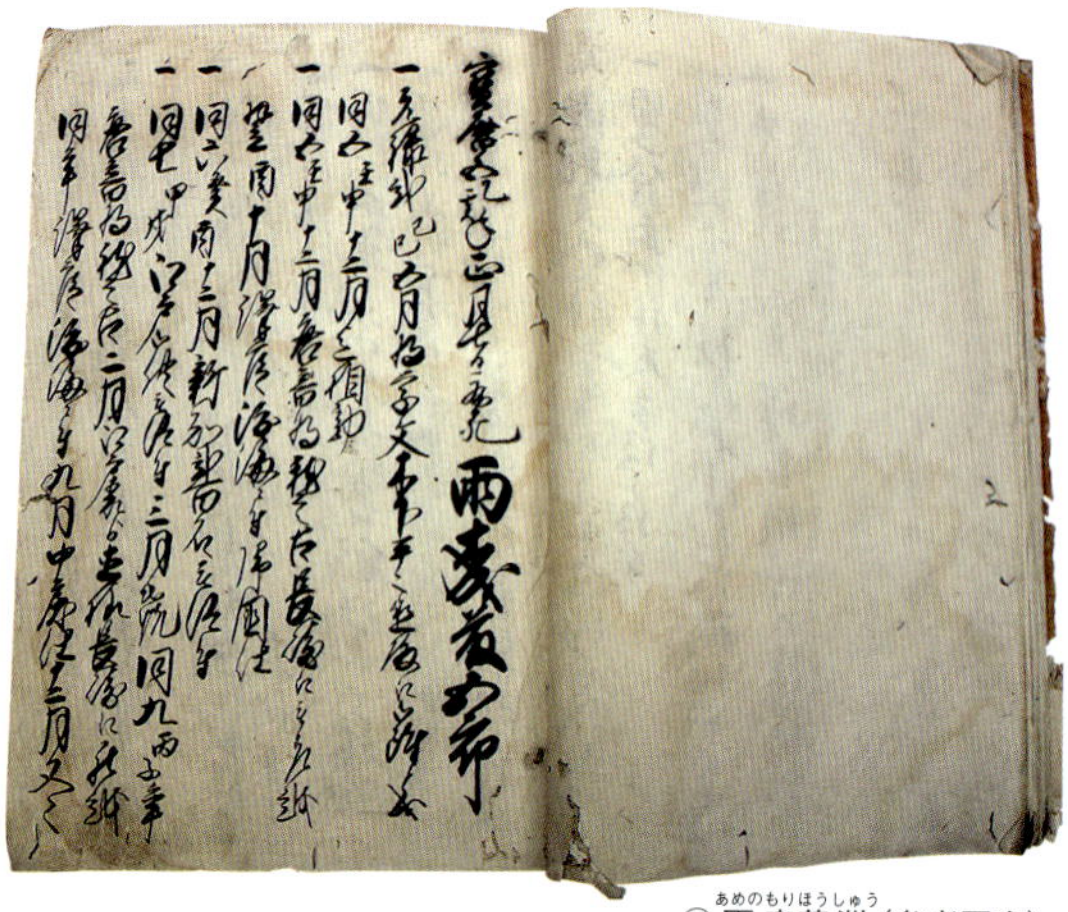

① 雨森芳洲《あめのもりほうしゅう》（参考写真）

◎ 51-1　**与頭奉公帳５**　長崎県蔵（県立対馬歴史民俗資料館保管）

芳洲は、のちに「東五郎」と名乗るが、当初は「藤五郎」と記していたこと、宝暦５年（1755）１月７日に病没したことがわかる。また元禄２年（1689）４月14日に対馬藩に仕えた芳洲は翌５月、木下順庵のもとで引き続き学ぶよう藩命を受け、同５年12月まで学んでいたことなどが知られる。

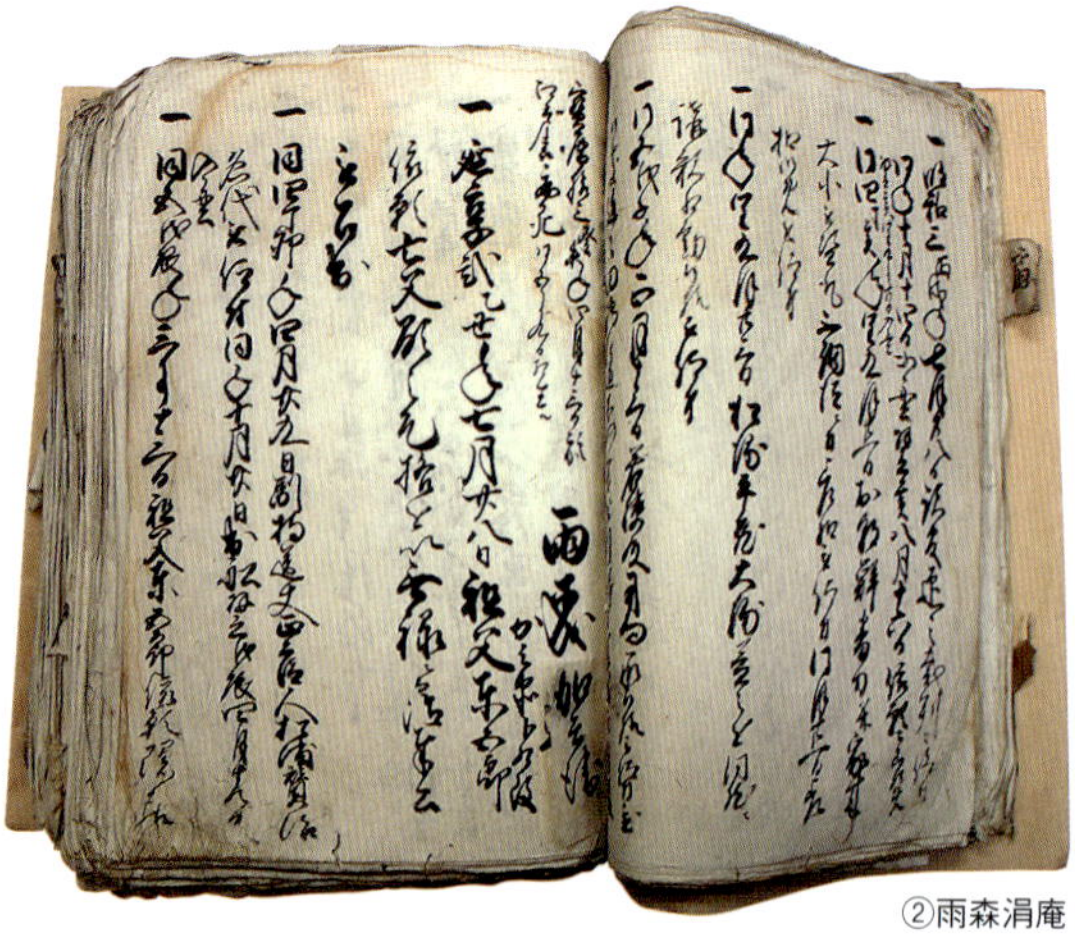

②雨森涓庵

◎ 51-2　**与頭奉公帳 25**　長崎県蔵（県立対馬歴史民俗資料館保管）

芳洲の孫・涓庵《けんあん》の奉公記録。芳洲の長男・鵬海《ほうかい》（1698 ～ 1739）亡き後、涓庵は延享２年（1745）に無禄にて奉公し始めたこと、同５年、祖父・芳洲の隠居に伴い、家督を相続したことがわかる。

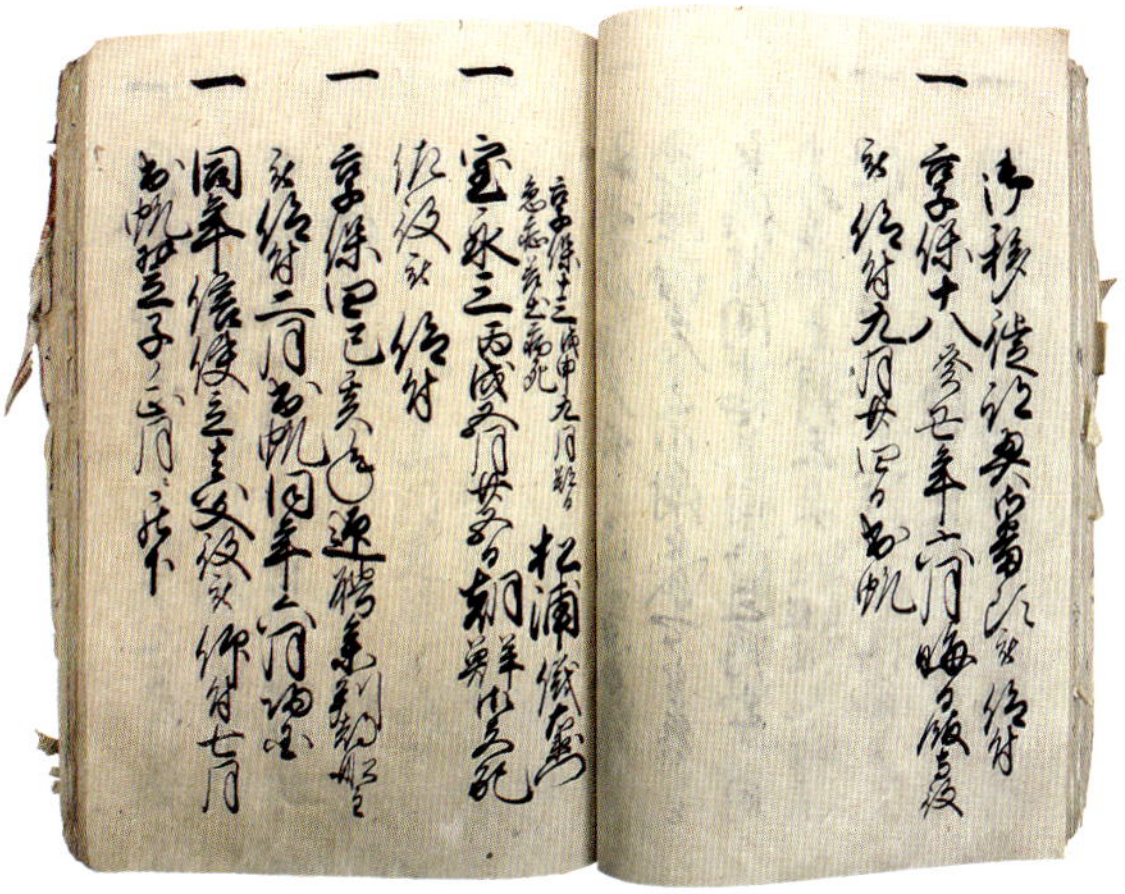

③松浦霞沼

◎ 51-3　与頭奉公帳４　長崎県蔵（県立対馬歴史民俗資料館保管）

芳洲と同門の藩儒・松浦霞沼《まつうらかしょう》の奉公記録。芳洲とともに朝鮮支配役佐役などを務めた。享保９年（1724）頃、芳洲の二男・龍岡《りゅうこう》を養子に迎えた。

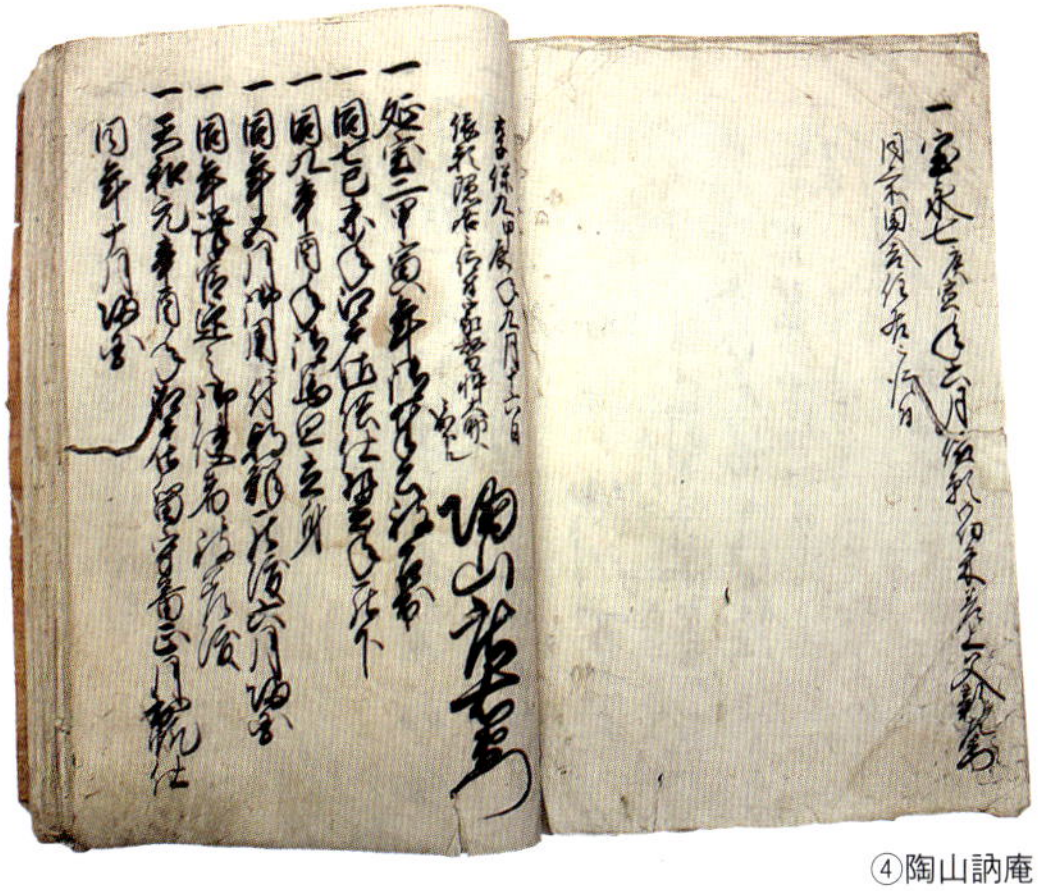

④陶山訥庵

◎ 51-4　与頭奉公帳６　長崎県蔵（県立対馬歴史民俗資料館保管）

陶山訥庵《すやまとつあん》は、対馬聖人と称される農政家。木下順庵のもとで学び、芳洲より 12 歳年長。朝鮮御用のほか、郡奉行などを務め、功績を上げた。芳洲のよき相談相手であった。

農地の少ない対馬で猪による被害が甚大となり民衆を救うため、生類憐れみの令の中、猪狩りを断行し、永く慕われた。

宗家文庫史料

毎日記

「毎日記」は、対馬藩の各部署で日々の藩政業務を記録した日記類で、残存数は三八〇〇点余りにのぼる。表書札方、奥書札方等々、国元（対馬）や江戸・倭館（釜山）などで作成された

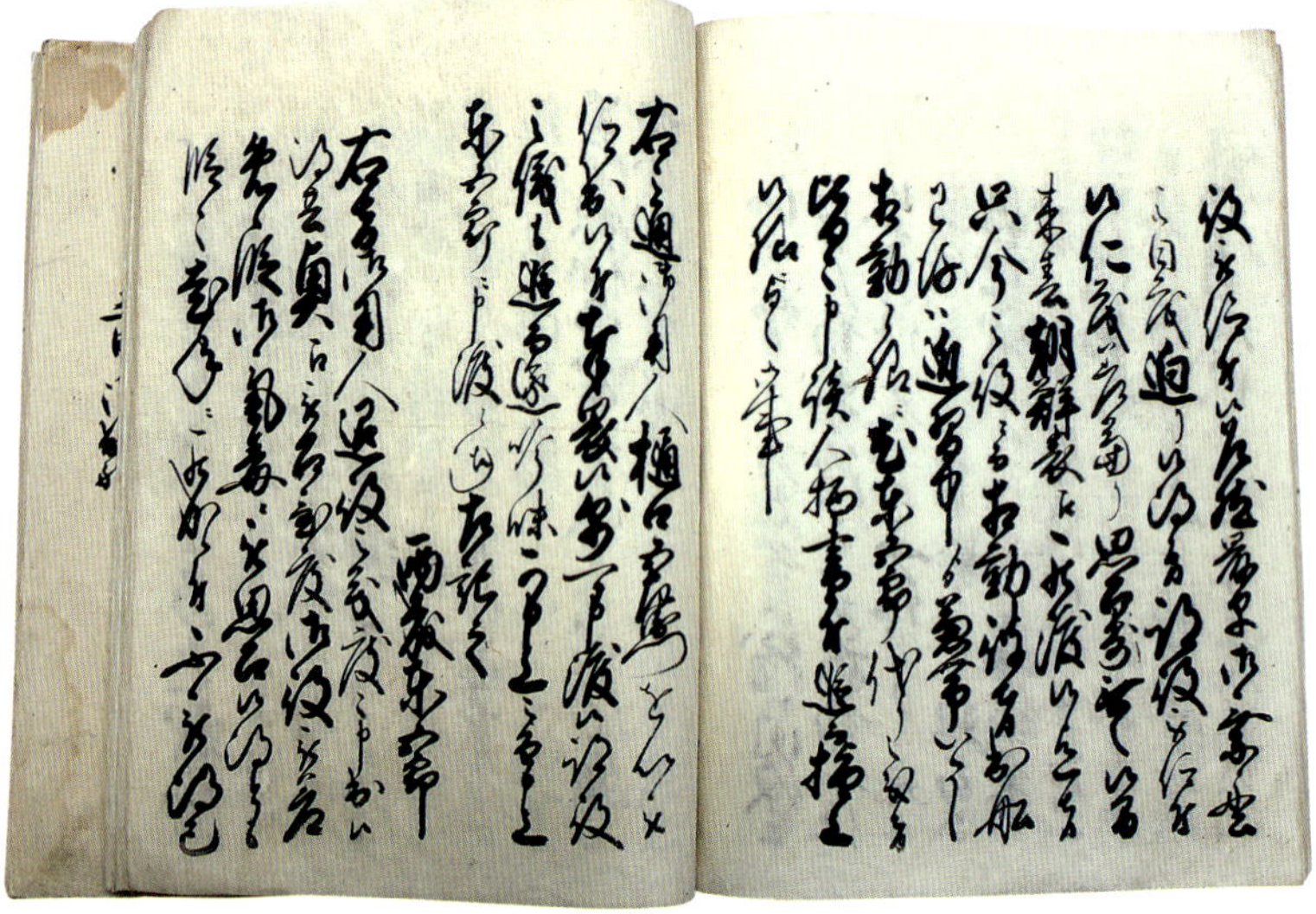

◎ 52　**毎日記**　長崎県蔵（県立対馬歴史民俗資料館保管）

享保 13 年（1728）8 月 26 日の項によれば、61 歳の時、芳洲は願いによって御用人役を解かれ裁判役を命じられるが、翌年朝鮮に出発するまでは引き続き御用人役を務めるよう命じられたことがわかる。

宗家文庫史料

立身 加増 新規被召出 帰参

「立身 加増 新規被召出 帰参」は、文字どおり、対馬藩士の仕官・禄の加増・致仕帰参等について記したもの。

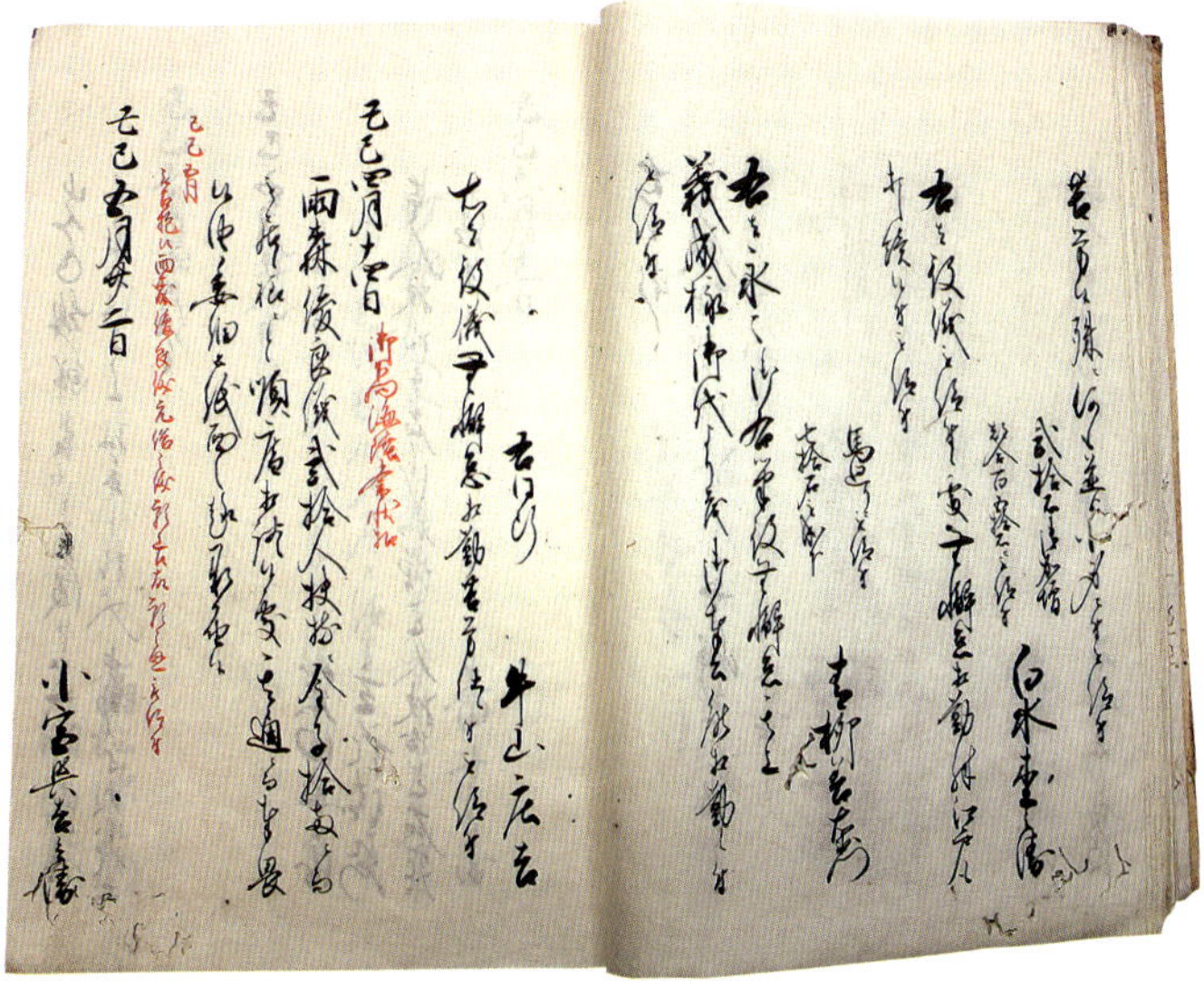

◎ 53-1　**立身 加増 新規被召出 帰参２番**　長崎県蔵（県立対馬歴史民俗資料館保管）

元禄２年（1689）４月14日の項によれば、当時芳洲は「俊良」と名乗っていたこと、「20人扶持金子10両」で召抱えられたこと、師匠順庵の進言により江戸に居続けることを命じられたことがわかる。

また、同年５月の記録によれば、当時芳洲は僧籍にあったようで、自身の元俗（還俗）を対馬藩に願い出、これを許されたことがわかる。

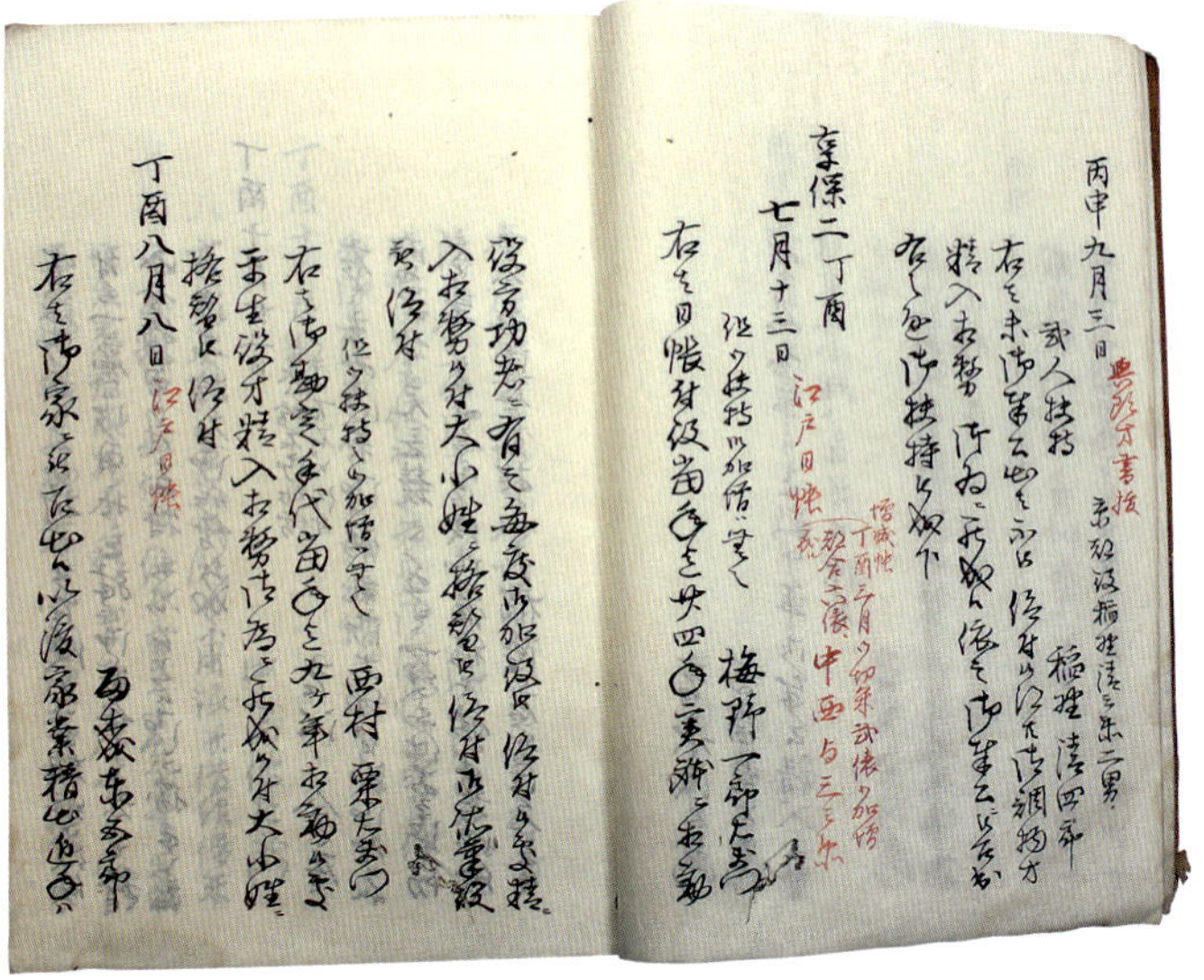

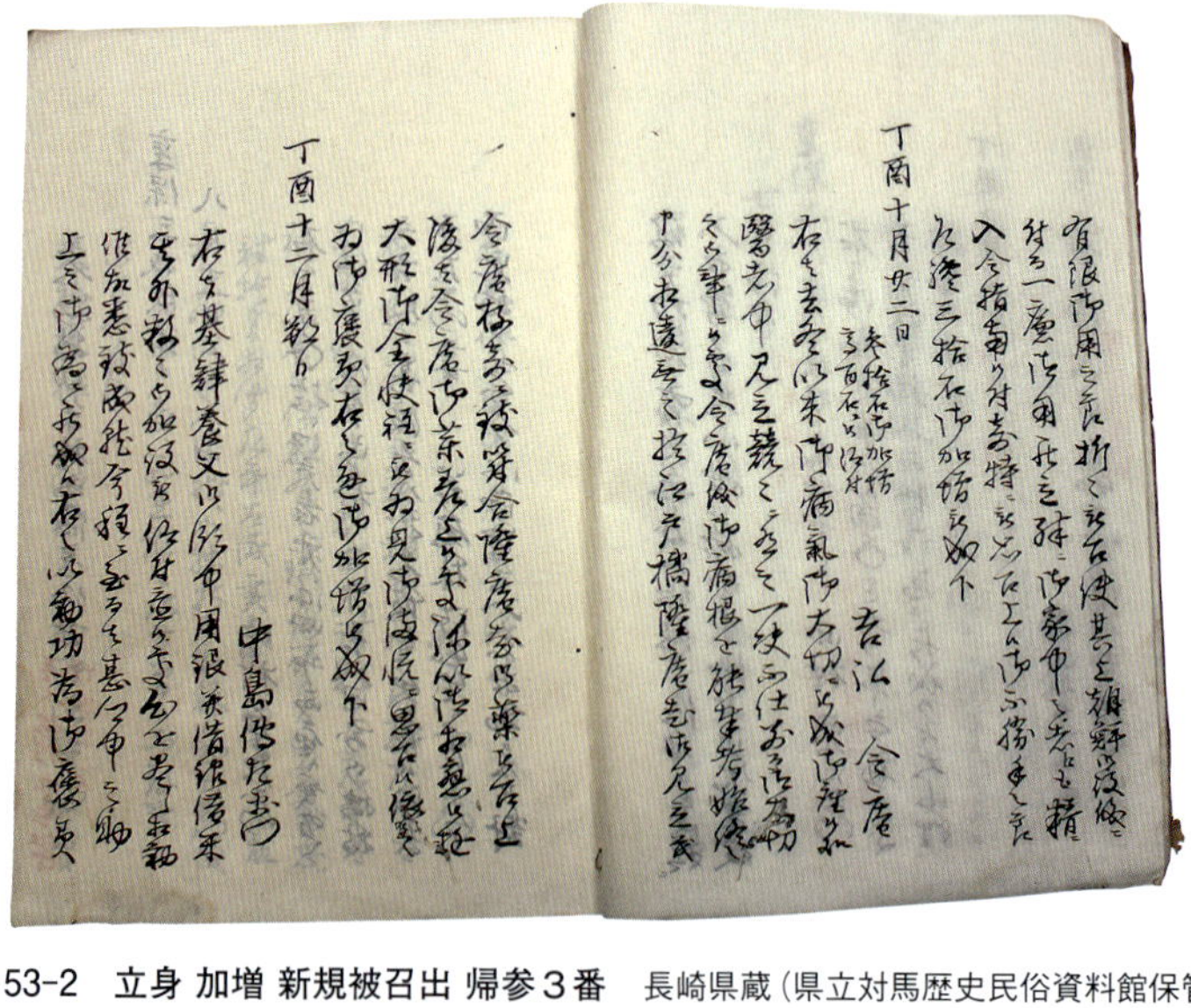

◎ 53-2　立身 加増 新規被召出 帰参３番　長崎県蔵（県立対馬歴史民俗資料館保管）

享保２年（1717）８月８日の項によれば、藩に召抱えられて以降、家業に精勤し、また朝鮮関係の御用にも貢献し、家中の者へもよく指導しているという理由で対馬藩から 30 石加増されたことがわかる。

宗家文庫史料

家業人

「家業人」は、藩士のうち、医者・儒者・祐筆・鑓術・弓術・砲術など、一芸を持って仕えている者の動向記録。

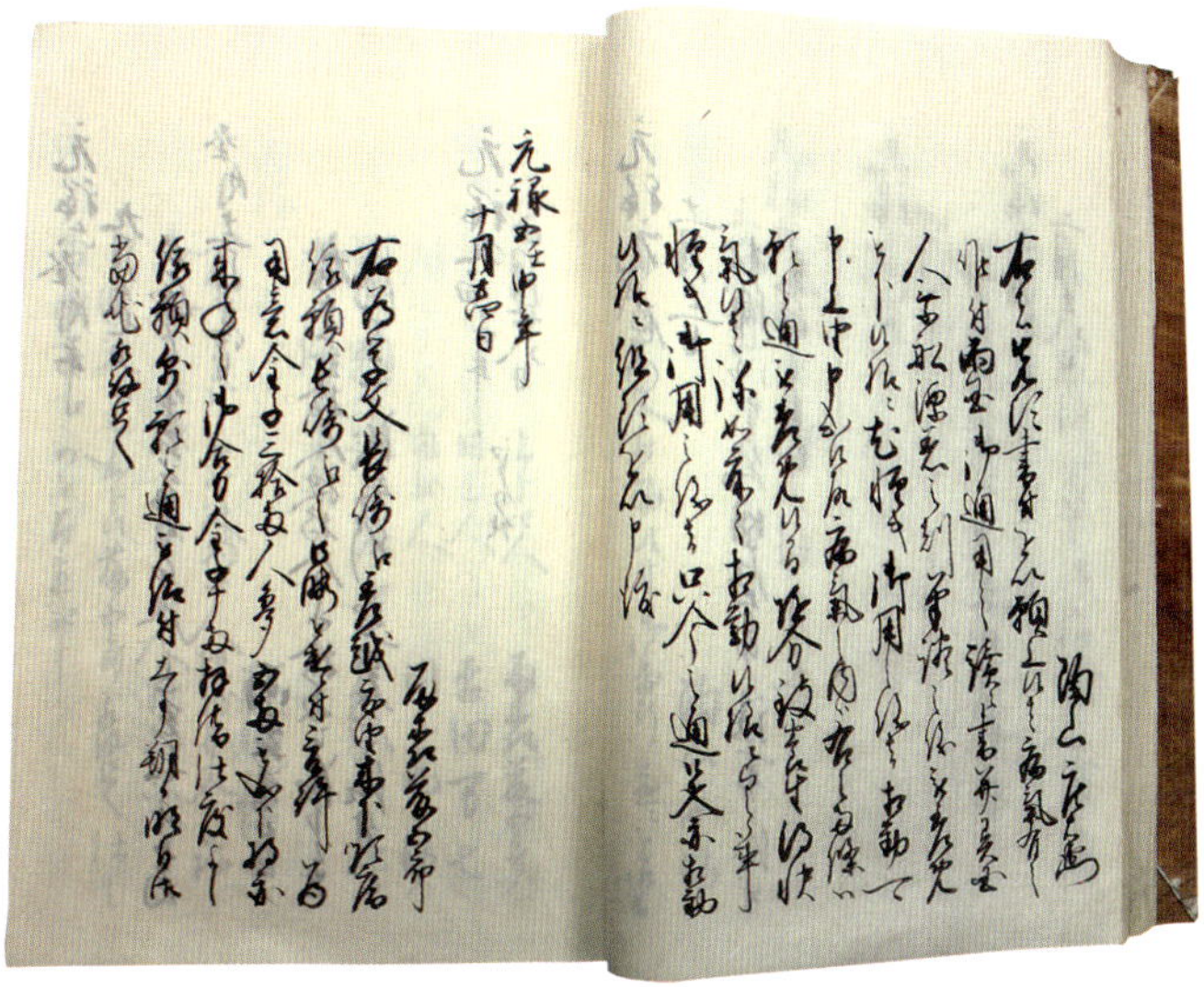

◎ 54-1　家業人１番　長崎県蔵（県立対馬歴史民俗資料館保管）

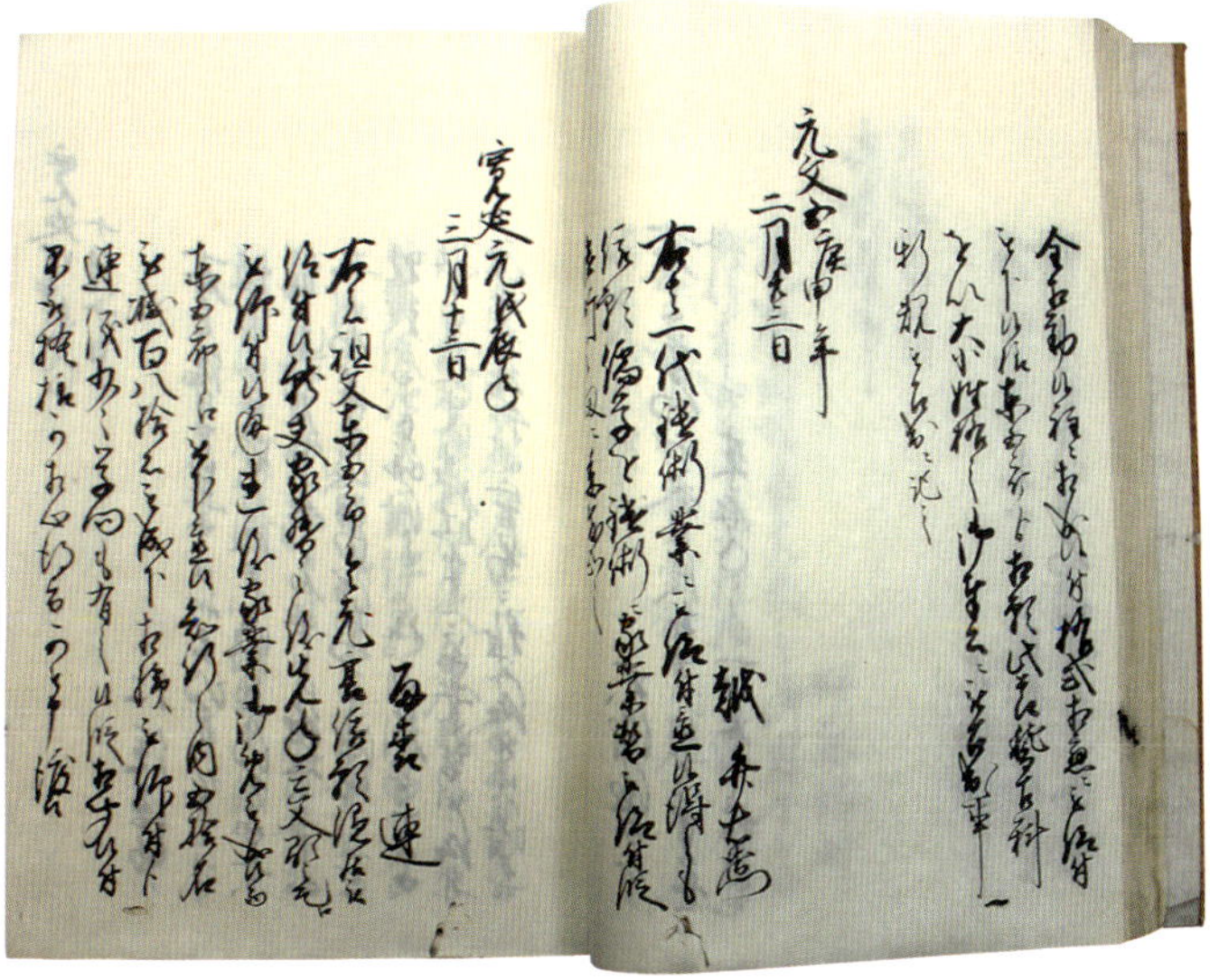

◎ 54-2　家業人２番　長崎県蔵（県立対馬歴史民俗資料館保管）

元禄５年（1692）10 月 24 日の項によれば、芳洲は師順庵の願い出により、金子 10 両・人参５両等を賜り、翌年分金子 10 両を前借して、長崎へ学文（中国語）稽古に赴いたことがわかる。

寛延元年（1748）３月 13 日の項によれば、芳洲は願いにより隠居を許され、孫の涓庵《けんあん》が家督相続を命じられたことがわかる。

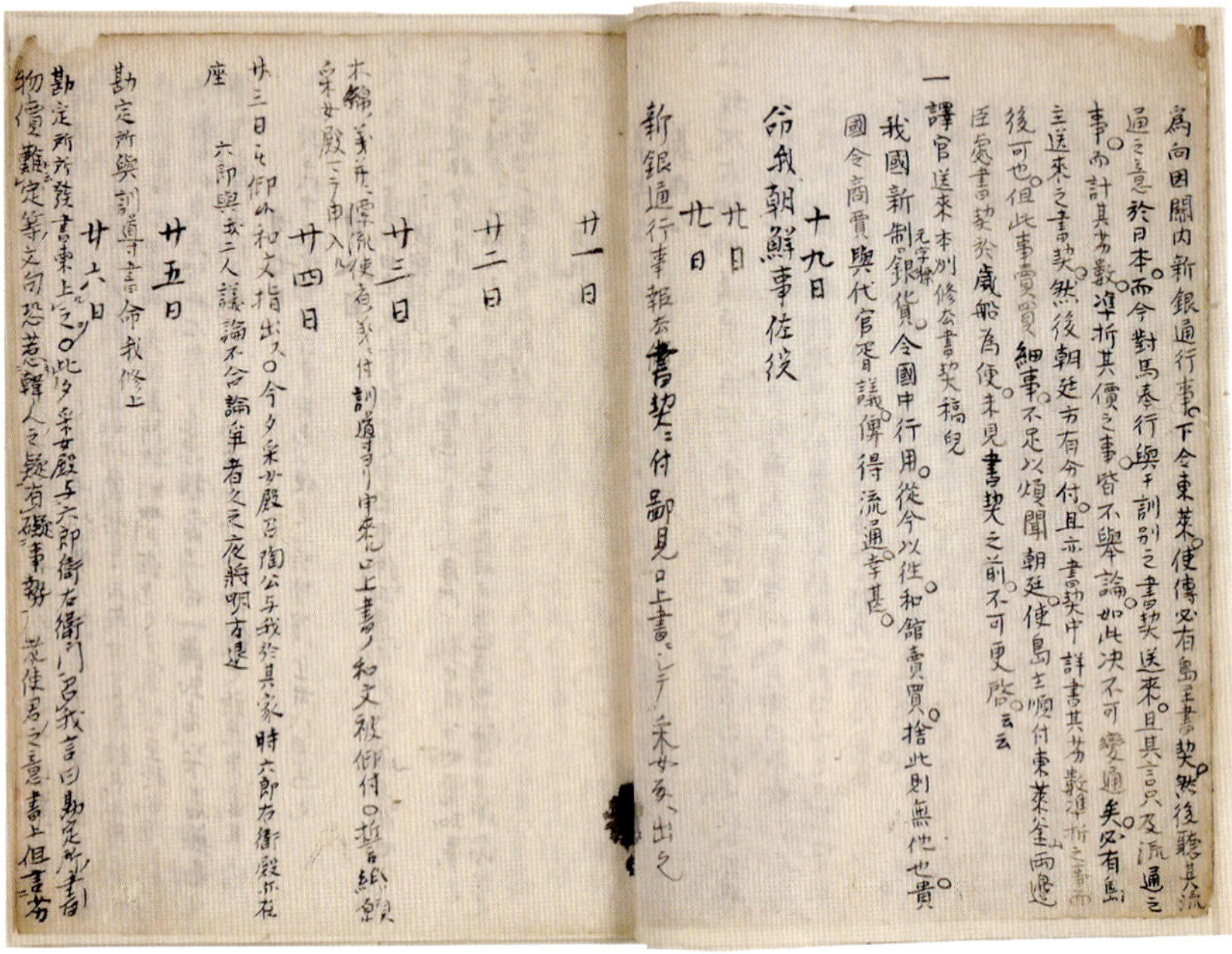

◎ 55　義如君江故事申上扣・日乗・日課　雨森芳洲著・筆

芳洲会蔵（管理団体長浜市、高月観音の里歴史民俗資料館保管）

義如君《よしゆきぎみ》江《へ》故事《こじ》申上扣《もうしあげひかえ》：第８代藩主宗義如《よしゆき》に進講した中国故事の控え。享保 18 年（1733）７月 28 日より翌年２月 13 日にかけてのもの。義如は前年 17 歳で藩主となった。

日乗《にちじょう》：前半は『日乗』と題する７月 16 日より９月末にいたる日記。７月 19 日の条に「命我朝鮮事佐役」とあり、朝鮮御用支配役の佐役を命じられた元禄 11 年（1698）のものとわかる。８月８日、同役の解職を請い、同 19 日、不許可の命が下されたこと、９月２日、陶山訥庵《すやまとつあん》より『朝鮮交通記録』を贈られたことなどが記されている。後半は、元禄 16 年（1703）以降に書き加えられたとみられる雑記。中国故事の引用・論評などのほか「92 読書論」の草稿も含まれている。

日課《にっか》：『日課詩』と題する漢詩の草稿。「寄呈縁長老」と題するものがあり、以酊庵《いていあん》第 41 代輪番僧別宗祖縁《べっそうそえん》の在任期間、元禄 13 ～ 15 年頃のものとみられる。

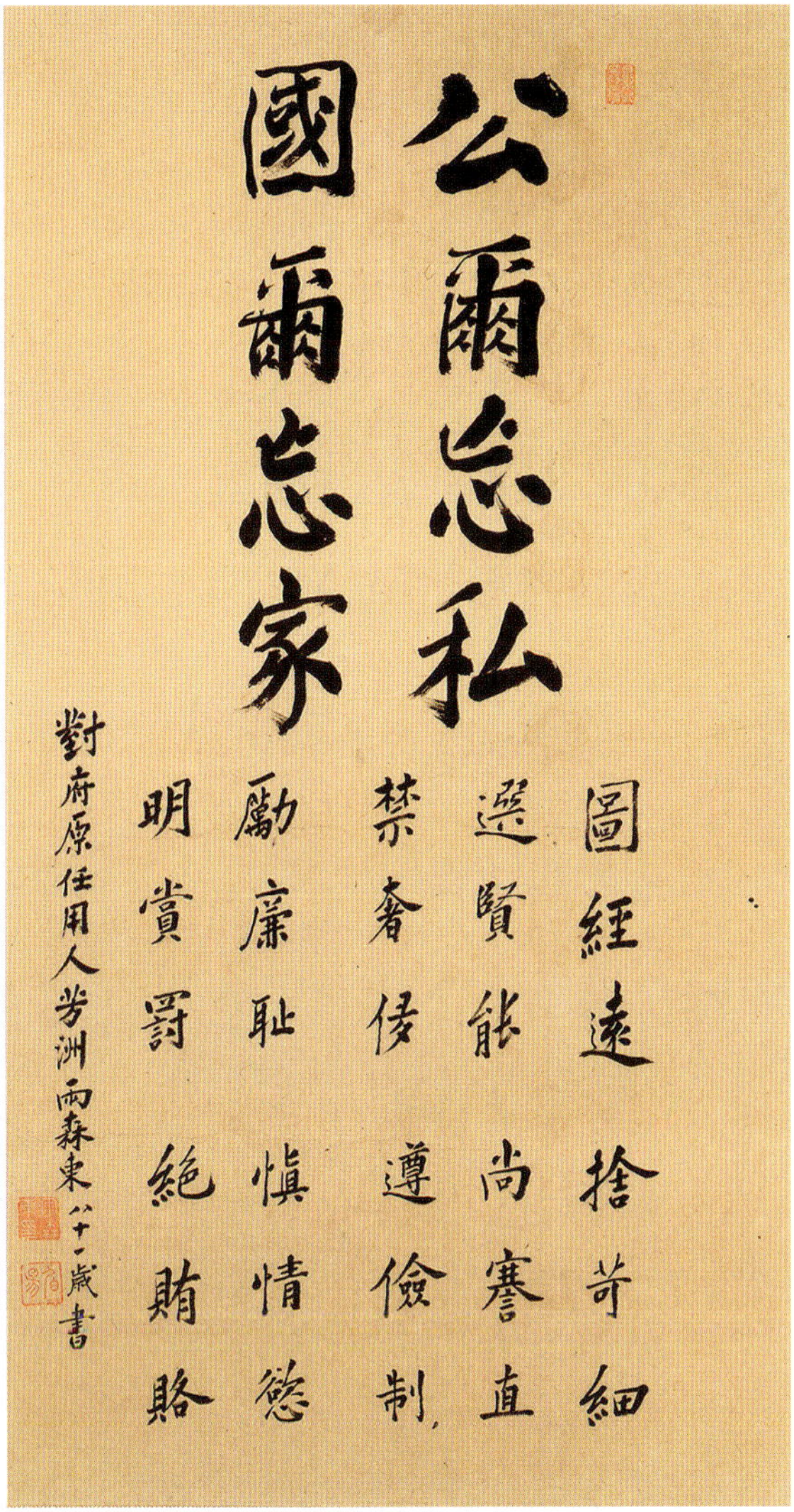

◎56　公爾忘私国爾忘家　附十箇条訓言　雨森芳洲筆
芳洲会蔵（管理団体長浜市、高月観音の里歴史民俗資料館保管）

藩主としての心得を説いたもの。この言葉は享保３年（1718）に第６代藩主を継いだ宗義誠《よしのぶ》に上奏したといい、本作は御用人として仕えた芳洲が晩年に再録したもの。上に２行を大書し、下段にその解釈ともいうべき10項目を記している。

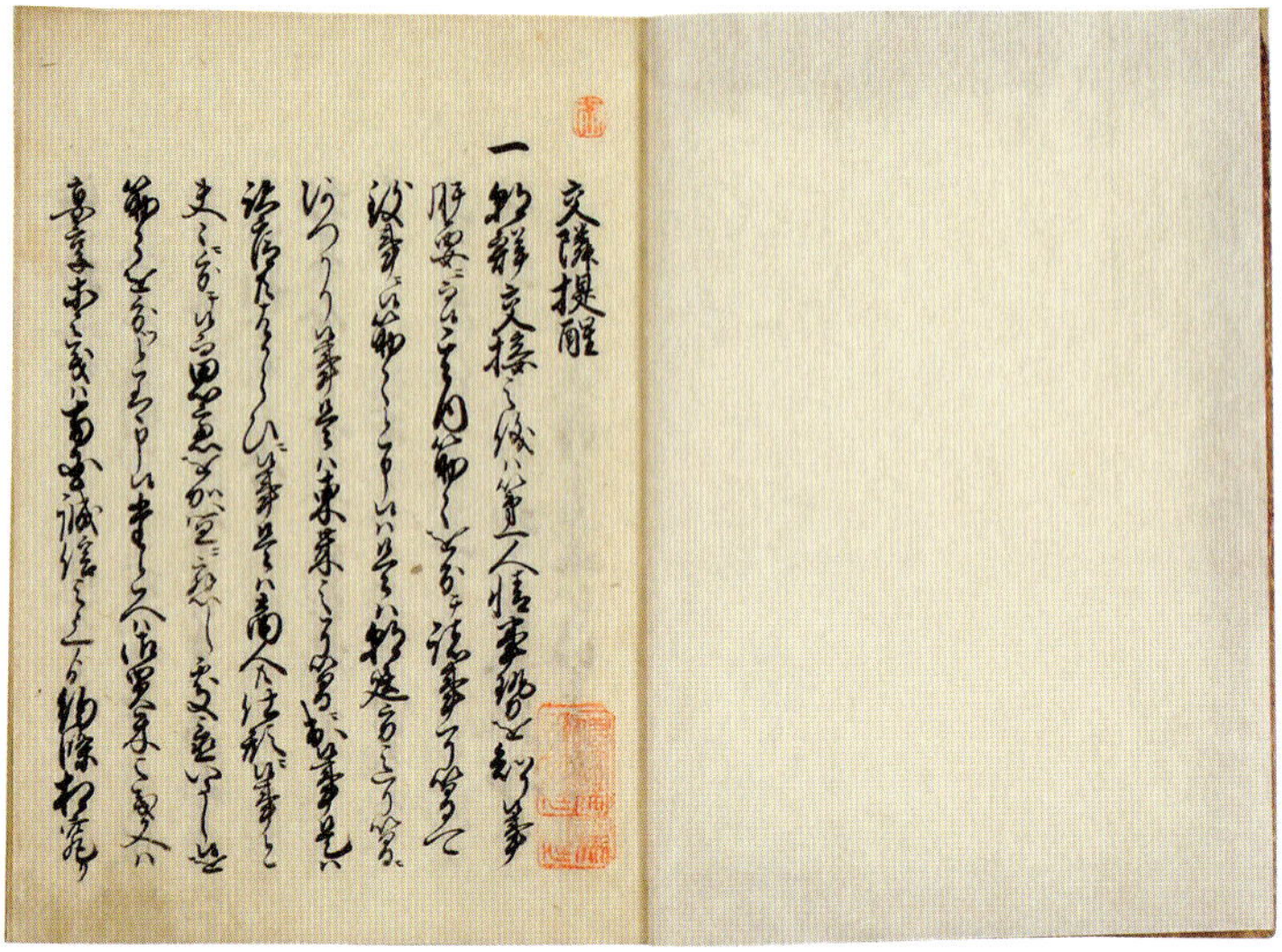

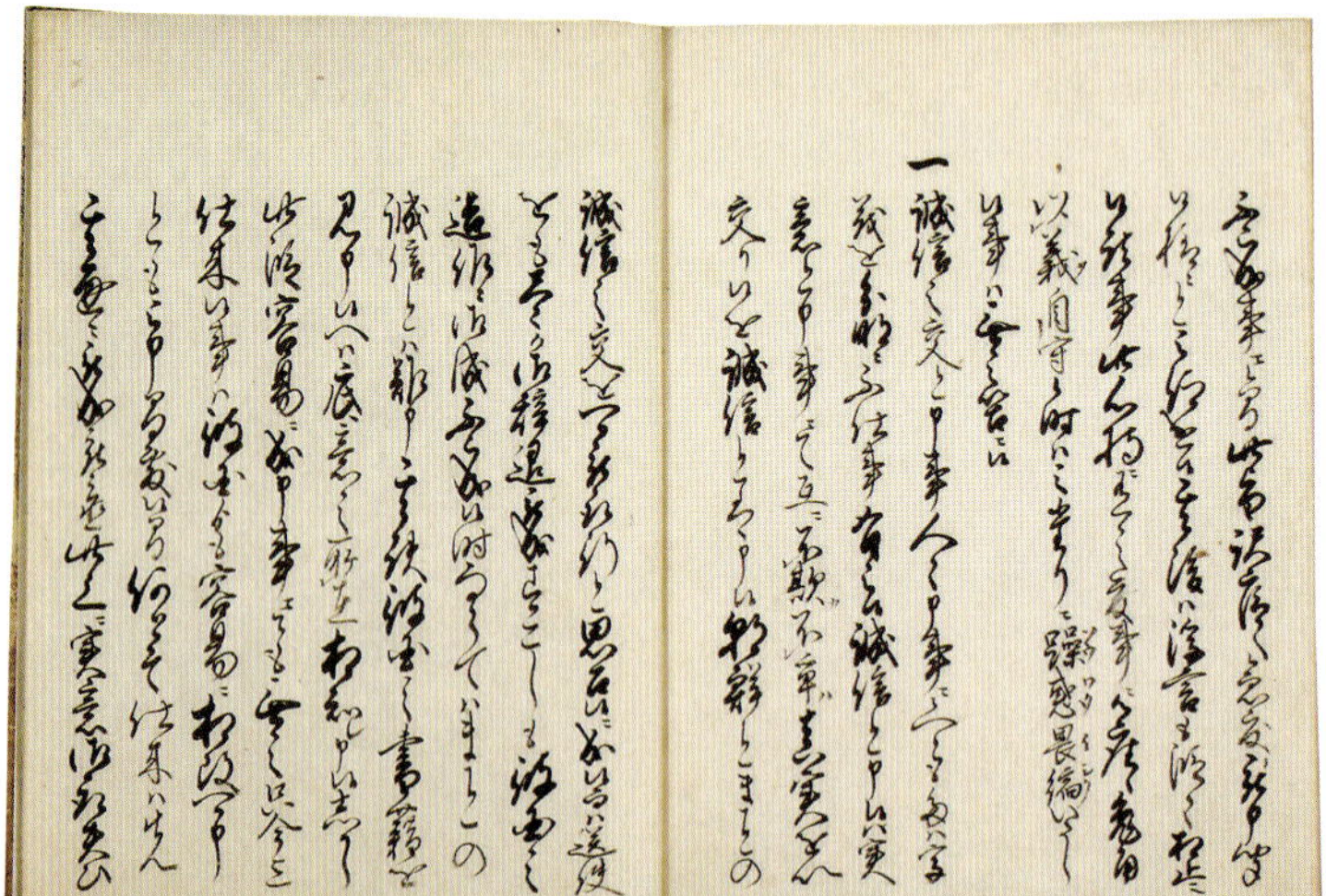

◎ 57　交隣提醒　雨森芳洲著、雨森鵬海筆カ

芳洲会蔵（管理団体長浜市、高月観音の里歴史民俗資料館保管）

第６代藩主宗義誠《よしのぶ》に上申した対朝鮮外交についての意見書。朝鮮の風俗習慣をよく理解し、違いを尊重して交隣に至るべきであると事例を挙げて説き、偏見や蔑視を抱いてはならないと強く主張し、また豊臣秀吉による朝鮮侵略を「無名《むみょう》の師《いくさ》」と断言して「誠信《せいしん》外交」を説いている。

「誠信と申し候は、実意と申す事にて、互いに欺かず争わず、真実を以て交り候を、誠信とは申し候」の一節はつとに有名。芳洲直筆のものは伝わらず、本史料は、長男鵬海《ほうかい》の筆写本と伝える。

コラム

雨森芳洲の国際感覚

高月観音の里歴史民俗資料館　学芸員　佐々木悦也

芳洲は儒学者であったが、当時の儒学者たちの一般的な考えである、中国を絶対視する考えは持ち合わせていなかった。

国の尊《とうと》きと、卑《いや》しきとは、君子《くんし》小人《しょうじん》の多きと少なきと、風俗の善《よ》し悪《あ》しとにこそ拠《よ》るべき。中国に生まれたりとて、誇るべきにもあらず。また夷狄《いてき》に生まれたりとて、恥ずべきにしもあらず

芳洲が六十八歳の時に著した随筆、『たはれ草《ぐさ》』の一節である。

当時主流の中華思想では、世界の中心は中国であり、その周囲は、東夷《とうい》、西戎《せいじゅう》、南《なん》蛮《ばん》、北狄《ほくてき》と呼ばれる野蛮な後進国であるとされていた。日本は中国の東に位置する野蛮で遅れた「夷《えびす》」の国と考えられていた。

しかし彼は、国と国には初めから優劣は存在しない。中国だからといって、すべてが優れ、他の国のすべてが劣っているわけではない。国に尊《そん》卑《び》があるとするならば、そこに住む人、一人一人の人間の器量や、風俗の善し悪しに拠るべきである。たとえ野蛮な後進国に生まれたとしても、なんらそのことを恥じる必要はないのである、と明快に述べている。

雨森氏の本貫の地である長浜市高月町雨森では、「東アジア交流ハウス雨森芳洲《あめのもりほうしゅう》庵」を舞台として、雨森芳洲の思想を受け継ぎ、国際交流・人権研修・町づくりなど、左記のようなさまざまな活動に取り組んでいる。

①韓国から中学生や高校生のホームステイの受入れによる交流活動

②韓国の文化を学ぼうと地元の子どもたちによって結成された民俗芸能「サムルノリ」チームの活動

③富永小学校と釜山市蓬莱国民学校との姉妹校提携による交流

④富永小全校児童が参加する「芳洲子どもミュージカル」、滋賀湖北ロータリークラブと釜山のクラブとの姉妹縁組

芳洲子どもミュージカル（長浜市立富永小学校）

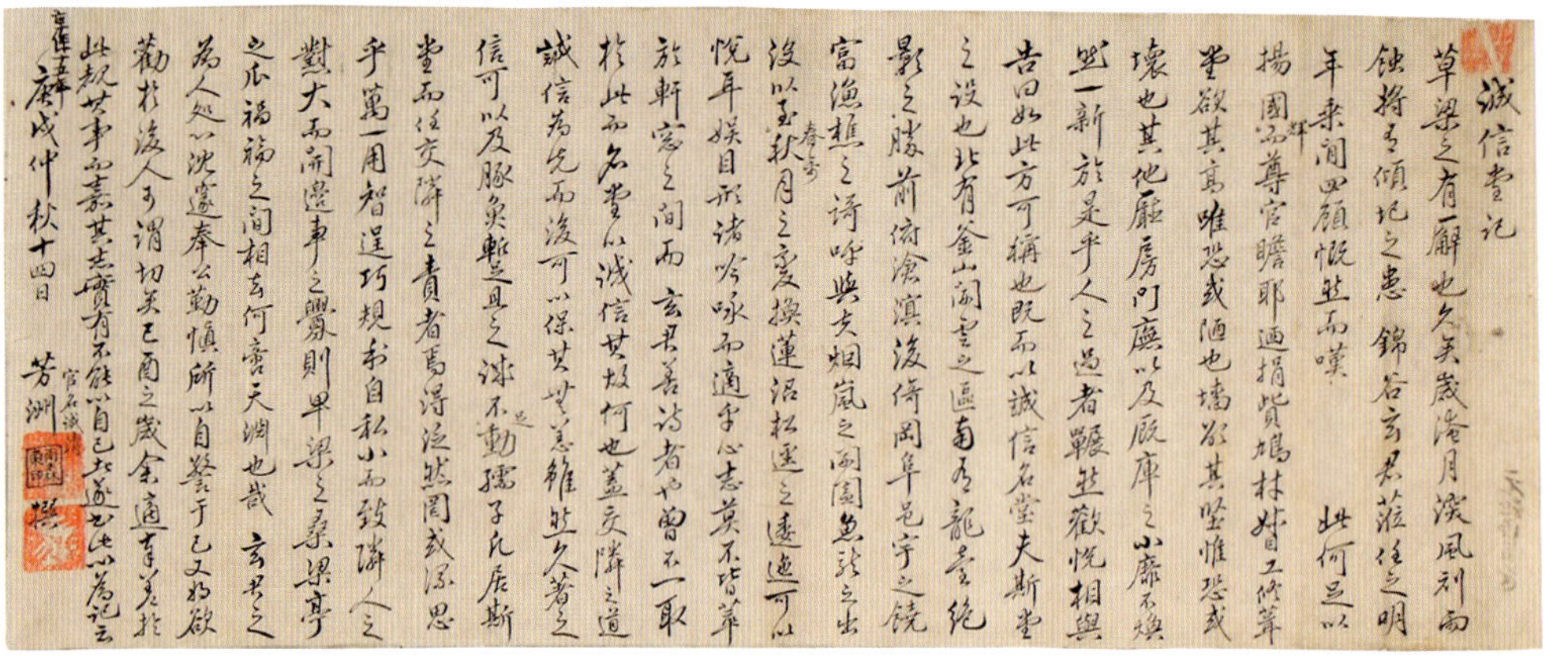

△ 58　**誠信堂記　雨森芳洲撰・筆者不詳**　芳洲会蔵（管理団体長浜市、高月観音の里歴史民俗資料館保管）

芳洲が釜山赴任中に撰文したもの。芳洲の親友でもある当時の朝鮮側外交担当官 玄《ヒョン》徳潤《ドギュン》（錦谷《クムゴク》、第８次通信使副司勇）は、私財を投じて傷んだ役所を改築して「誠信堂」と名付けた。風光明媚な美しい地に建つにもかかわらず、あえて「誠信堂」と堅苦しい名前をつけたのは、「外交の根本は『誠信』にある」からであり、徳潤に共感した芳洲はこの文章を作った。

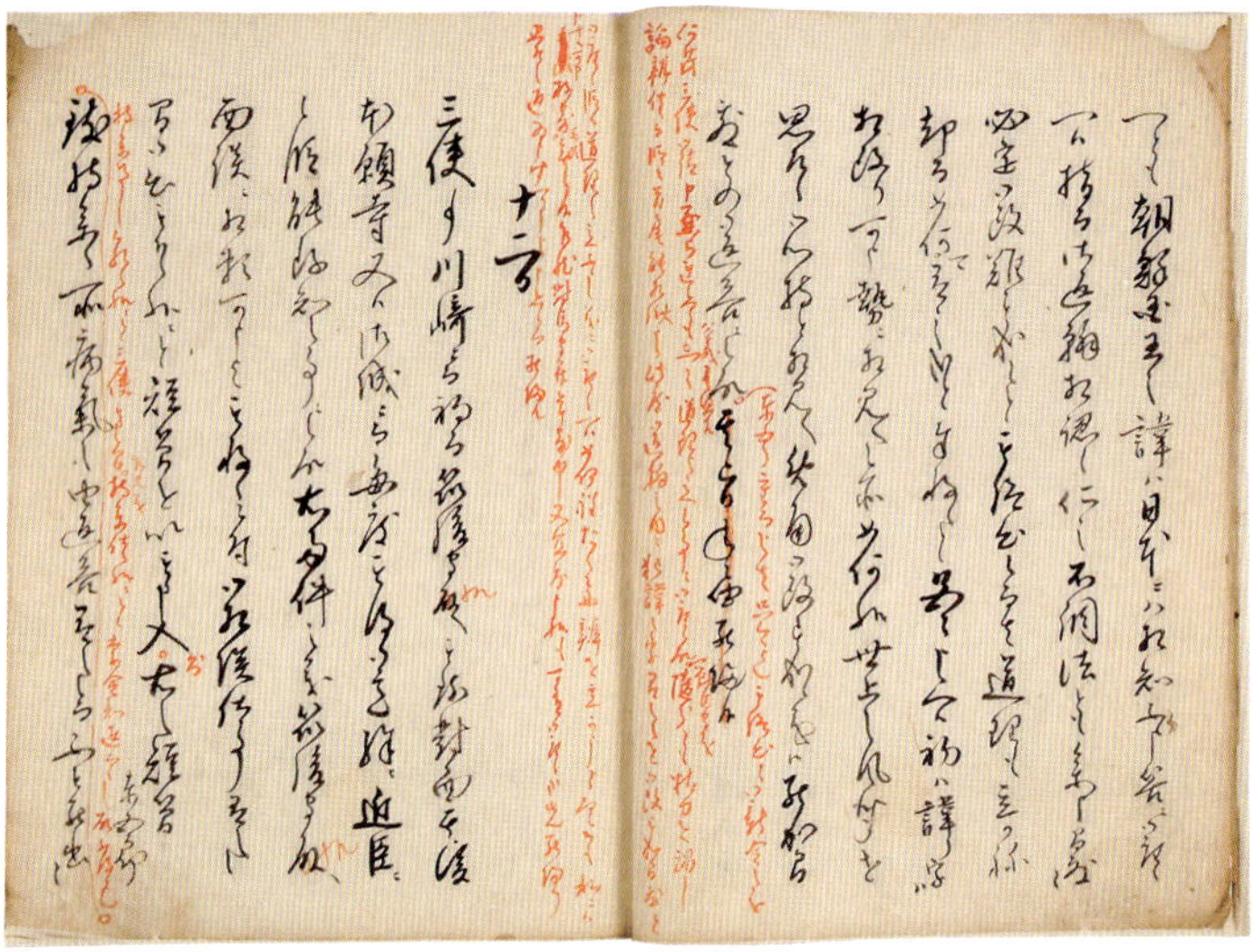

◎ 59　**国書書改惣論　雨森芳洲著・筆**　芳洲会蔵（管理団体長浜市、高月観音の里歴史民俗資料館保管）

正徳元年（1717）の第８次通信使には、幕府の儒官・新井《あらい》白石《はくせき》の建議により、将軍の称号を「日本国大君」から「日本国王」に改称し、通信使の待遇変更等、一方的な改変がおこなわれ、芳洲は白石に激しい反論を加えた。この時の将軍返書に朝鮮国王の諱「懌」が、また朝鮮国書に３代将軍家光の諱「光」が含まれ、一度取り交わした国書を戻して双方で書き改め、対馬で再び交換する異例の事態となった。本史料は、この一件をめぐり、通信使と白石の間を往復して交渉にあたる芳洲の姿をよく伝えている。

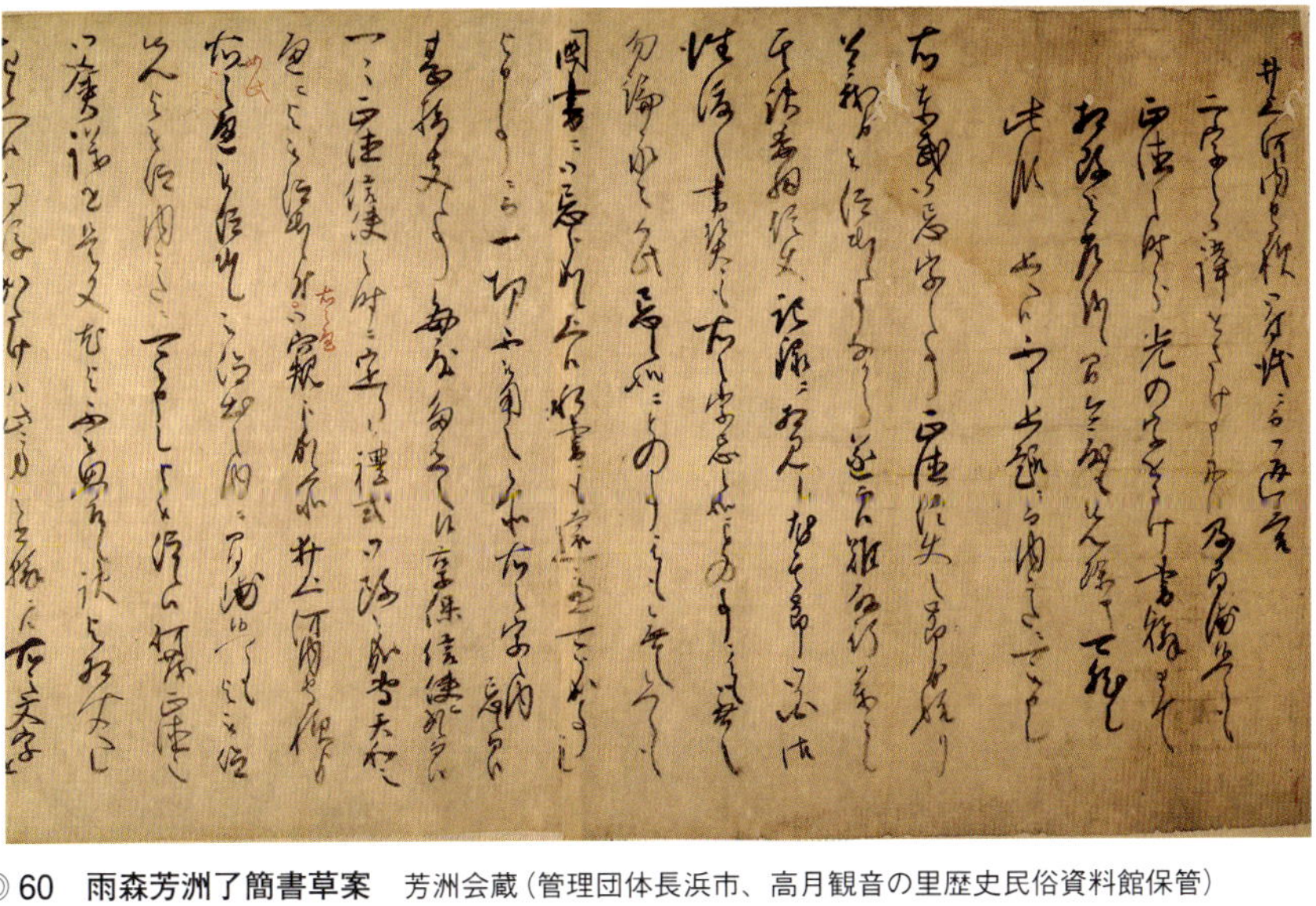

◎ 60　**雨森芳洲了簡書草案**　芳洲会蔵（管理団体長浜市、高月観音の里歴史民俗資料館保管）

幕府老中井上河内守の求めに応えて芳洲が記した意見書の草案。正徳年度の第８次通信使の際の忌字に関することや、白石失脚後の第９次通信使のことなどが記されている。

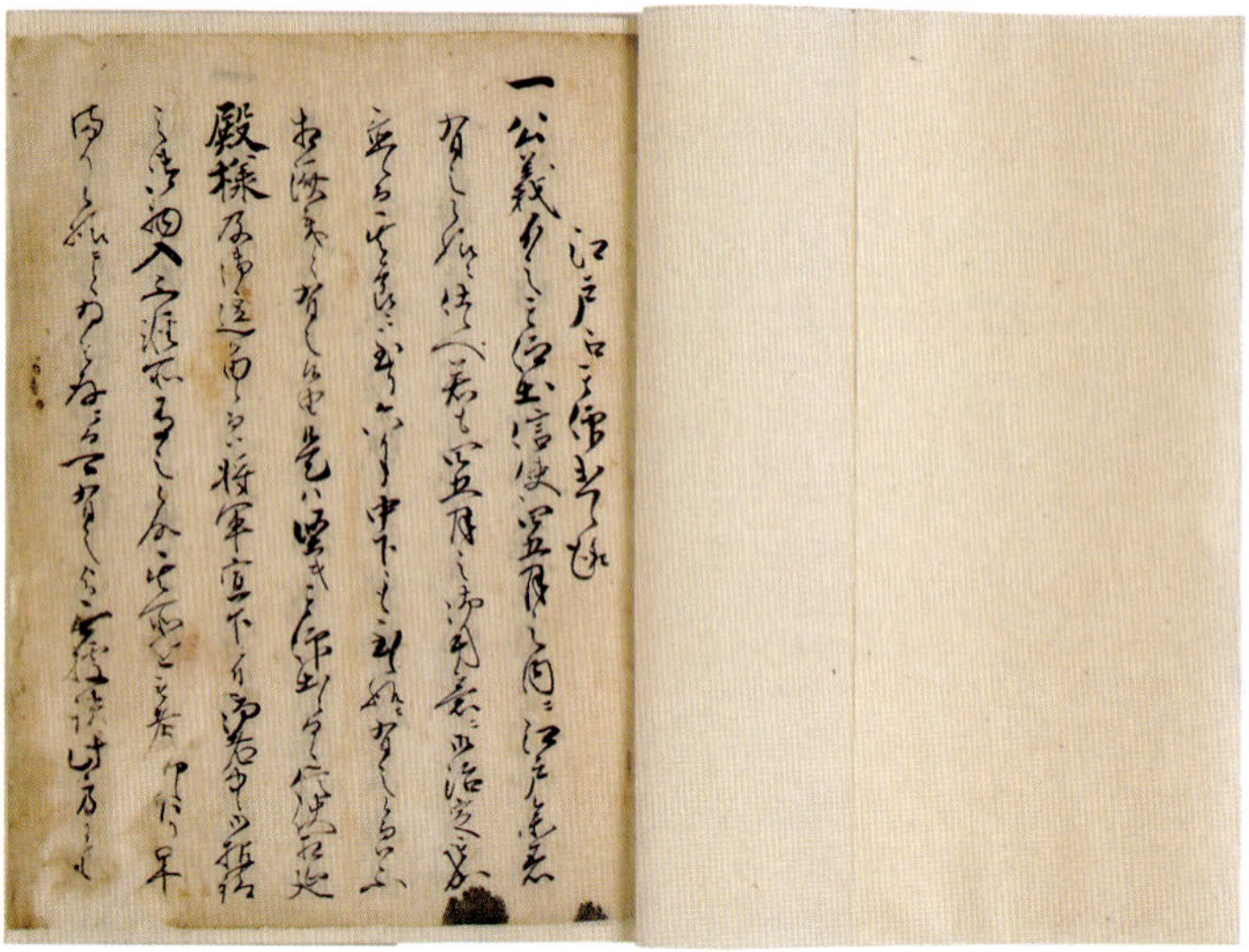

◎61　信使一件幷集書　雨森芳洲著・筆　芳洲会蔵（管理団体長浜市、高月観音の里歴史民俗資料館保管）

前半の『信使一件』は、正徳元年（1711）７月から翌年５月にかけての、国書書き改めを含む正徳度通信使来聘に関わる経過記。後半の『集書』は、延享５年（＝寛延元年・1748）の第10次通信使来日にあたって、芳洲から幕府に宛てた意見書などをまとめたもの。従来の秋冬の日程では風波や火災の危険が多く、その変更を求めるなど、自身の経験に基づいて意見を述べている。

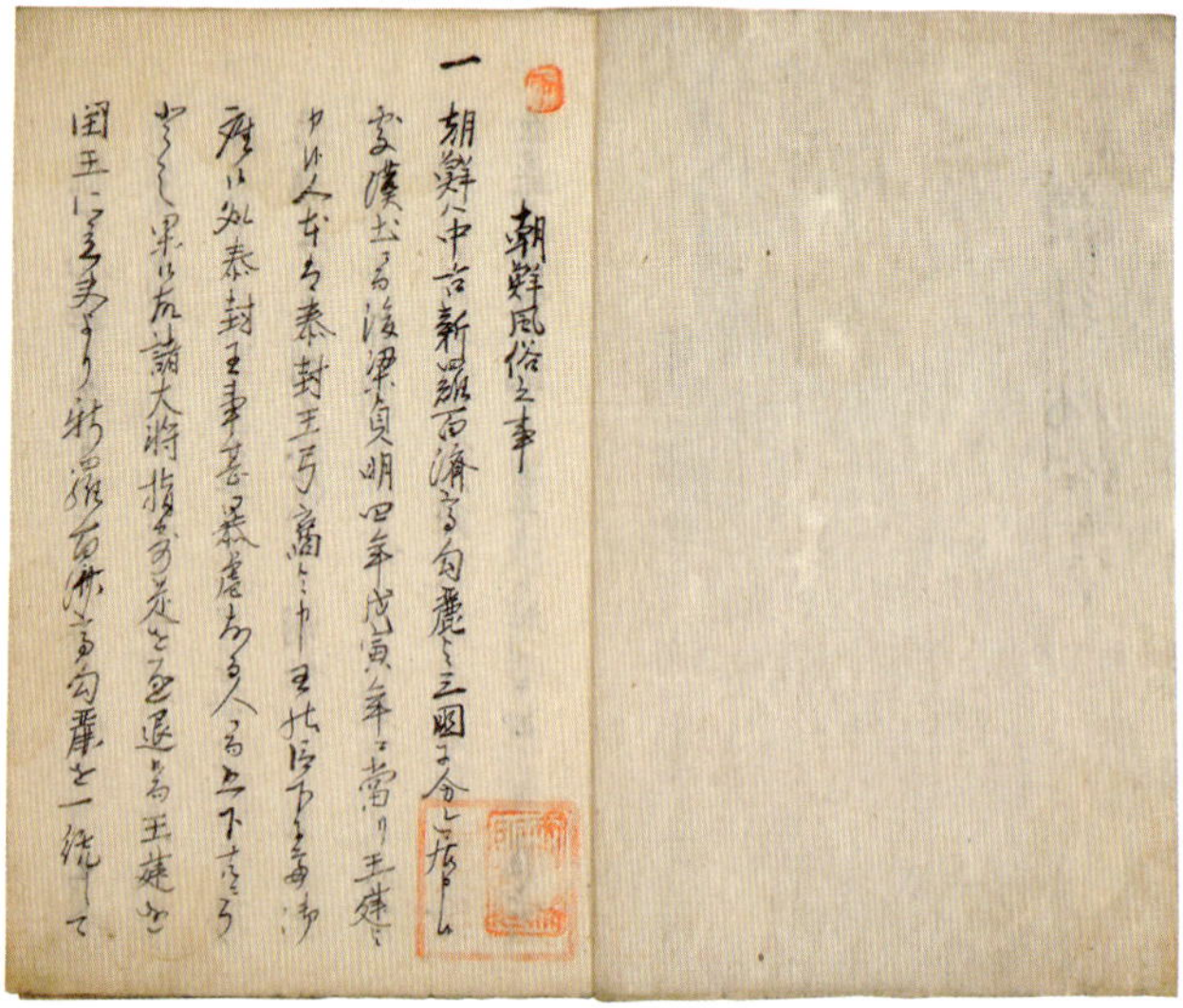

△62　朝鮮風俗考　雨森芳洲著・筆者不詳　芳洲会蔵（管理団体長浜市、高月観音の里歴史民俗資料館保管）

幕府儒官大学頭林鳳岡《はやしほうこう》の求めにより提出した書。「朝鮮の事」では朝鮮略史を記して朝鮮が礼儀の国であることなどを述べ、「武器の事」では鉄砲術が盛んとなっている状況を記している。

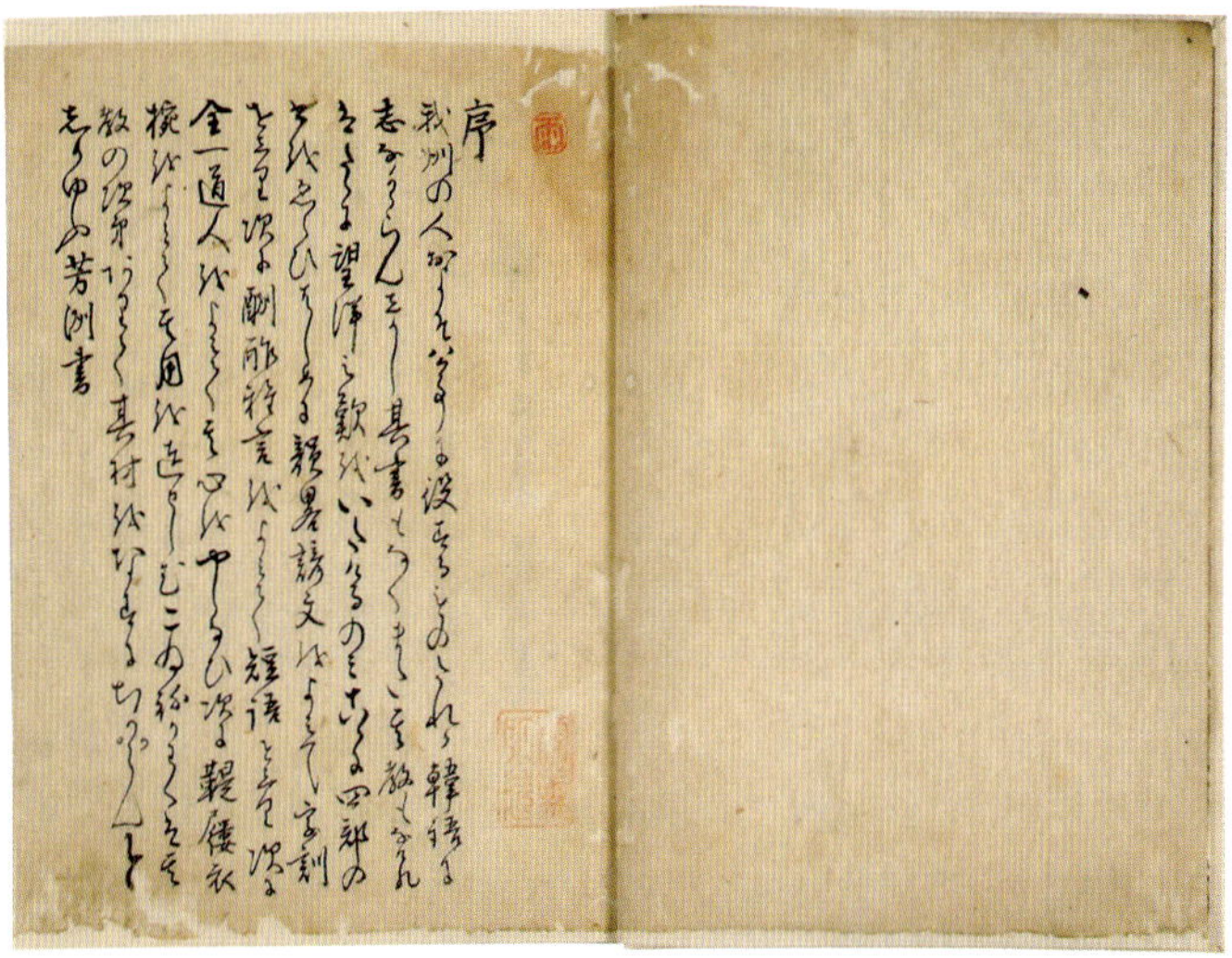

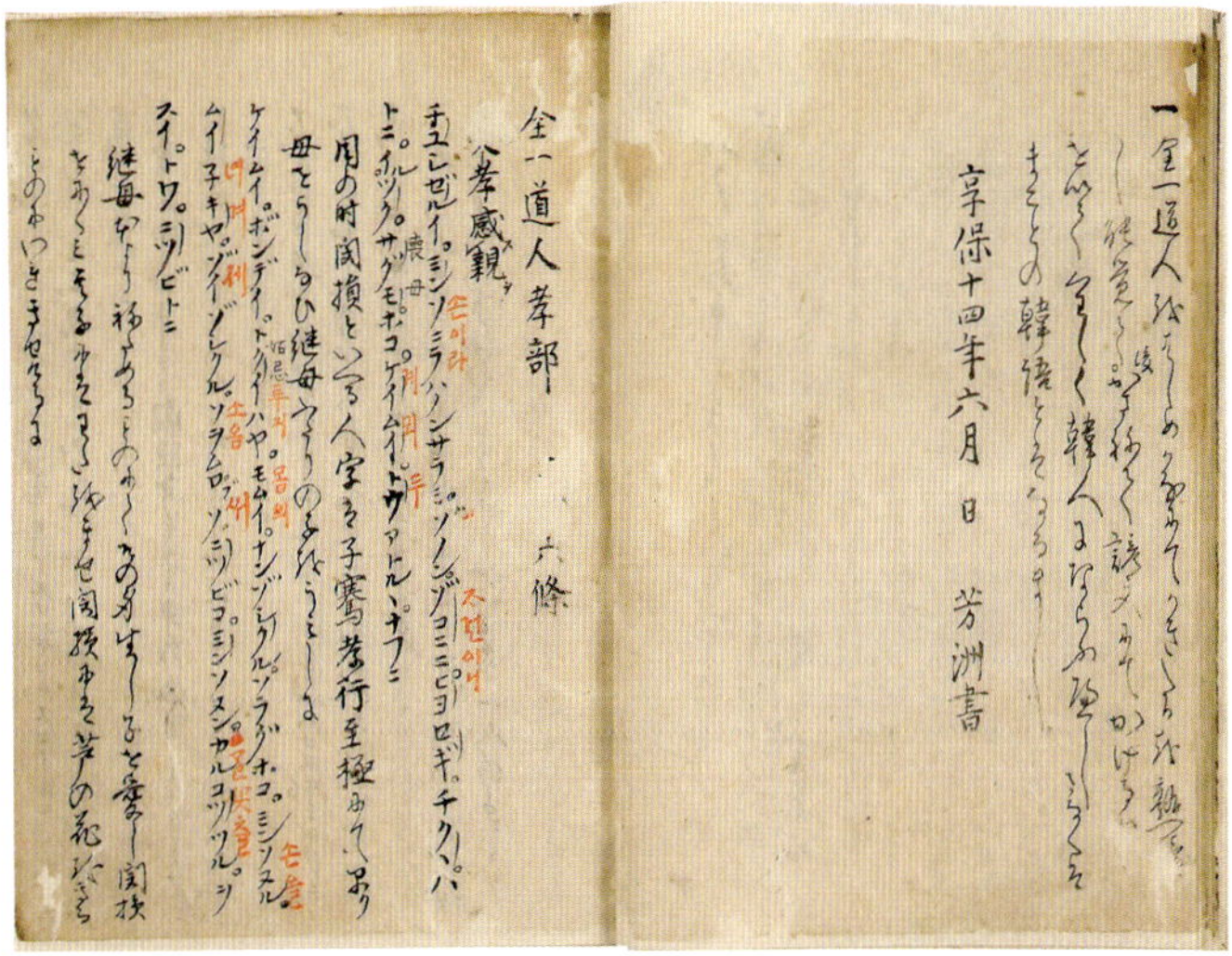

◎63　**全一道人　雨森芳洲著・筆**　芳洲会蔵（管理団体長浜市、高月観音の里歴史民俗資料館保管）

釜山倭館《わかん》に赴任中に翻訳した、勧善懲悪を旨とする道徳訓の小話集。原作は中国明代の劇作家汪廷訥《おうていとつ》（号・全一道《ぜんいつどう》人《じん》）の著『勧懲故事』。このうち巻1「孝部」26条・巻2「弟部」8条が収められている。漢字・ハングル・カタカナ音写を用いて朝鮮語を表記する、いわゆる朝鮮語学習書である。

自序によれば当時朝鮮語を学びたいという志があっても適当な学習テキストがなく、四書を選んで「読み」や「単語」など段階的に学ぶことを勧めている。

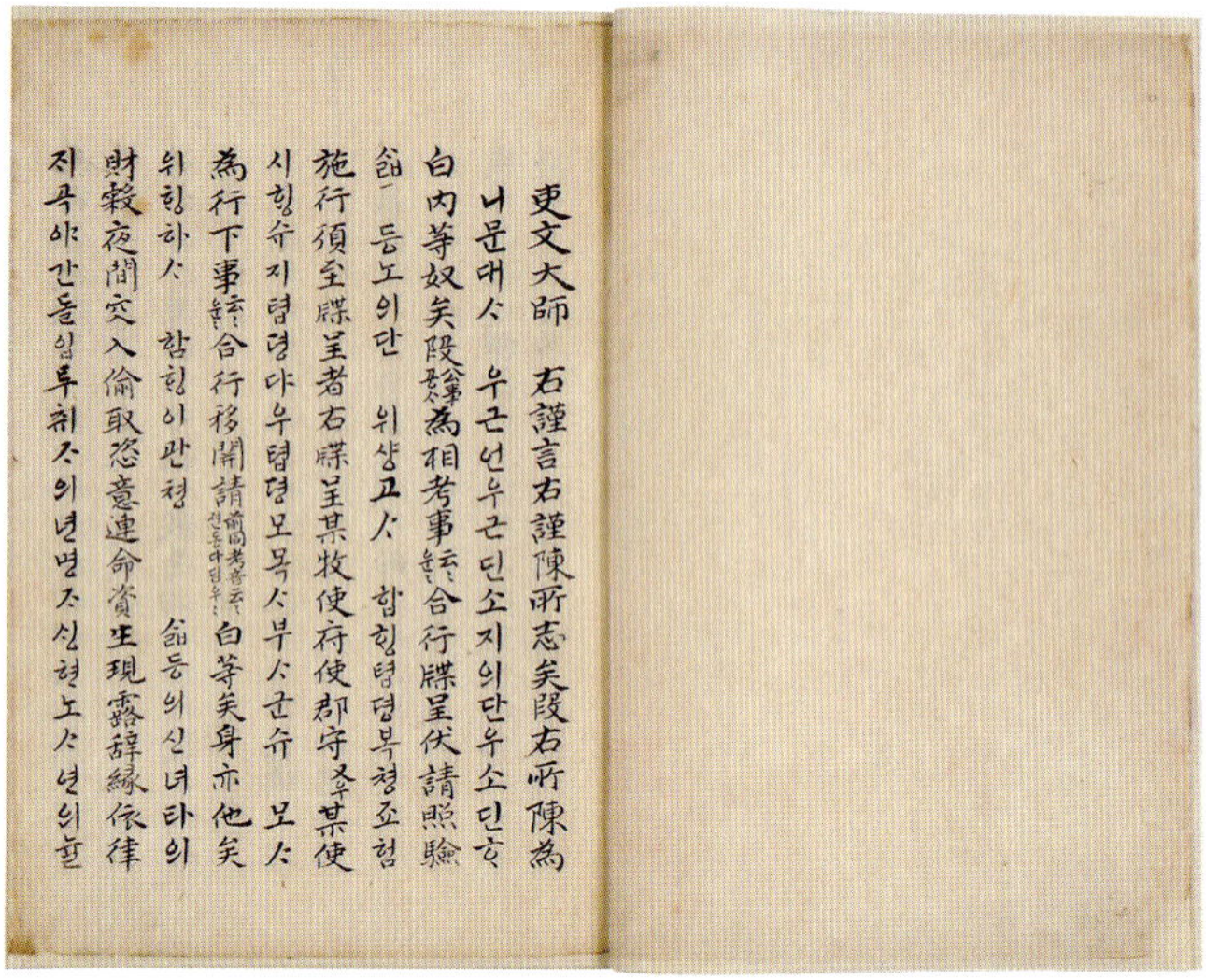

◎ 64　**吏文大師　雨森芳洲編カ、芳洲筆**　芳洲会蔵（管理団体長浜市、高月観音の里歴史民俗資料館保管）

漢字の音訓を借りたハングルの表記法である吏文《りぶん》（吏読・吏吐ともいう）で書かれた文章。本書ではハングルの右側に吏文を並記している。この史料こそは、早くから中国語を学び、ハングルにも長けていた国際人芳洲ならではの著述といえよう。

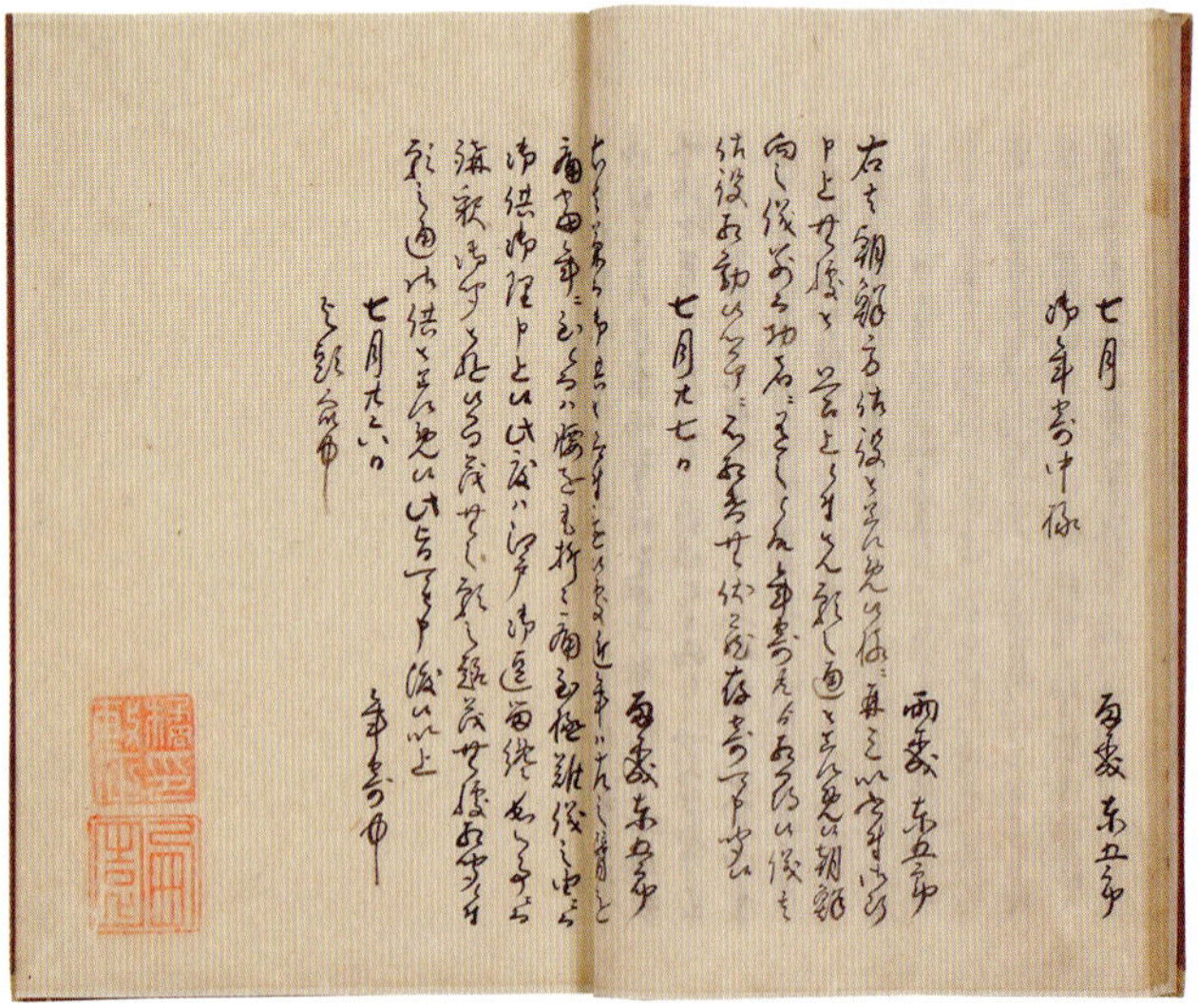

◎ 65　**享保六年辛丑雨森東五郎朝鮮佐役被差免候節差出候書付　陶山訥庵筆**
芳洲会蔵（管理団体長浜市、高月観音の里歴史民俗資料館保管）

芳洲 54 歳の時、「潜商」（朝鮮との密貿易）の横行を厳しく取り締まらない対馬藩の態度を批難して、元禄 11 年（1698）以来勤めてきた朝鮮佐役の辞退を申し出た口上書、および覚書。芳洲の考えに同意する陶《す》山《やま》訥庵《とつあん》（1657 ～ 1732）が書き留めたもの。

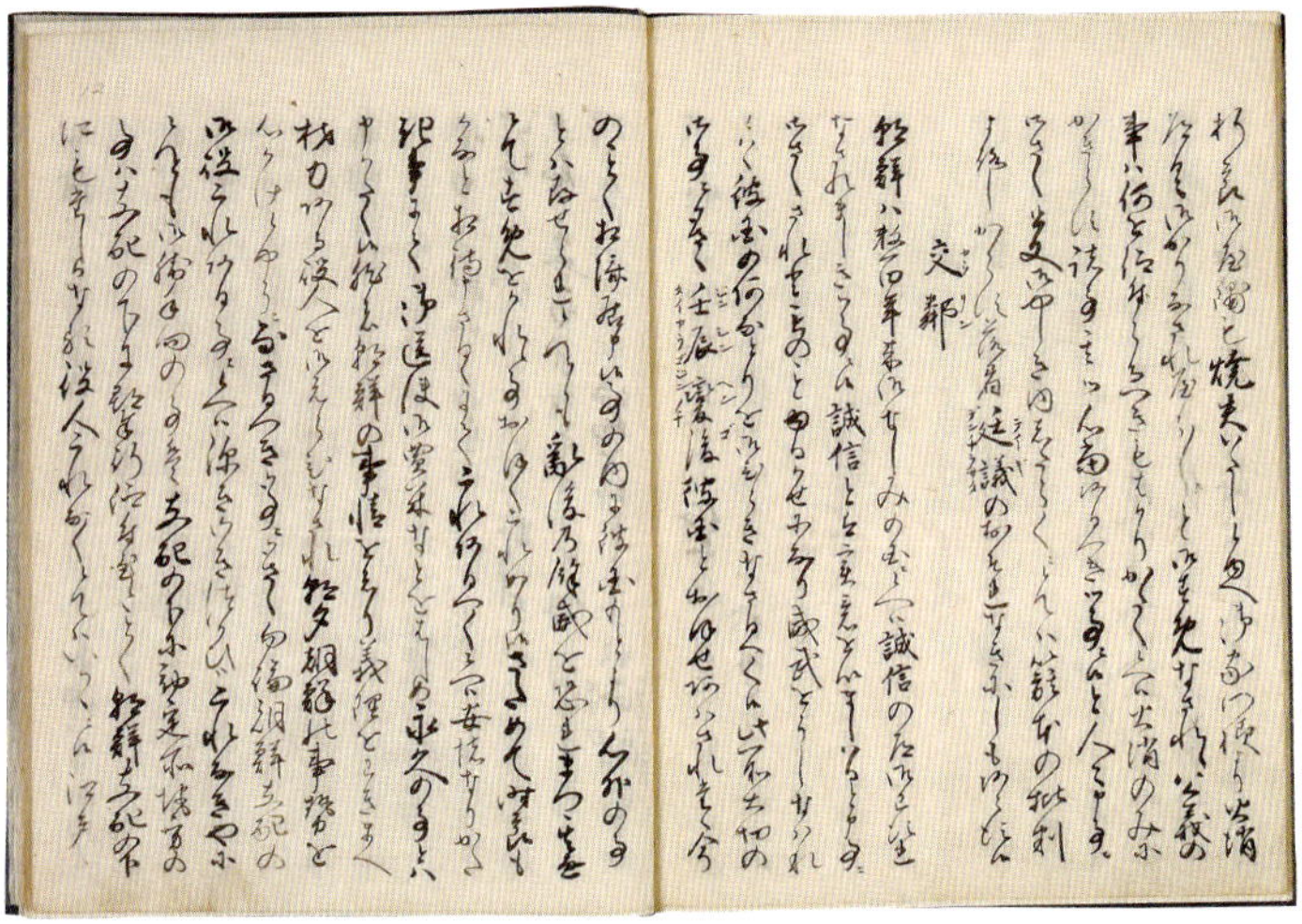

◎ 66　**治要管見　雨森芳洲著・筆**　芳洲会蔵（管理団体長浜市、高月観音の里歴史民俗資料館保管）

芳洲が 68 歳の時に第 8 代藩主宗義如《よしゆき》に上申した意見書。藩政のあり方・子弟教育の大切さ・外交の指針等、藩政治国の大要を論じている。「君徳」「国勢」「武備」「財用」「奢侈」「倹約」「儲蓄」「庶官」「班禄」「風俗」「賞罰」「号令」「事上」「交隣」「育材」「世変」の各章からなる。

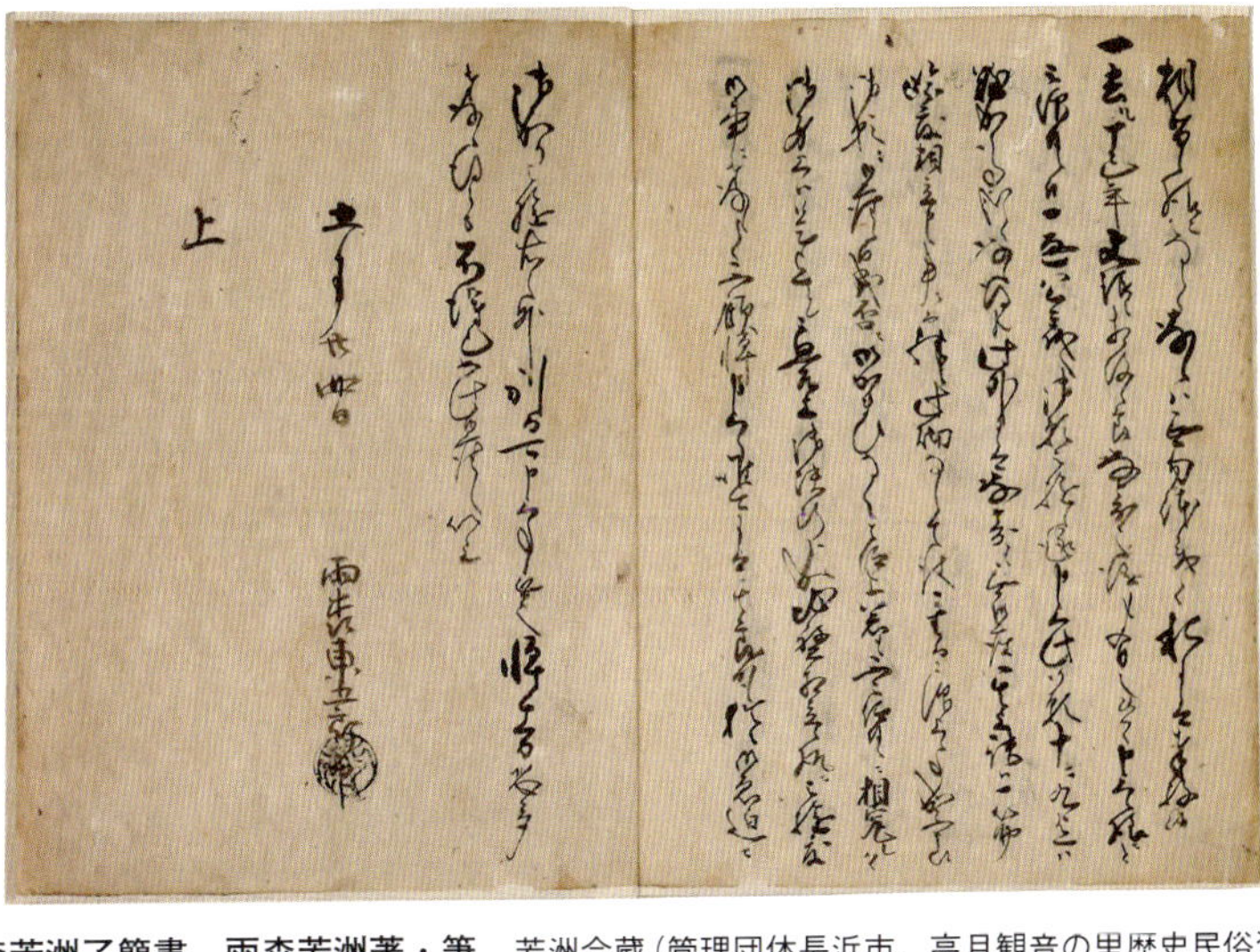

◎ 67　**雨森芳洲了簡書　雨森芳洲著・筆**　芳洲会蔵（管理団体長浜市、高月観音の里歴史民俗資料館保管）

対馬藩の財政再建について上申した意見書の草案。赤字財政にいたる歴史的経過を述べ、潜商《せんしょう》（朝鮮人参密貿易）への対策を主軸にその方策を提言している。「取締りの強化徹底と倹約を勧め、よって銀の流出をくい止めて国家利益をも守る」と説く。

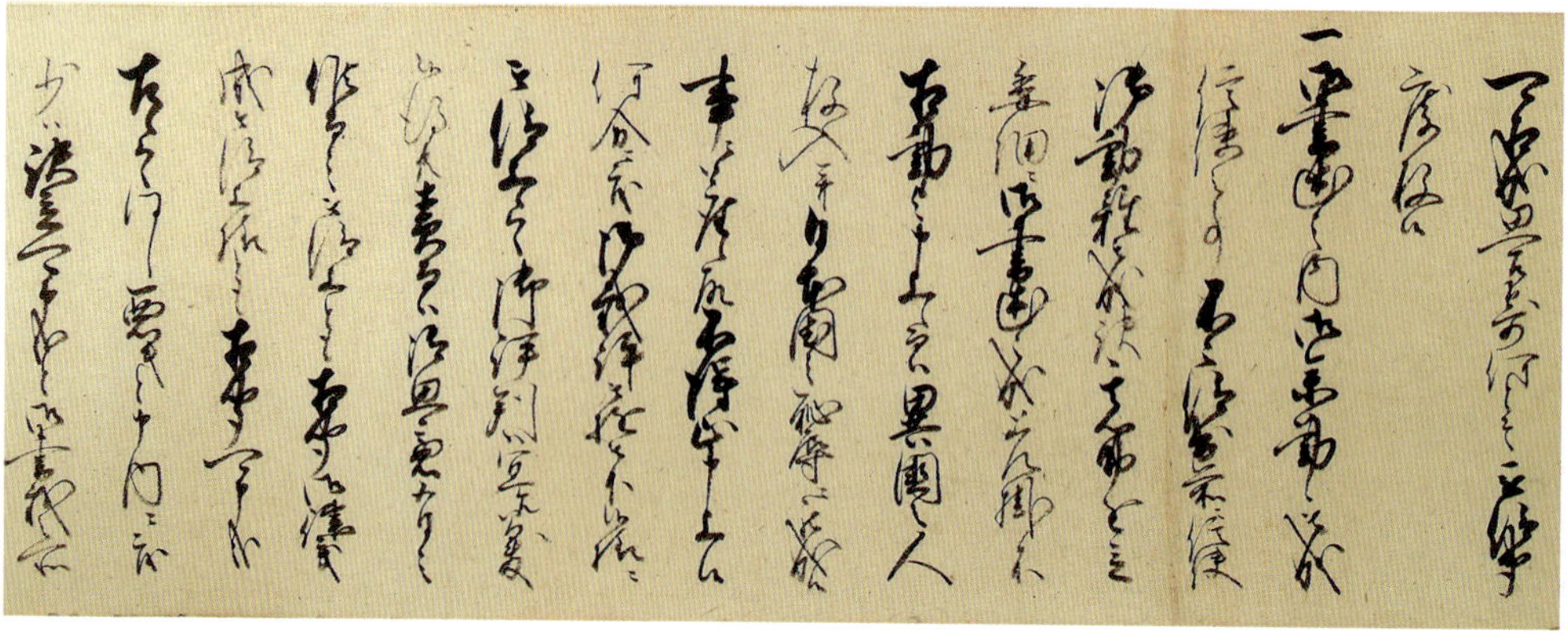

△ 68　**雨森芳洲上申書控**　芳洲会蔵（管理団体長浜市、高月観音の里歴史民俗資料館保管）

朝鮮通信使への接遇についての芳洲による意見書の控え。明暦・天和時の例を引き、通信使接遇は交易上必要ながら、その経費の対馬藩負担分が多大となって難儀であるので配慮してほしいとする。年次記載がないが、正徳時通信使に関すると考えられる。

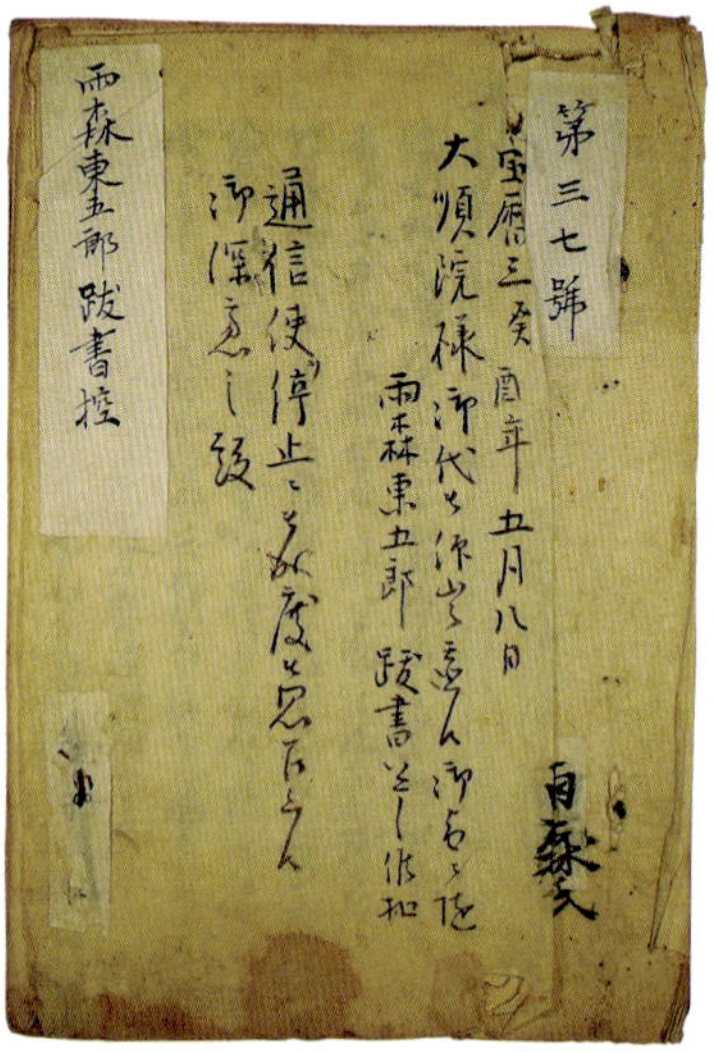

△ 69　**雨森芳洲跋書控**　芳洲会蔵（管理団体長浜市、高月観音の里歴史民俗資料館保管）

芳洲が 86 歳の時に、通信使の停止を進言しようとして、その趣意を一書にまとめたものの控え。停止の理由は、通信使往来に要する経費負担が、対馬藩財政に及ぼす影響が甚大であるため。

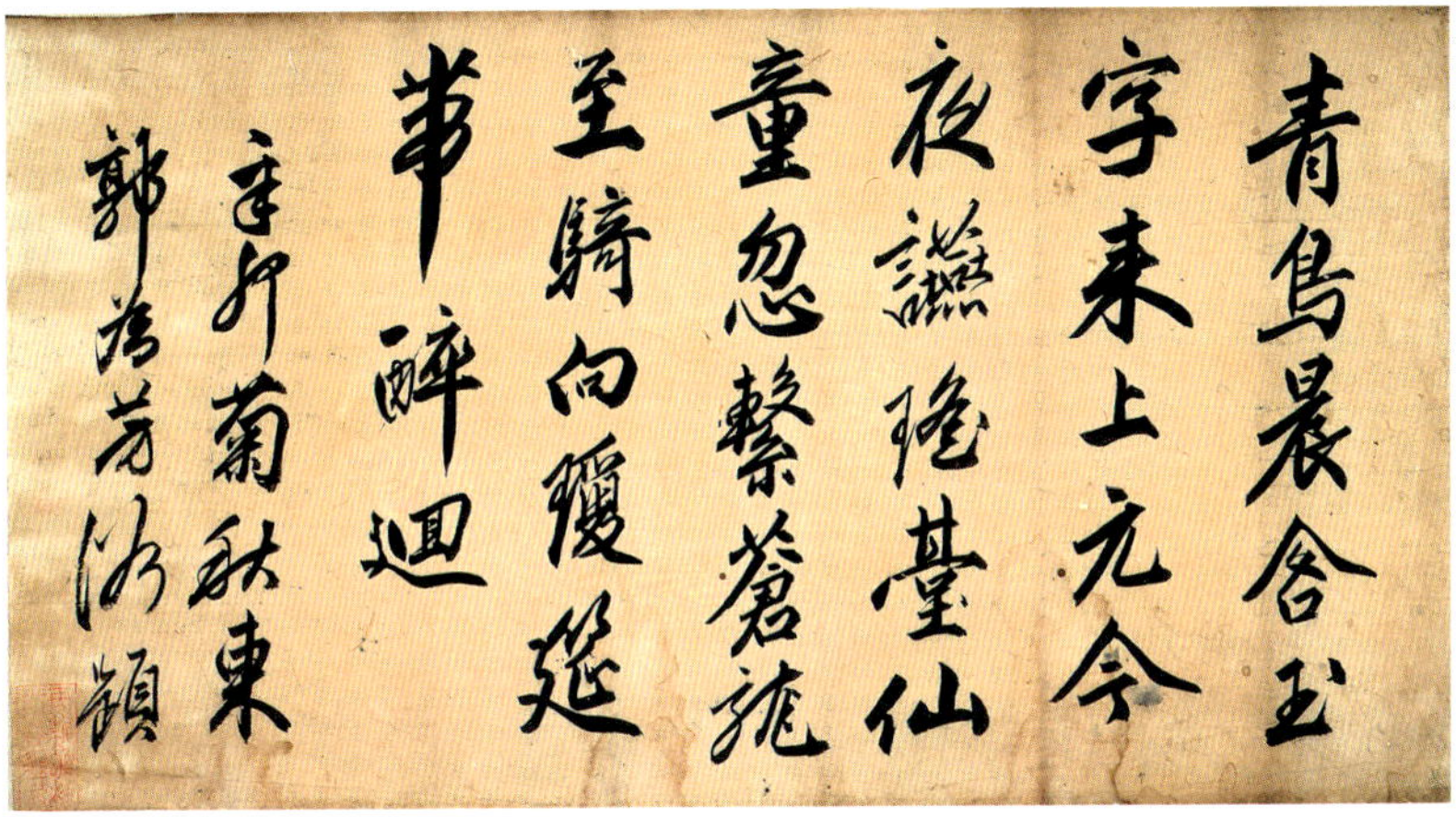

◎70　**李東郭七絶「遊仙詩」**　芳洲会蔵（管理団体長浜市、高月観音の里歴史民俗資料館保管）

正徳元年（1711）、第８次通信使の製述官李礥《イヒョン》（東郭《トングァク》）が芳洲に贈った七言絶句。この詩は、『縞《こう》紵風雅集《ちょふうがしゅう》』巻２（芳洲会蔵）に「遊仙ノ詩為メニ芳洲カ題」として収載されている。

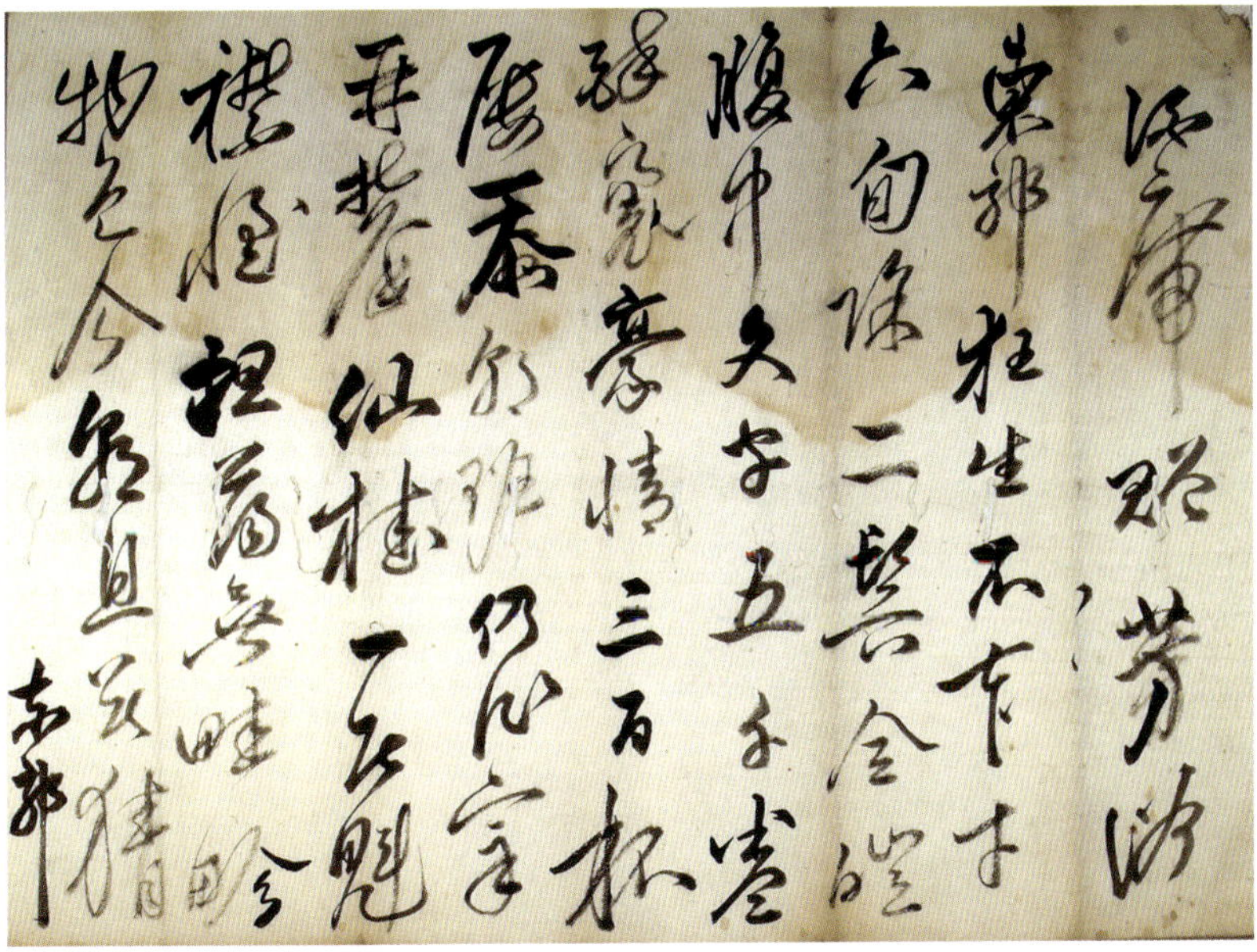

◎71　**李東郭七律**　芳洲会蔵（管理団体長浜市、高月観音の里歴史民俗資料館保管）

酒宴中、李礥《イヒョン》（東郭《トングァウ》）が座興として芳洲に贈った漢詩。博学かつ酒豪を自認する李礥が、芳洲に対して絶大の信頼を置いていることを、詩に託して表明している。通信使製述官として来日した正徳元年（1711）に、酒席をともにした時の酔筆であろう。

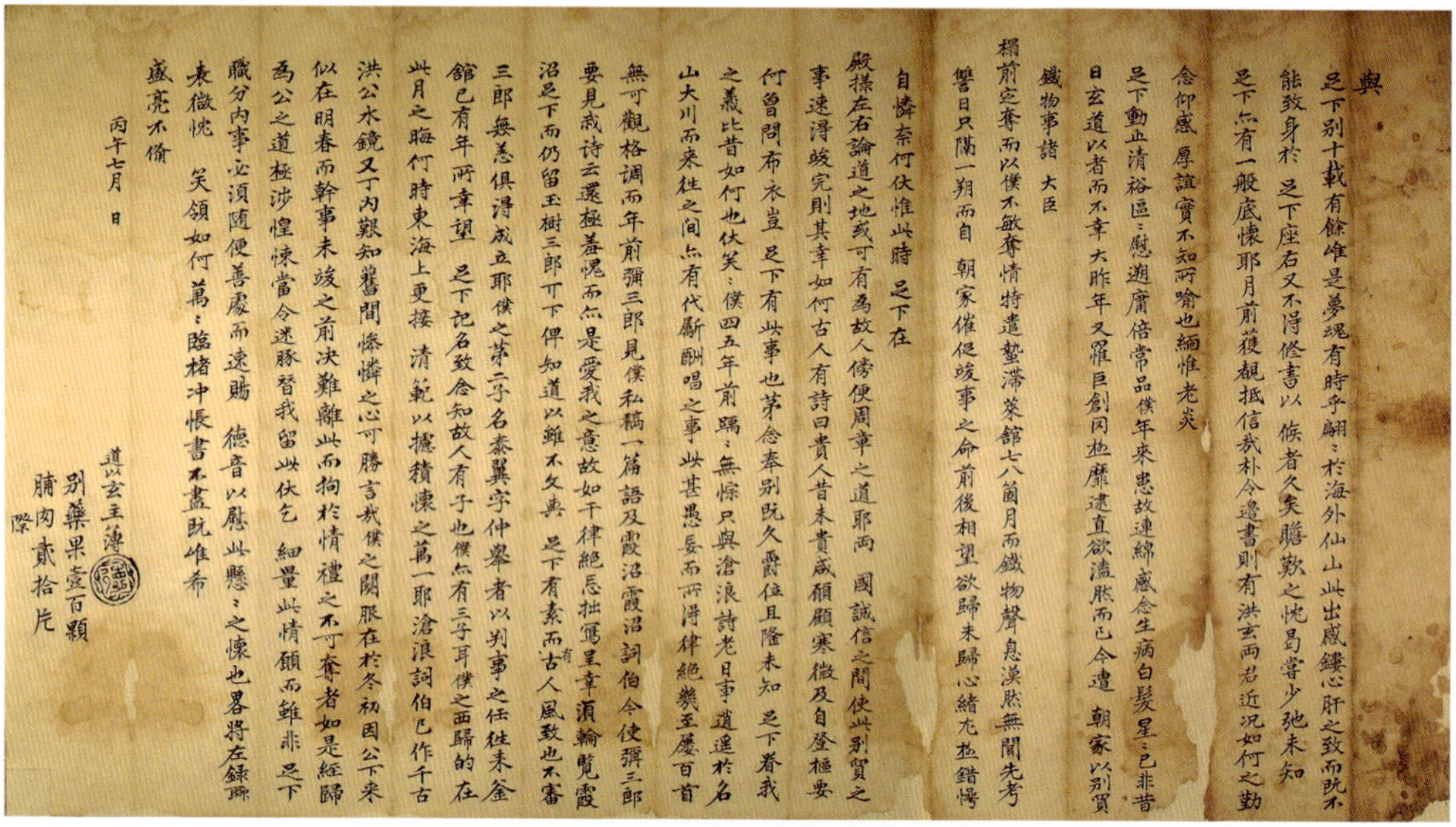

與
足下別十載有餘唯是夢䰟有時乎翩〻於海外仙山此出感鏤心肝之致而既不
能致身於 足下座右又不得修書以候者久矣謄歎之恍曷嘗少弛未知
足下亦有一般底懐耶月前獲覩抵信我朴令遣書則有洪玄兩君近況如何之勤
念仰感 厚誼實不知所喩也緬惟老炎
足下動止清裕區〻慰遡廣倍常品僕年來患故連綿感念生病白髪星〻已非昔
日玄道以者而不幸大昨年又罹巨創冈极靡逮直欲溘然而已今遣 朝家以別貿
鐵物事諸 大臣
稱前定奪而以僕不敏奪情特遣蟄滞萊館七八箇月而鐵物聲息漠然無聞先考
譬日只隔一朔而自 朝家催促竣事之命前後相望欲歸未歸心緒尤極錯愕
自憐奈何伏惟此時 足下在
殿襟左右論道之地或可有為故人傍便周章之道耶而 國誠信之間使此別貿之
事速得竣完則其幸如何古人有詩曰貴人昔未貴咸願顧寒微及自登樞要
何曽問布衣豈 足下有此事也茅念奉別既久爵位且隆未知 足下眷我
之義比昔如何也伏笑〻僕四五年前蹤〻無悰只與滄浪詩老日事逍遥於名
山大川而來往之间亦有代斲酬唱之事此甚愚妄而所得律絶幾至屡百首
無可觀格調而年前彌三郎見僕私稿一篇語及霞沼霞沼詞伯令使彌三郎
要見戒詩云還極羞愧而亦是愛我之意故如干律絶忌拙寫呈幸須輪覧霞
沼足下而仍留玉樹三郎丌下俾知道以雖不文典 足下有素而古人有風致也不審
三郎無恙俱得成立耶僕之第二子名泰翼字仲舉者以判事之任往來釜
館已有年所章望 足下記名致念知故人有子也僕亦有三子耳僕之西歸的在
此月之晦何時東海上更接 清範以攄積悰之萬一耶滄浪詞伯已作千古
洪公水鏡又丁内艱知舊間㦬憐之心可勝言哉僕之闋服在於冬初因公下來
似在明春而幹事未竣之前決難離此而拘於情禮之不可奪者如是經歸
為公之道極涉惶悚當令迷豚替我留此伏乞 細量此情頗而雖非 足下
職分内事必須隨便善處而速賜 德音以慰此懸〻之懐也暑将左録瑣
表微忱 笑領如何萬〻臨楮冲悵書不盡既唯希
盛亮不備
丙午七月 日
道以玄主簿
別藥果壹百顆
腩肉貳拾片
際

◎72 **道以書翰 玄徳潤筆** 芳洲会蔵(管理団体長浜市、高月観音の里歴史民俗資料館保管)

玄徳潤《ヒョンドギュン》(錦谷《クムゴム》・道以)は、かつて第８次通信使の一員として正徳元年(1711)に日本を訪れ、その後も芳洲と厚く親交を結んだ。本書は、玄徳潤による芳洲に宛てた書状。鉄物の貿易について述べるが、近況や詩文のことに及んでいる。

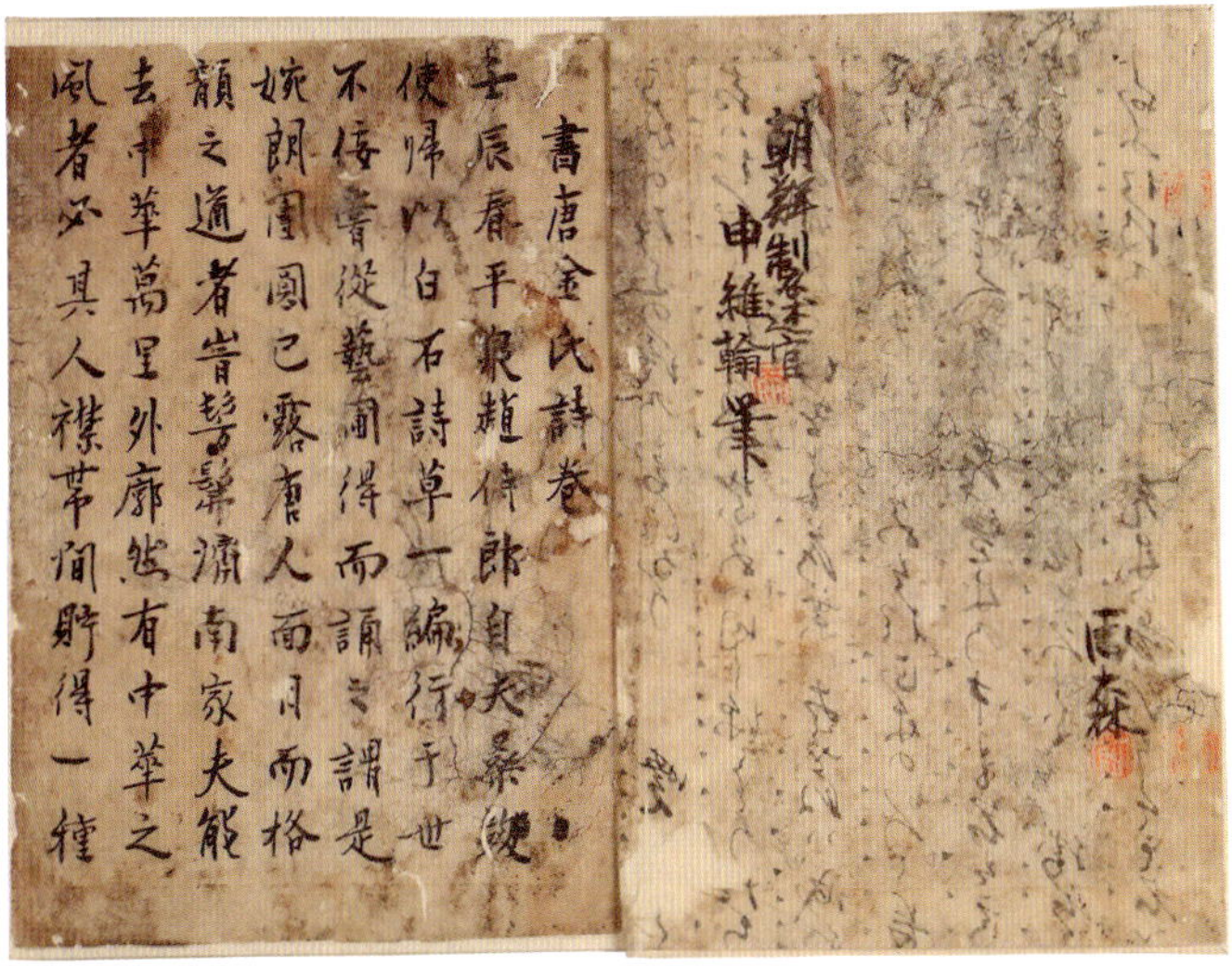

◎ 73　唐金氏宛申維翰詩文　申維翰著・雨森芳洲筆

芳洲会蔵（管理団体長浜市、高月観音の里歴史民俗資料館保管）

享保４年（1719）に来日した第９次通信使の製述官申維翰《シンユハン》（青泉《チョンチョン》）が、芳洲の依頼により泉州の文人唐金梅所《からがねばいしょ》（芳洲の友人）の詩集に寄せた文など、合計３編が収められている。申維翰は青泉と号し、訪日の際に『海游録《かいゆうろく》』という日本紀行文を書いている。その中で雨森芳洲《あめのもりほうしゅう》のことを「よく三国の音に通じ、詩文を解し日本において抜群の人」と高く評価している。

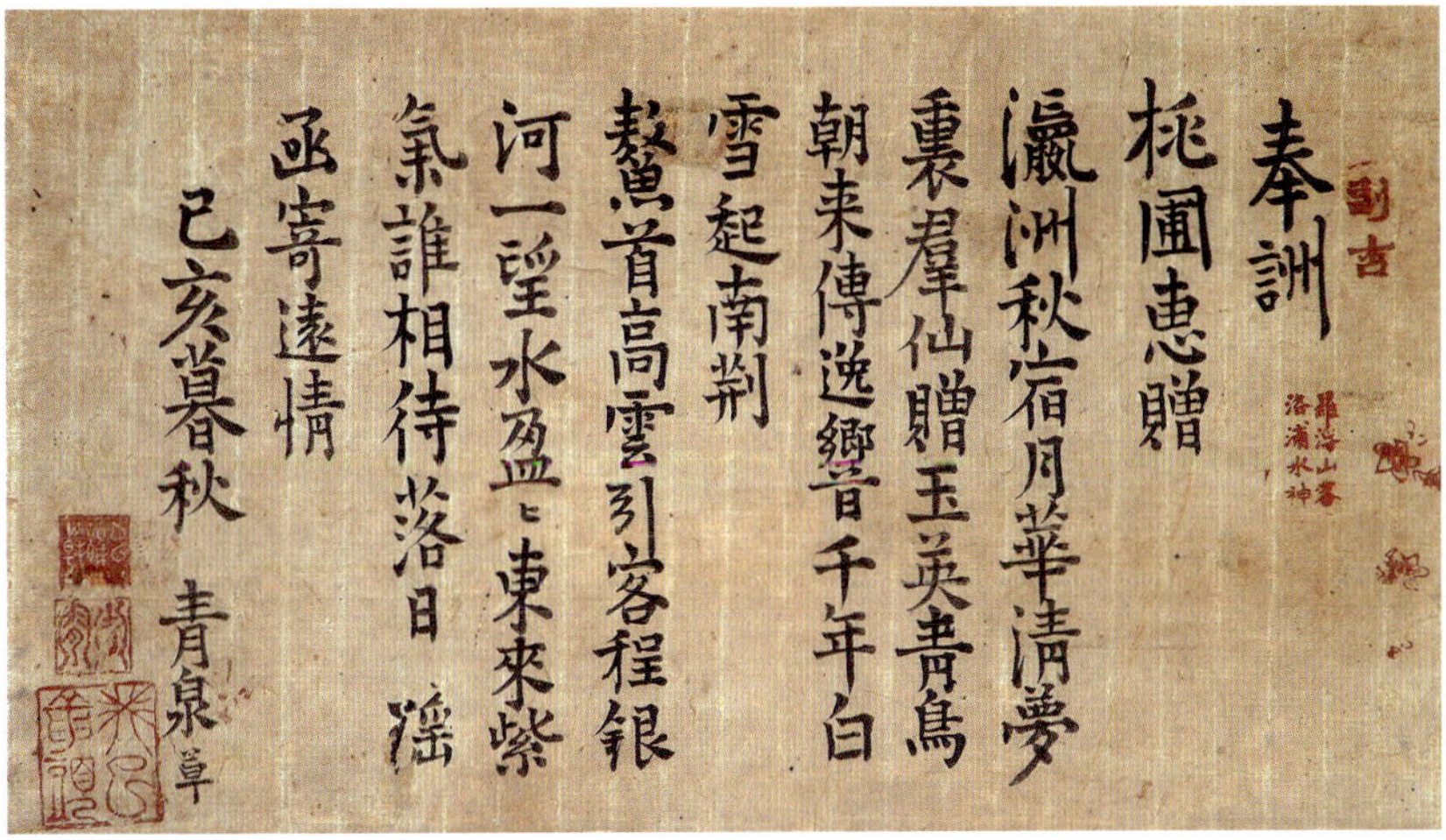
奉訓
桃圃恵贈
瀛洲秋宿月華清夢
裏羣仙贈玉英青鳥
朝来傳逸響千年白
雪起南荊
鼇首高雲引客程銀
河一望水盈盈東来紫
氣誰相待落日遥
函寄遠情
己亥暮秋　青泉草

74　詩書　申維翰筆　佐賀県立名護屋城博物館蔵

享保４年（1719）、第９次朝鮮通信使の製述官（文書の起草や日本の文人たちとの交歓にあたる任務）として日本を訪れた申維翰《シンユハン》の七言律詩。この書は、彼が姫路藩士の河澄桃圃《かわすみとうほ》に贈ったもので、江戸に向かっている途中に詠んだものである。通信使一行は江戸往復の間、数多くの日本の文人・医者等の訪問を受け、詩文唱和や筆談等、文化交流を重ねた。

コラム

雨森芳洲関係資料の伝来と芳洲会のあゆみ

高月観音の里歴史民俗資料館　学芸員　佐々木 悦也

雨森芳洲案内板

　芳洲の子孫、対馬の雨森家に伝わった「雨森芳洲《あめのもりほうしゅう》関係資料（重要文化財八六件、長浜市指定文化財一五四件）」は現在、滋賀県長浜市高月町に事務局をおく顕彰団体「芳洲会」が所有している。資料の管理団体は長浜市で、高月観音の里歴史民俗資料館の収蔵庫に保管している。

　これらの資料は、江戸時代の末期、芳洲の子孫・二橋（号・龍山）が、遺著・遺品などが散逸することを憂いて、雨森家所蔵品等を分類・整理したものが基本となっている。芳洲自身のことはもとより、当時の藩政・外交・教育等を知る上で、貴重な資料である。

　それがなぜ今、対馬から遠く離れた、北近江の地に保管されているのか、その経緯について紹介しよう。

　芳洲の出生地には、京都、伊勢、雨森説など諸説あるが、生地を示す確たる史料は見あたらない。ただ、芳洲自筆のいくつかの史料には、「北近江の雨森村が一族の本貫の地である」と記されており、芳洲自身が北近江出身であることを強く意識していたことがわかる。

　二十二歳の時に対馬藩に仕官した芳洲は二十六歳で対馬に赴き、八十八歳で亡くなった。その子孫も代々対馬藩に仕えて、明治に至った。その間、記録の上で見る限り、対馬の雨森家と雨森村とは、ほとんど交渉はなかったようである。

　明治時代中期、雨森家は対馬を離れて東京へ転居し、関係資料も東京に移された。東京では、親戚が勤めていた三越呉服店の倉庫で保管していたという。

　大正十二年（一九二三）、関東大震災が起こった。東京の町は壊滅的な被害を受けたが、芳洲資料は、いち早く三越から学習院大学の倉庫に移され無事だった。

　かたや高月の地では、大正九年、雨森の近くにある富永尋常高等小学校の藤田仁平校長が、地域の教育振興のため先人調査をはじめた。たまたま、学区内の集落「雨森」と同じ苗字を名乗る儒学者雨森芳洲の存在を知った。

　調査を進める中で、教育振興に最適な人物であることが判明。対馬の郷土史家や東京

東アジア交流ハウス雨森芳洲庵（片山通夫氏撮影）

のご子孫と関わりをもたれた。

当時、芳洲はほとんど知られておらず、顕彰活動もなされていない埋もれた存在で、位階も贈られていないことを知った。そこで藤田校長は、郡内の首長や行政・教育関係者とともに、芳洲の事績調査とあわせて、各方面に働きかけて贈位申請をおこなった。その際、東京に住むご子孫が、雨森氏本貫の地、北近江の雨森村に本籍地を移された。

この調査が実を結び、大正十三年二月十一日の紀元節、「文教に貢献した功績」により、芳洲に従四位が追贈された。翌三月二十日には、芳洲の偉業を顕彰する目的で、伊香郡をあげて「芳洲会」が設立され、総裁には滋賀県知事、会長は伊香郡の郡長が任じられた。翌四月二十九日、東京のご子孫より、雨森家に伝わる関係資料が一括して芳洲会に寄贈された。その理由は、事績調査および贈位運動へのお礼の意味と、東京にあってはいつまた再び大震災が起こるのではないかと危惧したことによるという。

この頃、芳洲会では、雨森村にあった雨森屋敷を買収して、芳洲書院を開設した。ここで講演会などを開催し、雨森芳洲の顕彰と教育振興の活動が積極的に行われた。

昭和二十七年（一九五二）、芳洲書院敷地内の芳洲神社が、神社庁より正式に認可。

昭和五十八年（一九八三）、雨森芳洲の関係資料（二三六件）が、高月町指定文化財に指定された。

昭和五十九年、老朽化した雨森書院を取り壊し、跡地に東アジア交流ハウス「雨森芳洲庵」開館。

平成六年（一九九四）、雨森芳洲の関係資料（八六件）が、国の重要文化財に指定された。

以上が、雨森芳洲関係資料の伝来と、その後についての概略である。

本来ならば、雨森芳洲関係資料は対馬に戻すべき資料であったのかも知れない。しかし、芳洲会や地域の方々など、先人たちの熱意と努力により、今日、雨森芳洲の事績や思想が正しく評価され、またその資料がさまざまな方面で有効に活用されていることを、ご子孫の方々も、また芳洲先生も喜んでくださっているのではないだろうか。

交流の遺品

朝鮮通信使は江戸往復使行の途次、日本の各地に滞在した。朝鮮通信使の随員には、朝鮮国を代表する学者、医者、文人、書家、画家などが数多くいたことから、日本の学者や医者たちは朝鮮通信使の来日を待ち望み、各地で学術交流を盛んに行って先進的な朝鮮の学術・医学・文化等に触れ、それを吸収しようとした。また、朝鮮通信使側も日本の国情を探索するとともに、日本の文化や日本独自の農業・土木技術などを摂取するため、日本人との交流に努めた。

その結果、日本各地に朝鮮通信使との文化交流を物語る書画、詩文を交換した唱和録、筆談で会話した記録などの資料が遺されている。

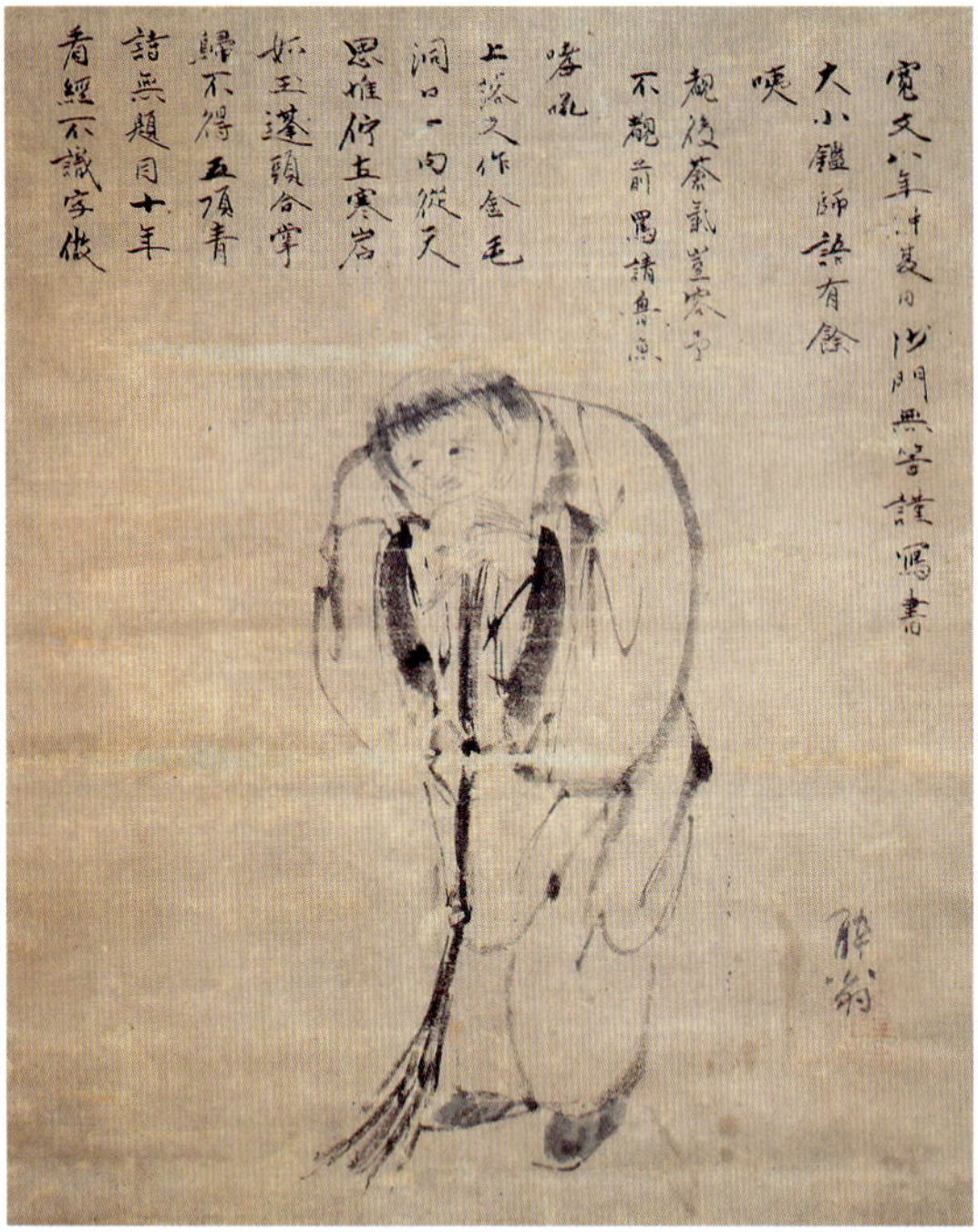

75　拾得図　金明国筆　下関市立長府博物館蔵

寛永 13 年（1636）・同 20 年（1643）の２回にわたり、通信使画員として来日した、李朝中期の代表的な画人金明国《キムミョングク》が描いた拾得図《じっとくず》。賛者は無等と称す日本の僧侶で寛文８年（1668）に着賛したもの。

金明国は豪放磊落な性格で、酒を好み、酔うままに筆をとり名画を描いたと伝えられる人物で、蓮潭・酔翁などと号し、人物や神仙を描くことを得意とした。本図は後年加筆された賛や速筆で画かれている点などから、来日中に揮毫したものと推定される。

通信使画員の本来の使命は、日本の再侵略に備え、対馬から江戸に至る日本各地の地理や主要都市の港湾・軍事施設の記録画を作成することにあったが、両国関係が安定し通信使が文化使節団の様相を呈するようになると、画員も友好促進のため、日本人からの揮毫依頼に応えることが使命の一つとなった。

当時の日本では、文化先進国である朝鮮の書画が珍重されており、画員や学者達には日本人からの揮毫依頼が殺到し、日々忙殺されたという。

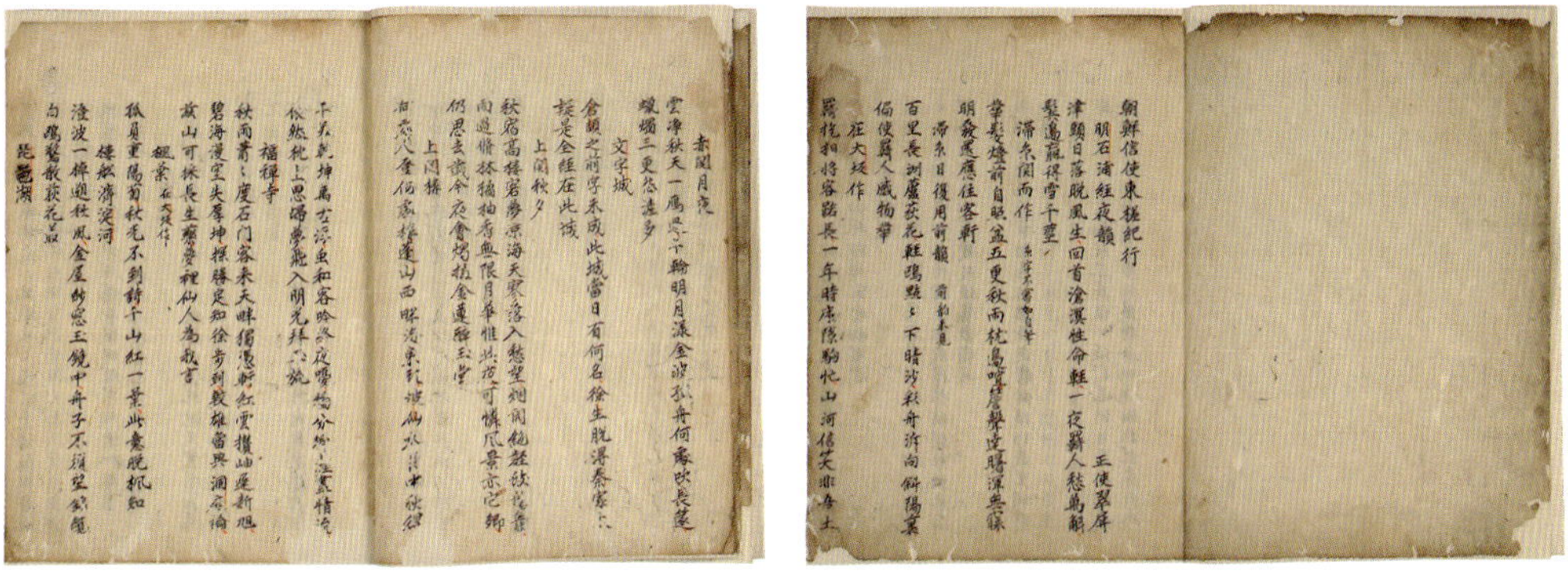

△76　**朝鮮信使東槎紀行**　芳洲会蔵（管理団体長浜市、高月観音の里歴史民俗資料館保管）

前半の「朝鮮信使東槎紀行」は徳川４代将軍家綱襲職を賀して明暦元年（1655）来日した第６次通信使の正使趙翠屏《チョチュイビョン》・副使兪秋潭《ユチュダム》・従事官南壺谷《ナムホゴク》・製述官李石湖《イソクホ》と、随伴の建仁寺大統院九岩中達・同清住院茂源紹柏両長老の詩文唱和集。後半の「贈答詩之二」は「乙未」明暦元年より翌「丙申」２年にかけての、上記朝鮮側４人と林羅山・林春信（13歳）・人見友元らと日本の文人16名との日韓唱酬作を収める。

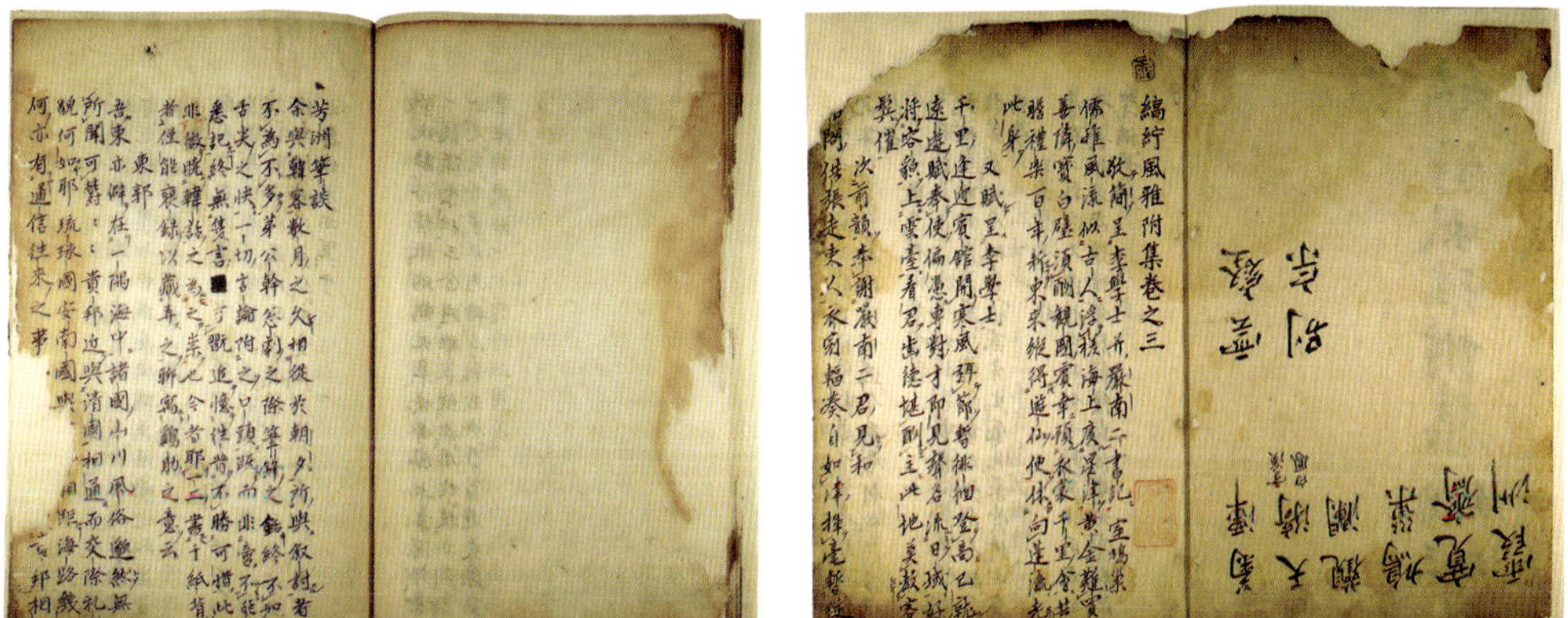

◎77　**縞紵風雅集・同附集**　芳洲会蔵（管理団体長浜市、高月観音の里歴史民俗資料館保管）

６代将軍徳川家宣襲職を賀して正徳元年（1711）来朝した第８次朝鮮通信使（正使趙泰億《チョテオク》・副使任守《イムス》幹《カン》・従事官李邦彦《イバンウォン》）一行との日本の文人たちとの唱和集。西は大洲筑前から東は江戸まで、各地での詩文唱和や筆談が記されている。対馬藩真文役として終始一行に随伴した芳洲が書き留めたもの。

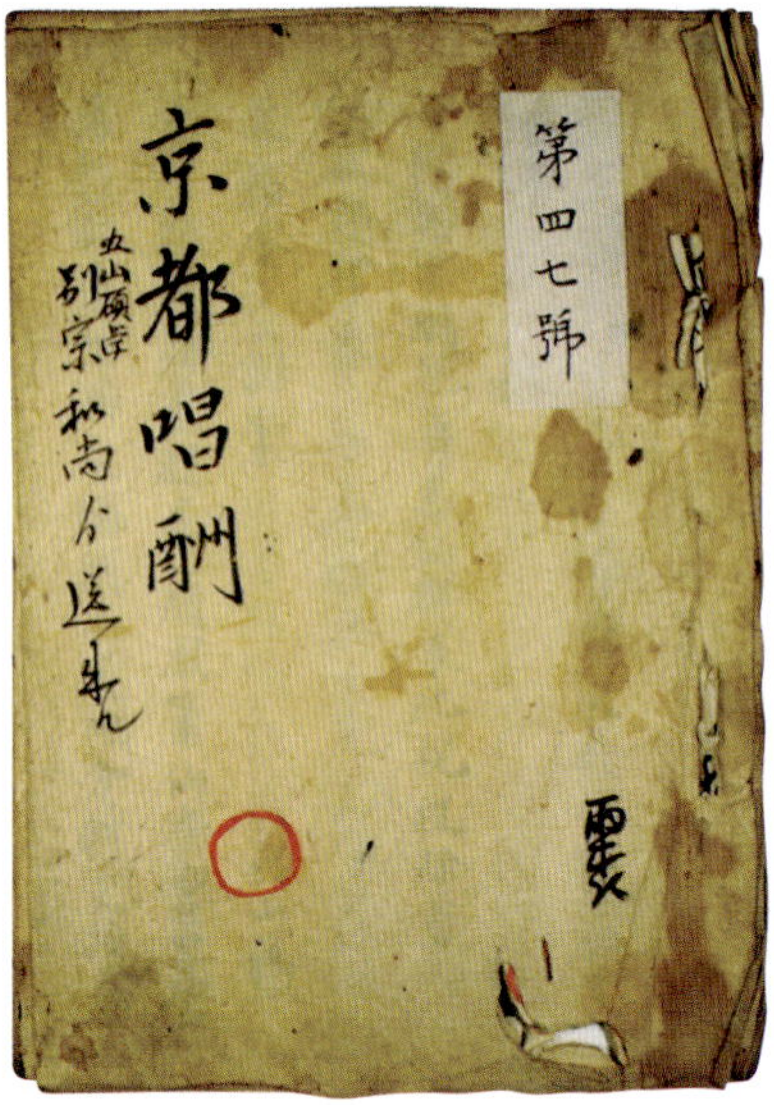

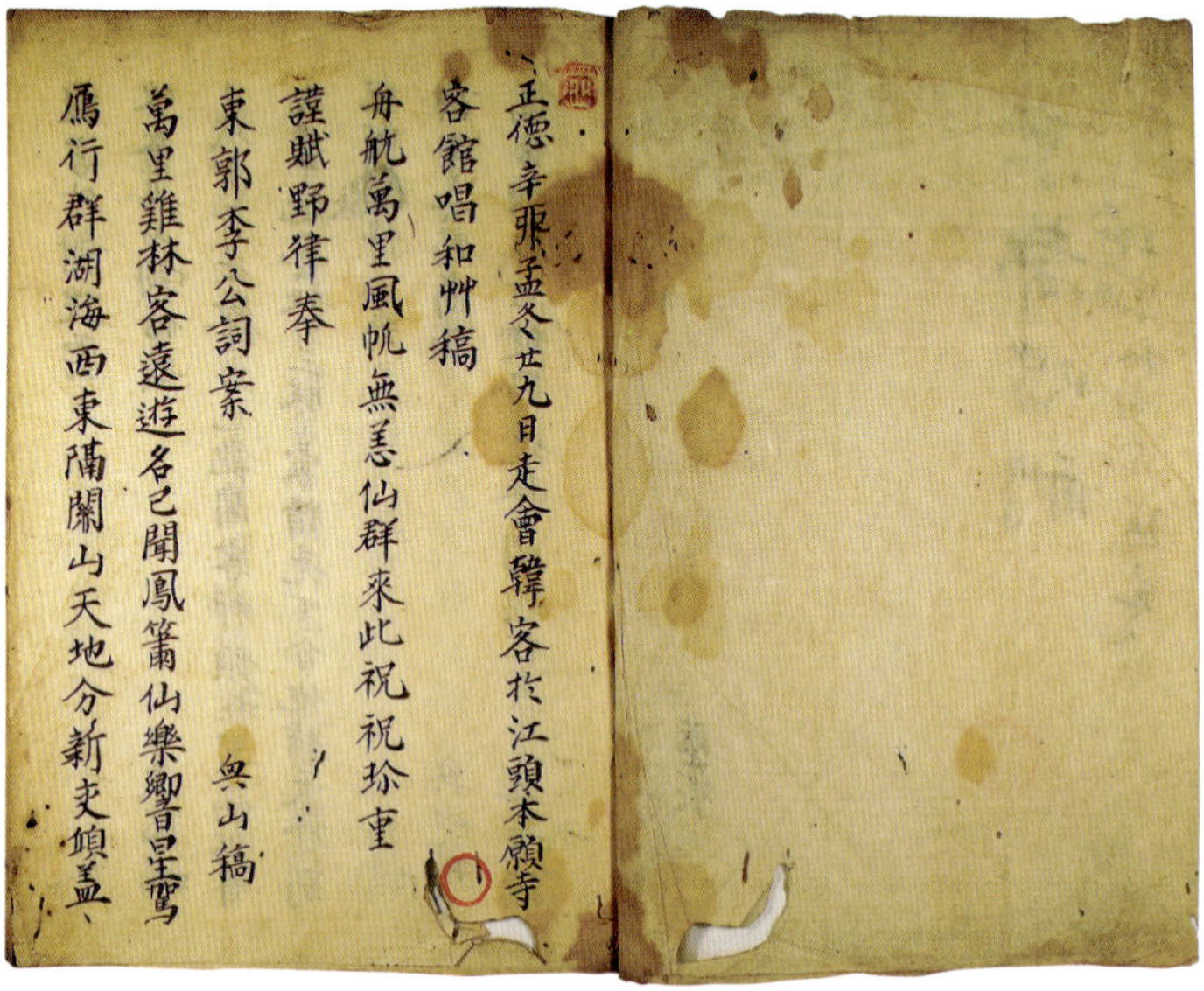

△78　**京都唱酬**　芳洲会蔵（管理団体長浜市、高月観音の里歴史民俗資料館保管）

五山僧興山《こうざん》と正徳元年（1711）に来日した第８次通信使、製述官李東郭《イトングァク》、書記洪鏡《ホンキョン》湖《ホ》、厳龍湖《オムヨンホ》、南泛叟《ナムボムス》との、江戸東本願寺浅草別院における唱酬詩、および大松山人瑞応と李東郭との唱酬詩集。表紙にある「別宗和尚」とは、相国寺慈照院別宗祖縁《べっそうそえん》長老で、芳洲や建仁寺永源庵雲壑永集《うんがくえいしゅう》長老とともに江戸まで通信使一行に随判応接した。江戸における、日本の僧侶と通信使の交流を伝える資料である。

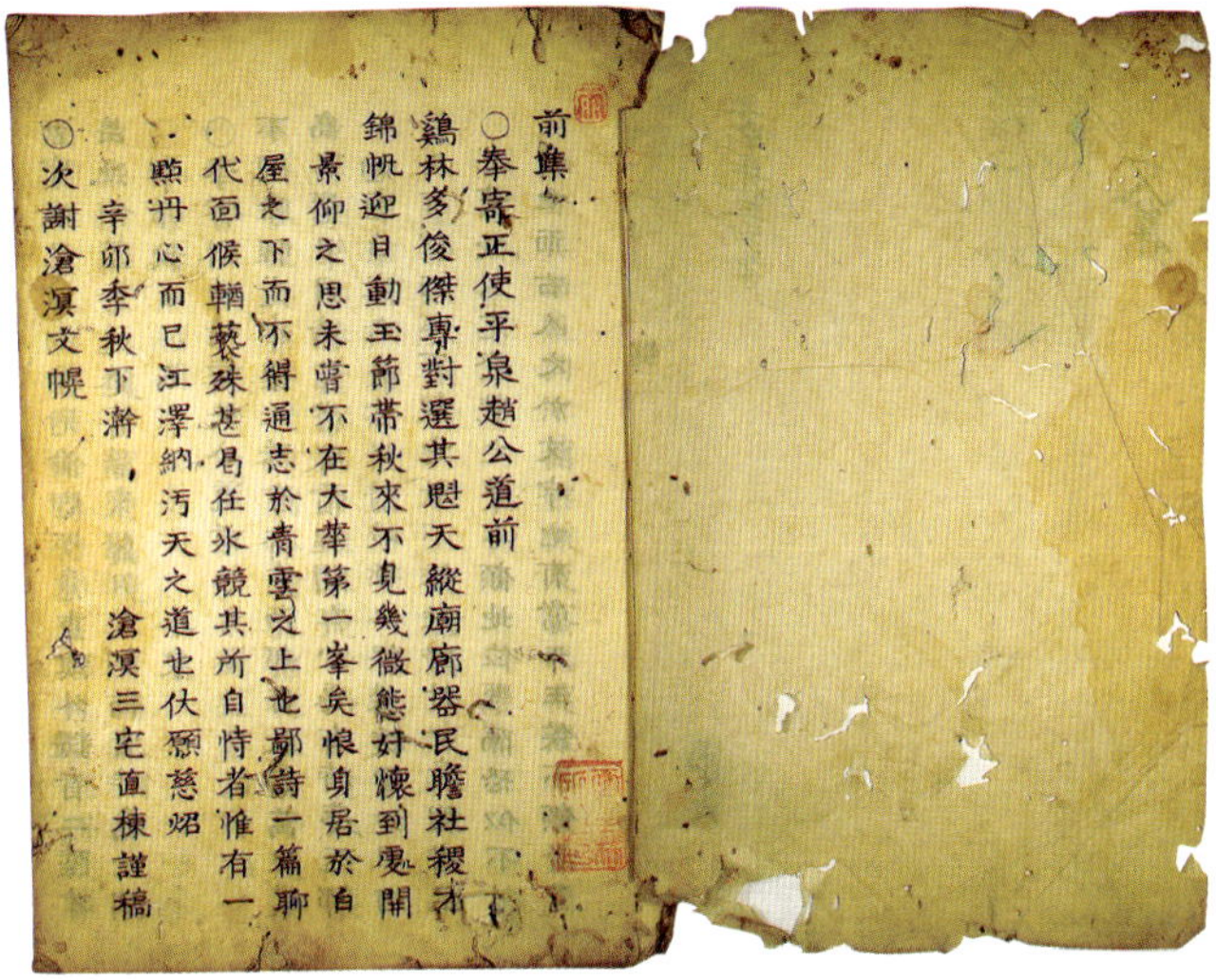

△79　**三宅滄溟通信使一行詩文筆談集**　芳洲会蔵（管理団体長浜市、高月観音の里歴史民俗資料館保管）

播磨（現・兵庫県）出身の儒者三宅滄溟《そうめい》（直棟）と第８次正徳通信使一行との詩文筆談の浄書稿。三使はじめ書記等と正徳元年（1711）暮れに江戸で交わされたもので、滄溟・石屏《せきへい》兄弟は自己や師友を文章で紹介し、詩文唱和や筆談を行っている。

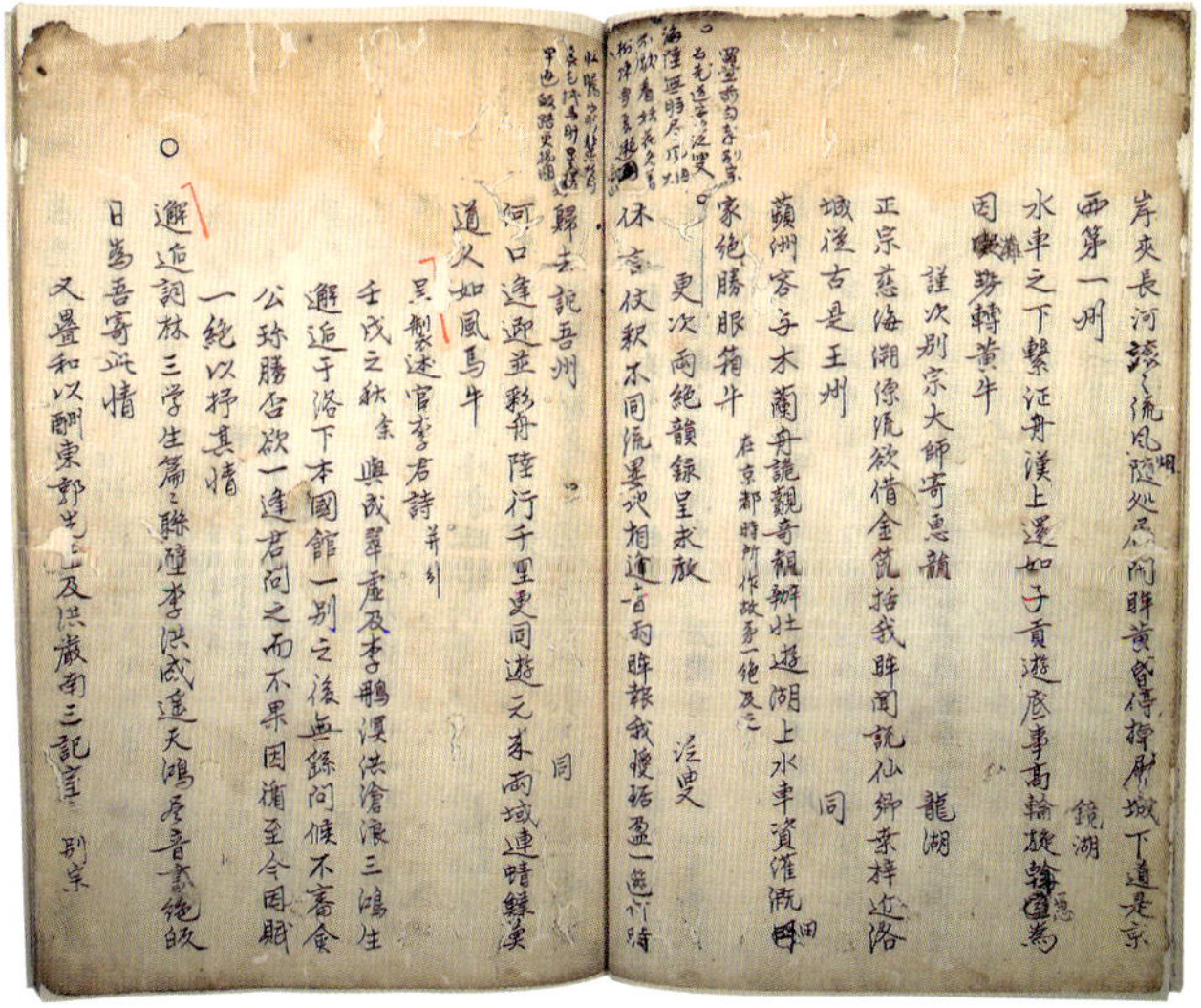

△80　**韓使五山唱和集**　芳洲会蔵（管理団体長浜市、高月観音の里歴史民俗資料館保管）

正徳元年（1711）来朝の通信使と一行に随伴した相国寺慈照院別宗祖縁《べっそうそえん》・建仁寺永源庵雲壑永集《うんがくえいしゅう》の両長老との道中唱酬作。淀川の水車を詠んだような風物詩もあるが、富士山は一行の等しく感嘆した景観として、圧倒的に長編大作が見られる。別宗は第41代、雲壑は第46代のそれぞれ対馬以酊庵《いていあん》輪番を勤めた。

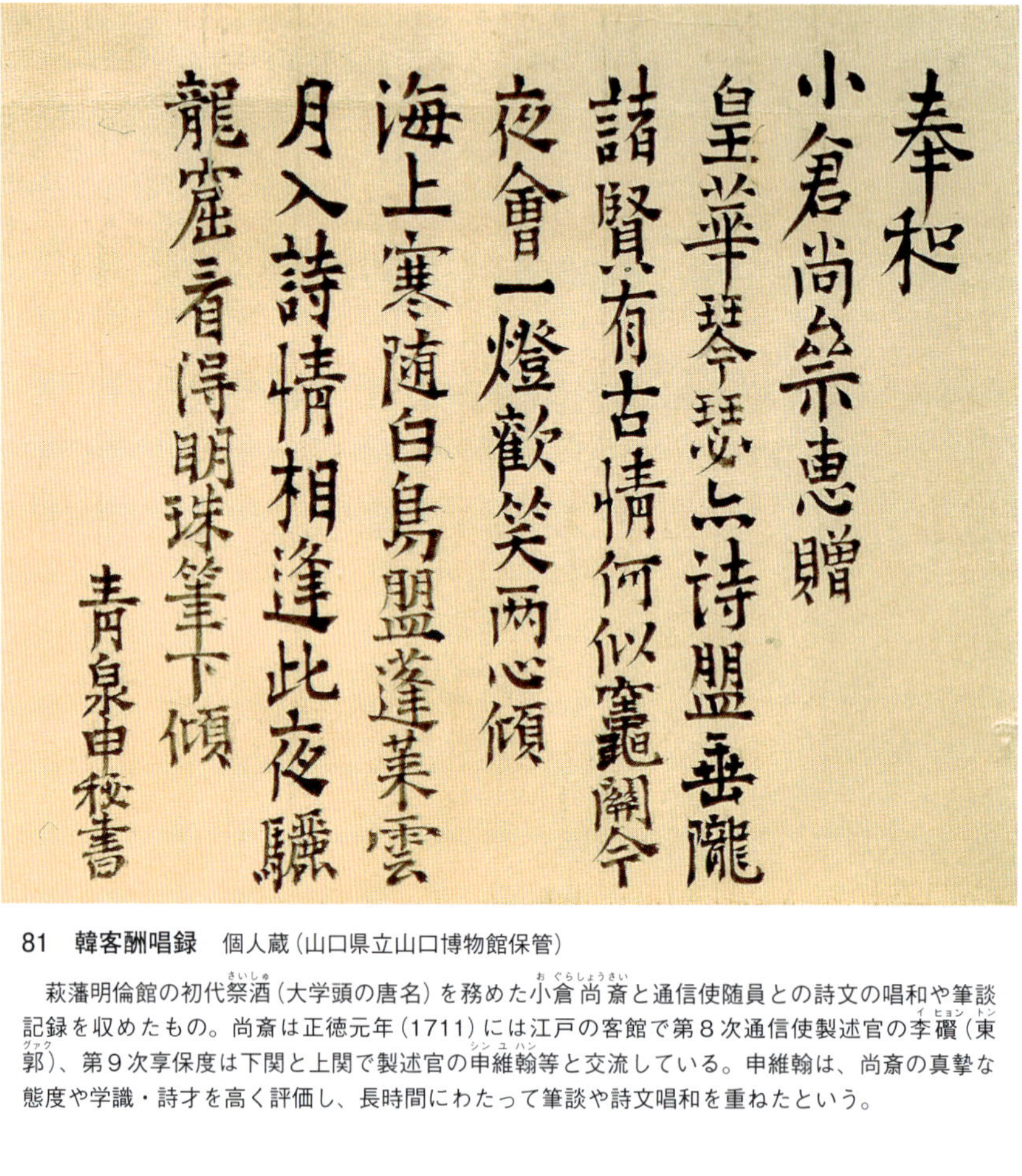

81　**韓客酬唱録**　個人蔵（山口県立山口博物館保管）

萩藩明倫館の初代祭酒《さいしゅ》（大学頭の唐名）を務めた小倉《おぐら》尚斎《しょうさい》と通信使随員との詩文の唱和や筆談記録を収めたもの。尚斎は正徳元年（1711）には江戸の客館で第８次通信使製述官の李礥《イヒョン》（東郭《トングァク》）、第９次享保度は下関と上関で製述官の申維翰《シンユハン》等と交流している。申維翰は、尚斎の真摯な態度や学識・詩才を高く評価し、長時間にわたって筆談や詩文唱和を重ねたという。

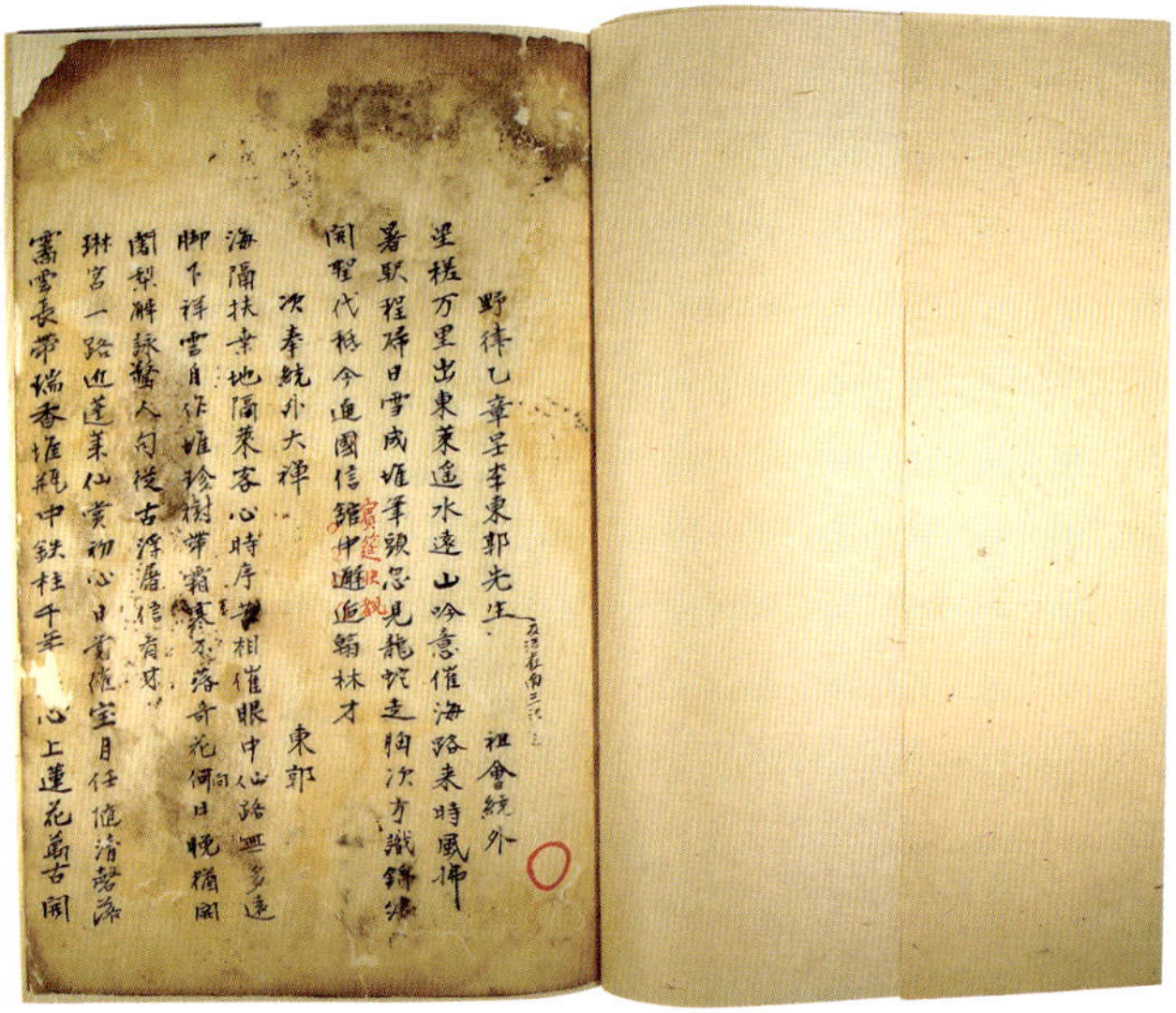

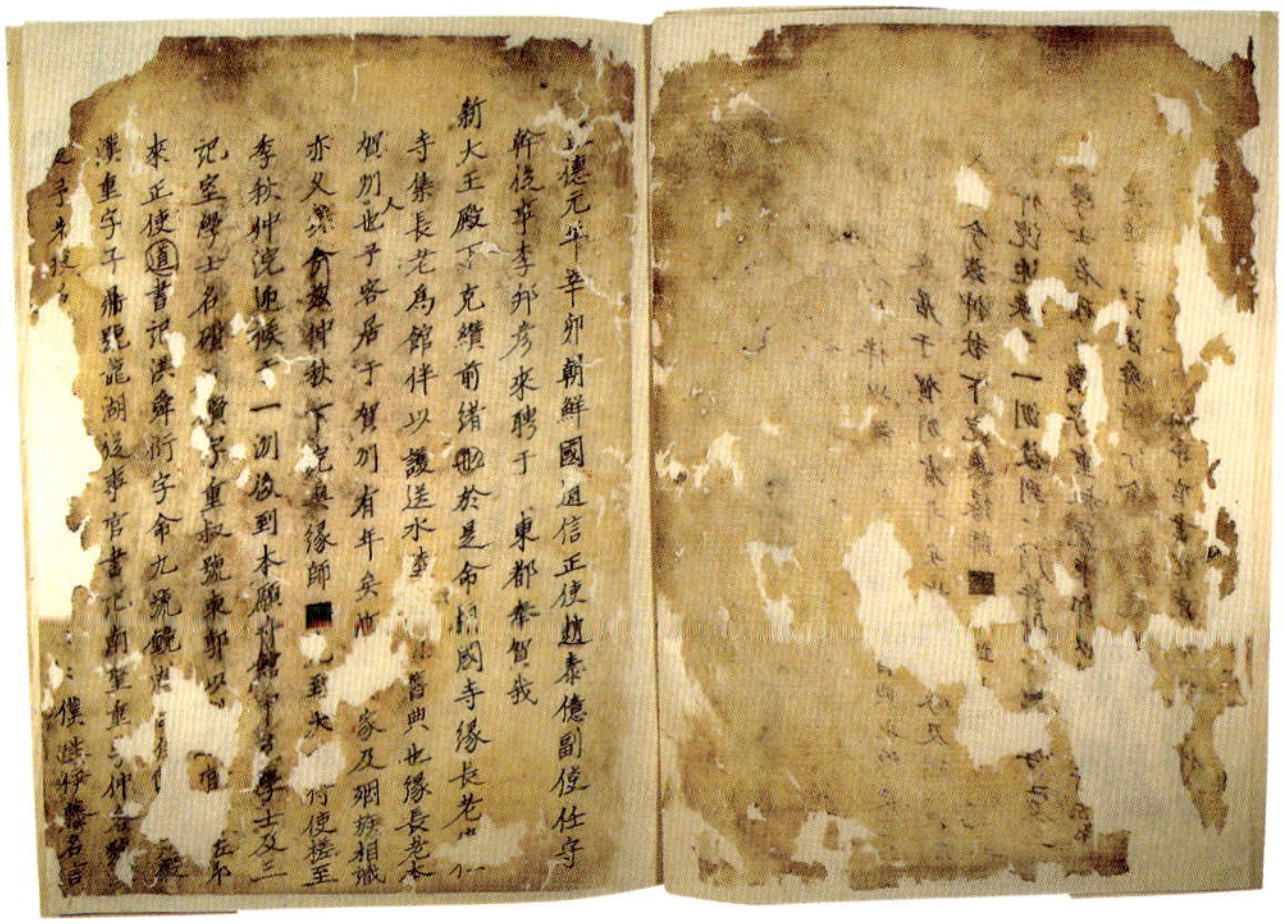

◎ 82　**韓客唱和集**　芳洲会蔵（管理団体長浜市、高月観音の里歴史民俗資料館保管）

正徳元年（1711）の第８次朝鮮通信使、製述官李東郭《イトングァク》および書記厳龍湖《オムヨンホ》、南泛叟《ナムボムス》、洪鏡湖《ホンキョンホ》等と松井元慶、天外上人ら日本人文士との唱和を書き留めたもの。漢詩の唱和から、医術、風俗、植物、音楽他、多岐にわたる筆談対話を収録している。

雨森芳洲とその交友

芳洲は十七歳で江戸へ出て木下順庵《きのしたじゅんあん》（一六二一〜九八）に入門した。順庵門下では、新井白石《あらいはくせき》・室鳩巣《むろきゅうそう》・榊原篁洲《さかきばらこうしゅう》・祇園南海《ぎおんなんかい》と共に『木門《ぼくもん》の五先生』に数えられた。「文は芳洲、詩は白石」と称されるなど文章の秀逸さは木門随一で、師は「後進の領袖」と評したという。

白石は芳洲より十一歳年長であるが順庵門下に入るのは三年遅く、元禄六年（一六九三）、師の推挙により甲州の徳川綱豊《つなとよ》（のち第六代将軍家宣《いえのぶ》）の儒者となった。そして「正徳の治」の中心人物として中央政界で華々しく活躍するが、享保元年（一七一六）、吉宗《よしむね》が第八代将軍になって失脚引退し、享保十年（一七二五）六十九歳で没した。

正徳元年（一七一一）の第八次通信使来聘にあたっては、白石は「朝鮮国王に対して将軍も日本国王とすべきである」と改革をとなえた。これに芳洲は「皇族でないものが国王を称することは僭称（身分を越えた呼び方）にあたる」と激しい論争となった。

こういったいきさつから、白石は自叙伝『折たく柴の記』の中で、芳洲を「対馬にありつるなま学匠」と感情的に批難している。しかし、立場の違いでの論争は論争として、学者としての二人はその後も互いに評価し、芳洲は自らや息子の漢詩の批評を仰ぐなど、尊敬しあいながら終生親友として交友を続けた。

正徳元年（一七一一）に来日した第八次通信使の玄徳潤《ヒョンドギュン》（号・錦谷《クムゴム》、副司勇）・李礥《イヒョン》（号・東郭《トングァク》、製述官）や、享保三年（一七一八）第九次の申維翰《シンユハン》（号・青泉《チョンチョン》、製述官）らと、国境を越えて深く親交をあたためたことは、日本滞在中あるいは帰国後にやりとりした漢詩や書状、紀行文などに明らかである。

申維翰は『海游録』の中で芳洲を、「雨森はすなわち、彼らの中では傑出した人物である。よく三国音（日本・朝鮮・中国の語音）に通じ、よく百家の書を弁じ、その方訳（日本語訳）における異同、文字の難易を知っており、おのずから（中略）胸中に涇渭《けいい》の分（清濁の分別）がある」「よく漢語に通じ、日東国（日本）の翹楚《ぎょうそ》（抜群の人）である」と、その才を高く評価している。

芳洲は木門（朱子学）であったが、荻生徂《おぎゅうそ》徠《らい》（古文辞学・蘐園学派）に子息を弟子入りさせたり、晩年に著した随筆「たはれぐさ」の校訂・批評を伊藤東涯《いとうとうがい》（古義堂）に依頼するなど、学派の枠を越えて交友を結んだ。また、同門で同じく対馬藩儒を務めた松浦霞沼《かしょう》は芳洲の次男・龍岡《りゅうこう》を養子に迎え、さらに芳洲私塾の門弟たちは藩の文教や朝鮮御用に重用され、その学統は対馬藩の主流となっていった。

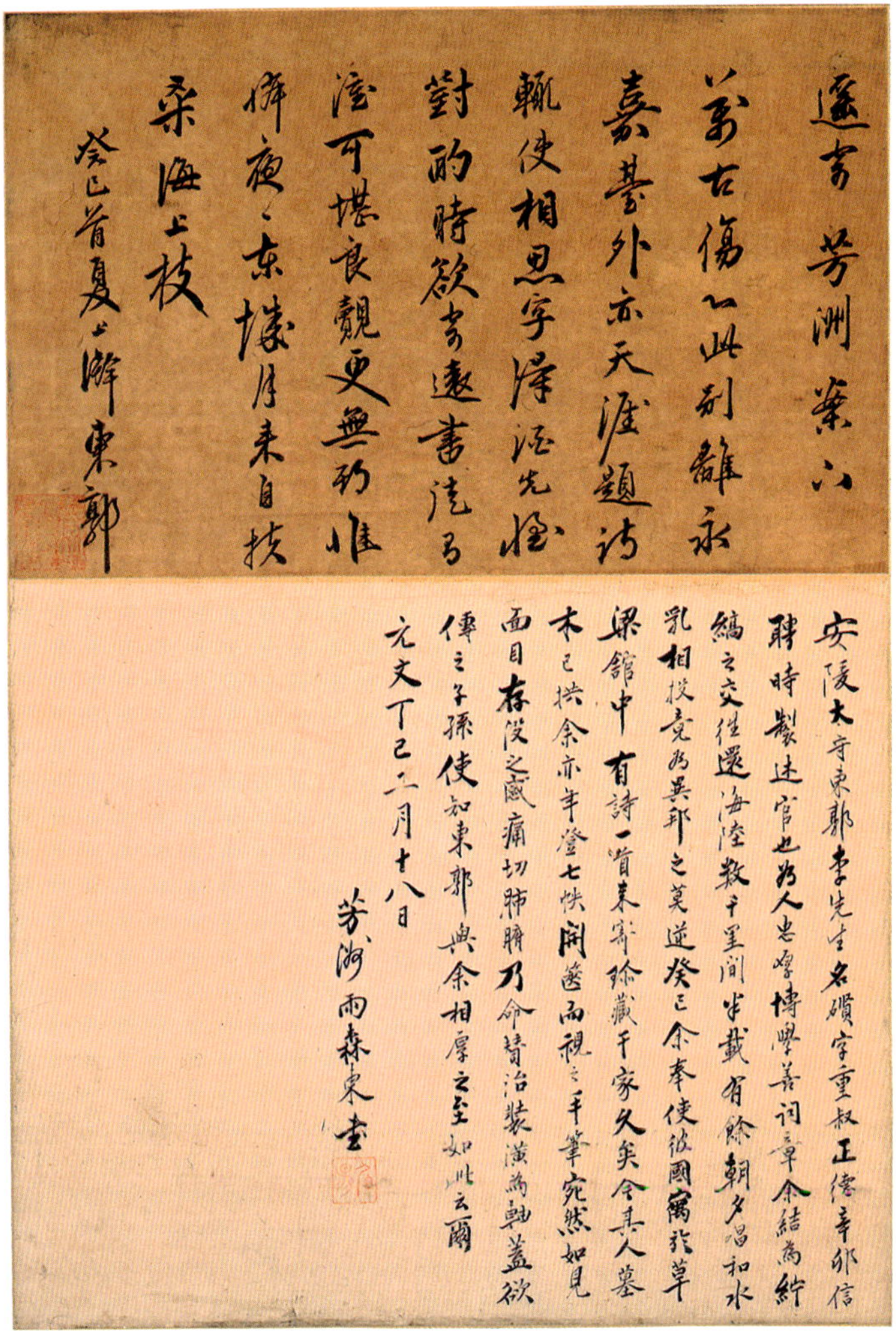

◎83　**李東郭七律　附雨森芳洲識語**　芳洲会蔵（管理団体長浜市、高月観音の里歴史民俗資料館保管）

上段は、李礥《イヒョン》（東郭《トングァク》）が正徳元年（1711）の第８次通信使製述官の任務を果たし、帰国後雨森芳洲《あめのもりほうしゅう》に贈った七言律詩。

下段は、その24年後、芳洲がかつて韓客より贈られた漢詩（上段）を見つけ、二男松浦龍岡《りゅうこう》に表具を命じて、知友を追慕しつつ認めた識語である。東郭の人となりと、国境を越えた親友（異邦之莫逆《いほうのばくぎゃく》）として交わったことなどを述べている。

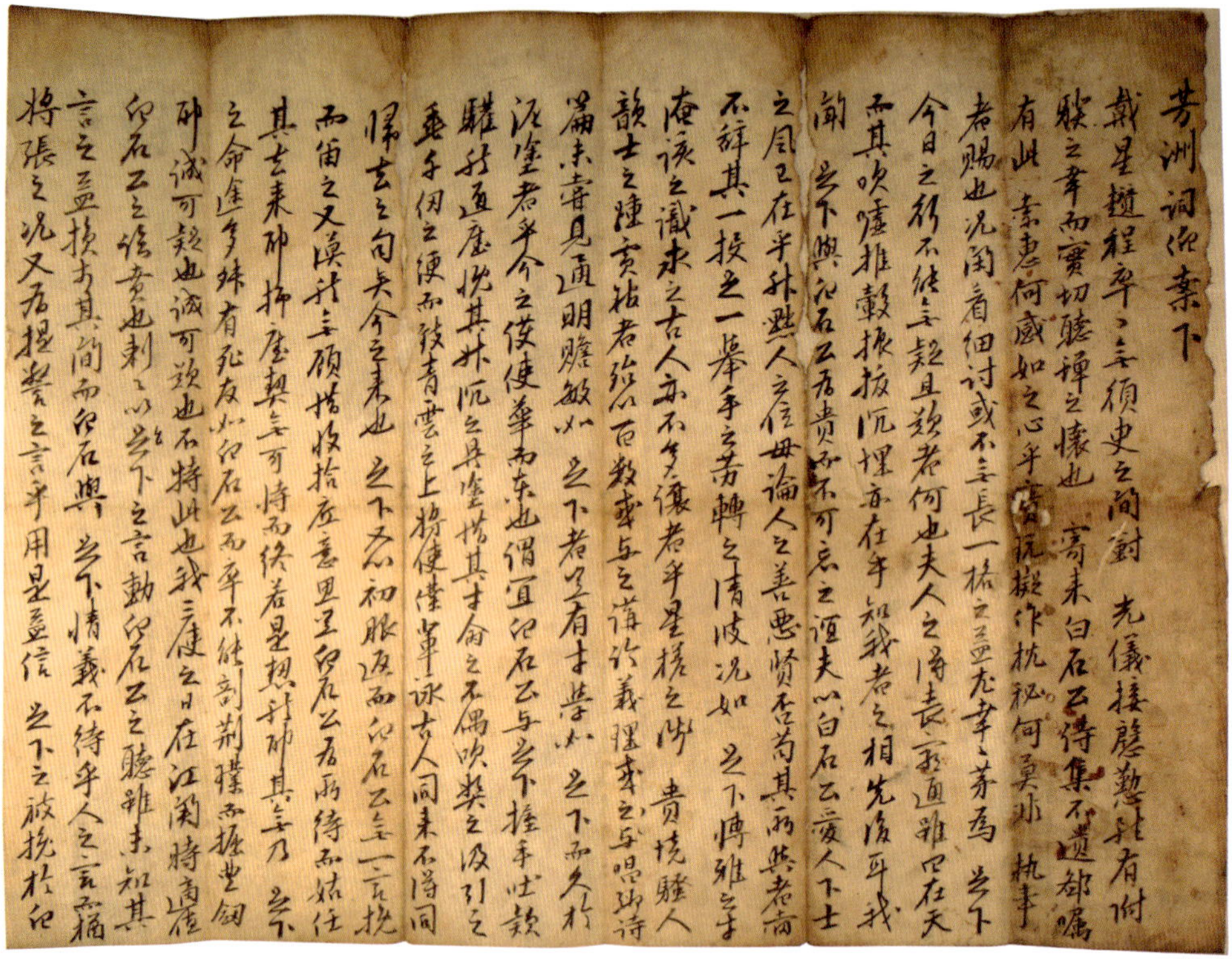

◎ 84　**李東郭書状**　芳洲会蔵（管理団体長浜市、高月観音の里歴史民俗資料館保管）

正徳通信使の製述官として来日した李礥《イ ヒョン》（東郭《トングァク》）が帰国した後に、日本にいる芳洲に宛てた書状。後半を欠く。新井白石の詩集を依頼どおり贈られた謝辞とともに、芳洲の親友を自認する李礥が、芳洲の白石に対する態度など、その人間関係について心配する意見が述べられている。

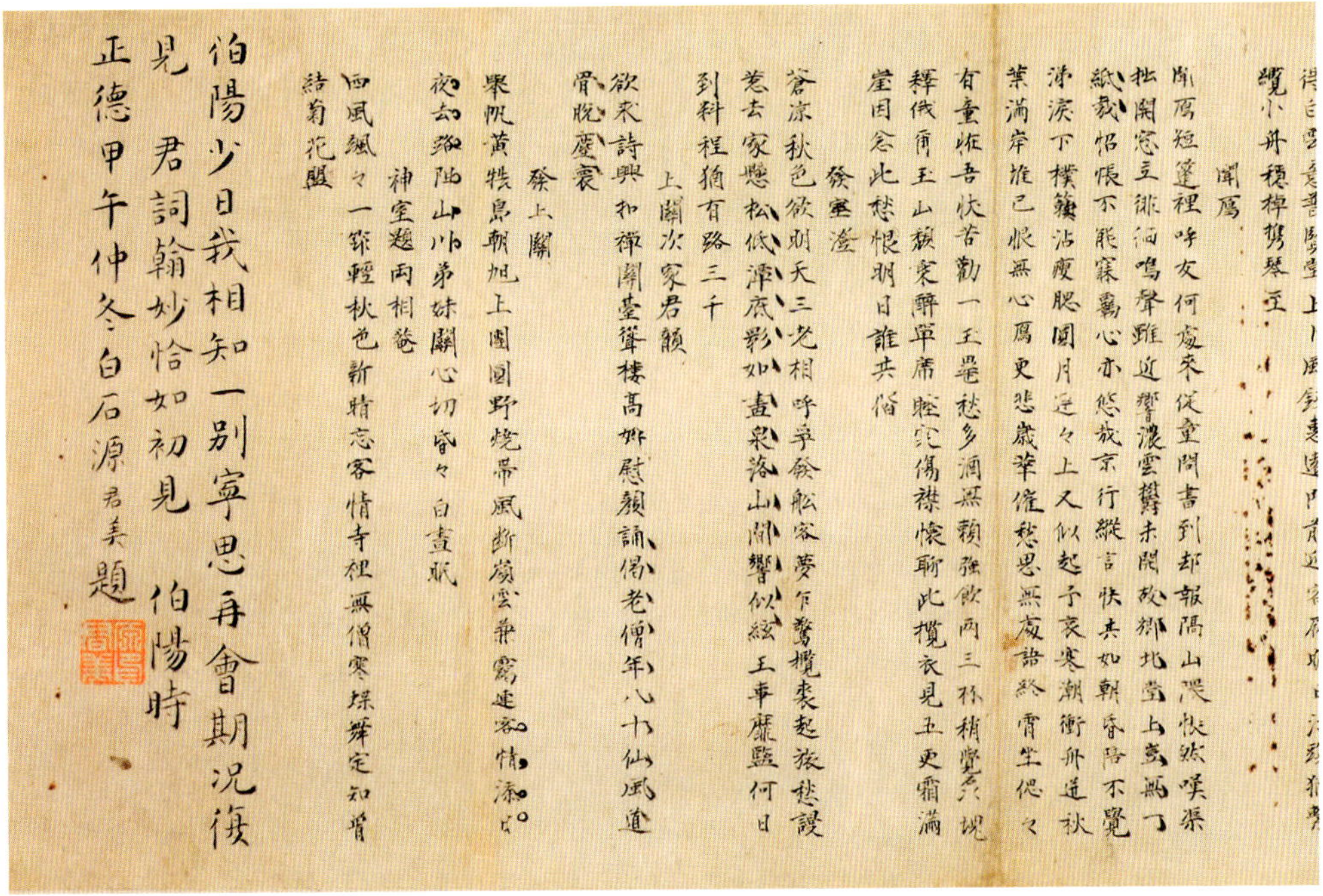
伯陽少日我相知
一別寧思再會期
況復見君詞翰妙
恰如初見伯陽時
正徳甲午仲冬白石源君美題

◎ 85　**雨森鵬海詩抄　雨森鵬海著・筆**　芳洲会蔵（管理団体長浜市、高月観音の里歴史民俗資料館保管）

父芳洲に同行して瀬戸内海を航行中に賦した、長男鵬海《ほうかい》の漢詩 30 首を収めている。新井白石の批点があり、巻末には七絶形式で、白石が芳洲と初対面した日にことよせ、２世鵬海の詩を称えた白石の言葉が記されている。時に鵬海 17 歳、白石 58 歳。

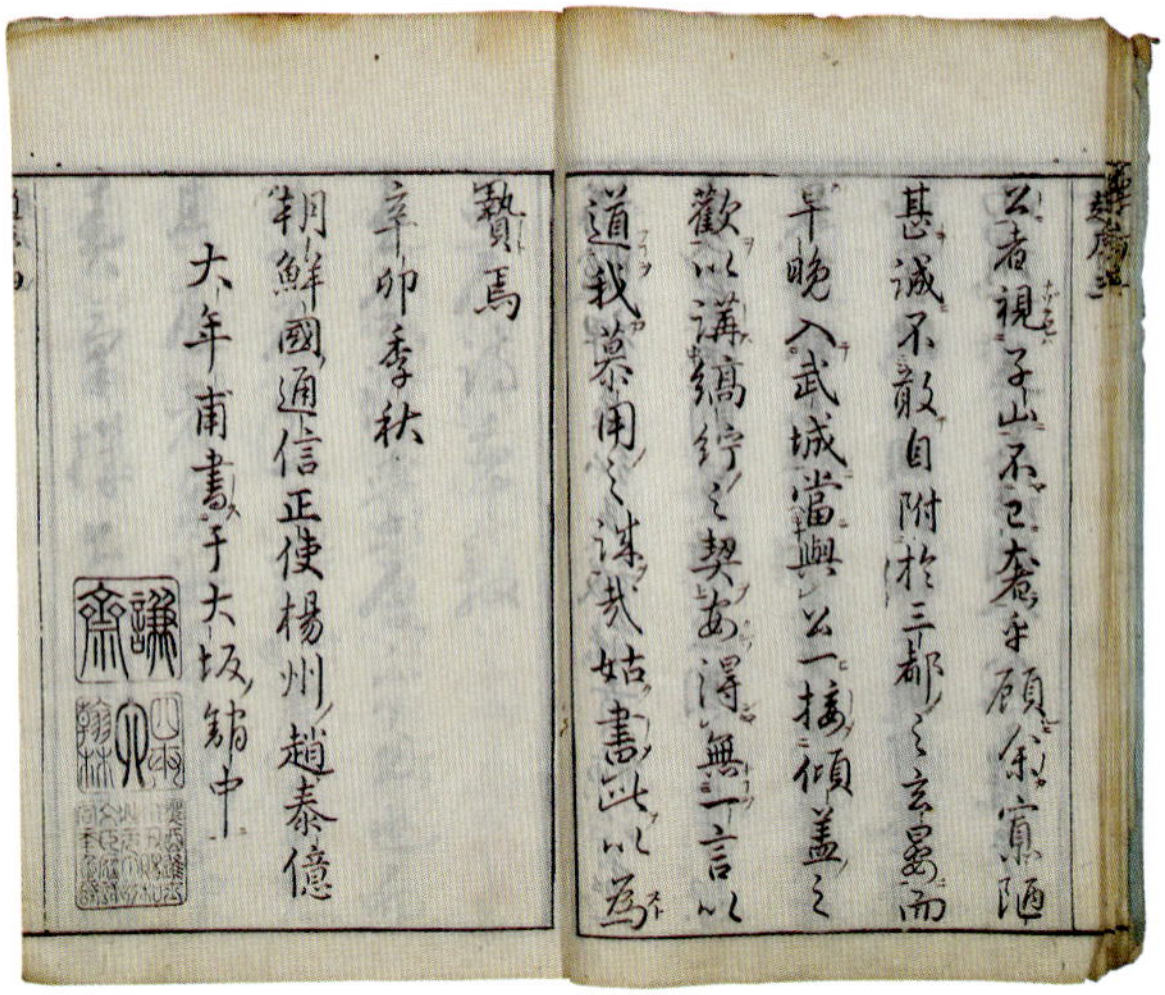

86　白石詩草　下関市立長府博物館蔵

新井白石の代表的詩文集。正徳元年（1711）に来日した通信正使趙泰億《チョテオク》と製述官李礥《イヒョン》（東郭《トングァク》）が序文を、副使任守幹《イムスカン》と従事官李邦彦《イバンウォン》が跋文を認めている。

正徳元年度の第８次通信使は、白石の主導により待遇の簡素化や将軍呼称の変更などが実施されたため波乱の使行であった。殊に「犯諱事件」（日本側の返書に朝鮮王朝第８代の中宗恭僖王の諱を犯す「懌」の字が用いられていたため通信使側が厳しく抗議した事件）では、白石と正使趙泰億とが国の体面をかけて激しい論争を繰り返した。しかし、両者は学者としては互いに認め合う仲で、江戸の客館浅草東本願寺で行われた両者の学問的交流は周囲の者を圧倒したといわれている。なお、趙泰億が持ち帰った白石の詩集は、朝鮮国内で広く紹介され、朝鮮国内では白石の詩集を求める者もあったという。

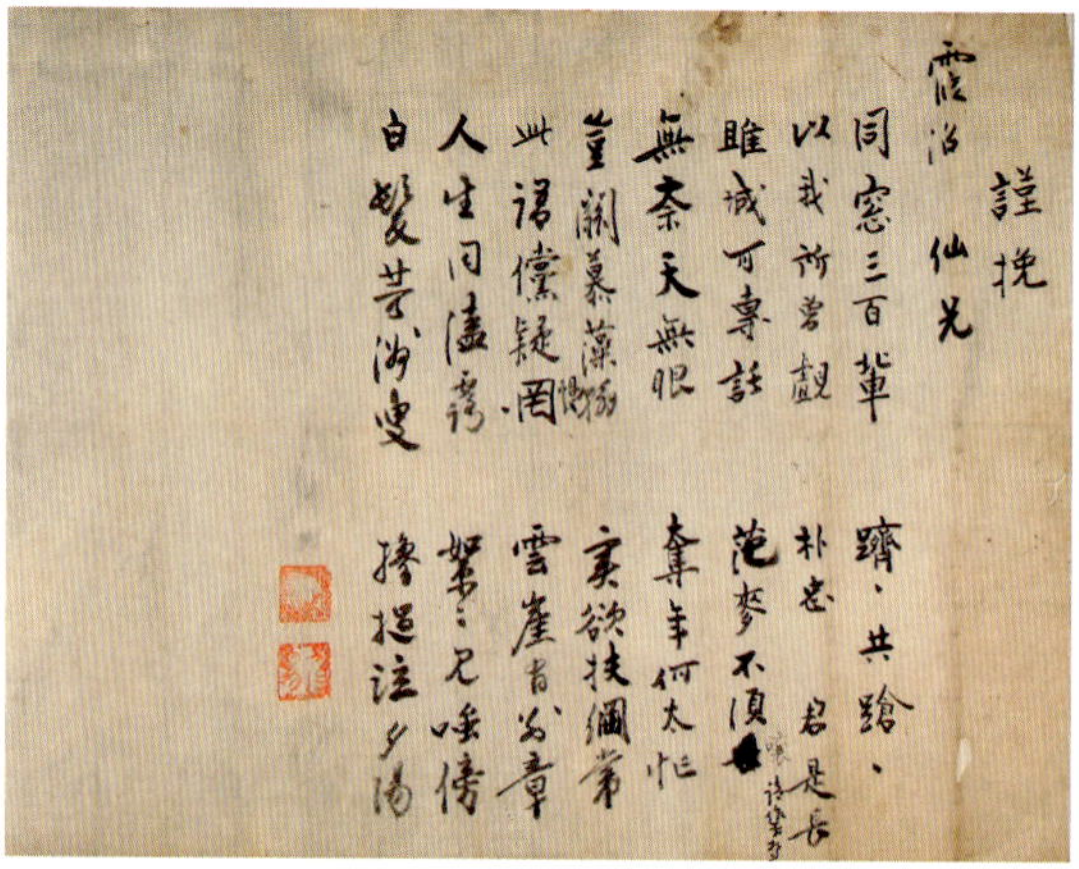

◎88　**松浦霞沼挽詩　雨森芳洲筆**　芳洲会蔵（管理団体長浜市、高月観音の里歴史民俗資料館保管）

対馬藩に儒臣としてともに仕え、この年に亡くなった同門の松浦霞沼《まつうらかしょう》を悼んでよんだ漢詩。８歳年少の霞沼とは終生親交厚く、芳洲の次男龍岡《りゅうこう》はその養子になった。霞沼は経義文章にすぐれ、藩命を受けて『朝鮮通交大紀』『宗氏家譜』『善隣原始録』などを著した。

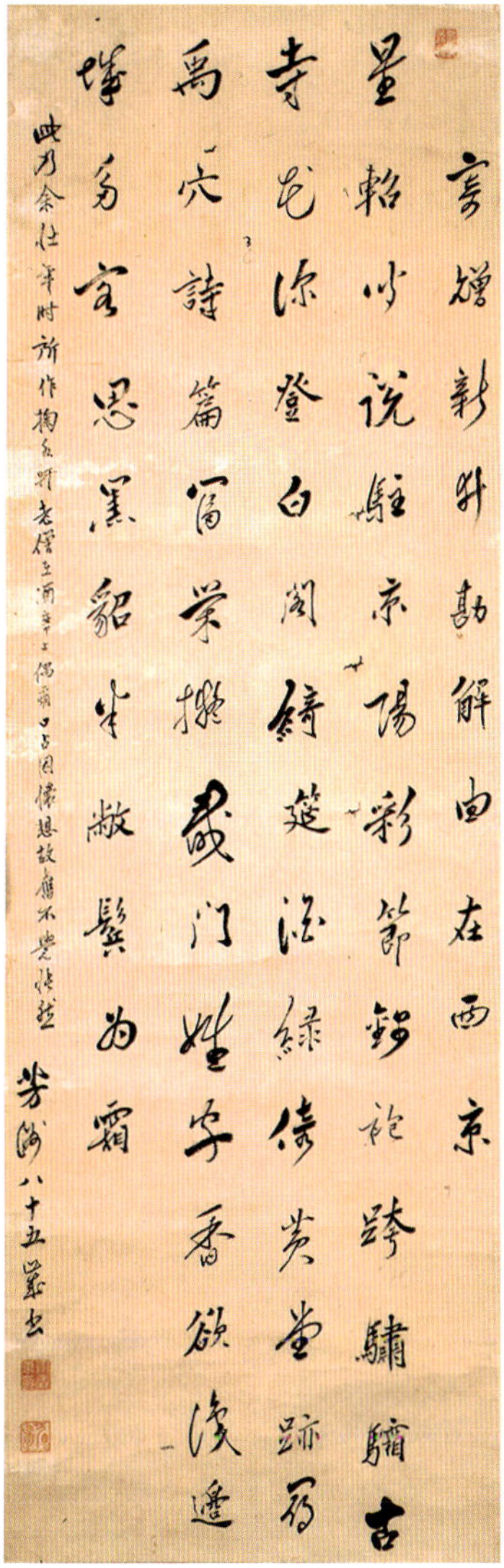

◎87　**七律「寄贈新井勘解由在西京」　雨森芳洲筆**　芳洲会蔵（管理団体長浜市、高月観音の里歴史民俗資料館保管）

宝永７年（1710）、中御門天皇の即位参列のため、新井白石が上洛した際に芳洲が贈った祝賀詩。

本作は白石の死後27年を経て、たまたまこの旧作を掬水軒《きくすいけん》（対馬府中の寺）の老僧が酒席で口ずさんだので、思わず故友を想起追懐して筆をとった旨の識語がある。

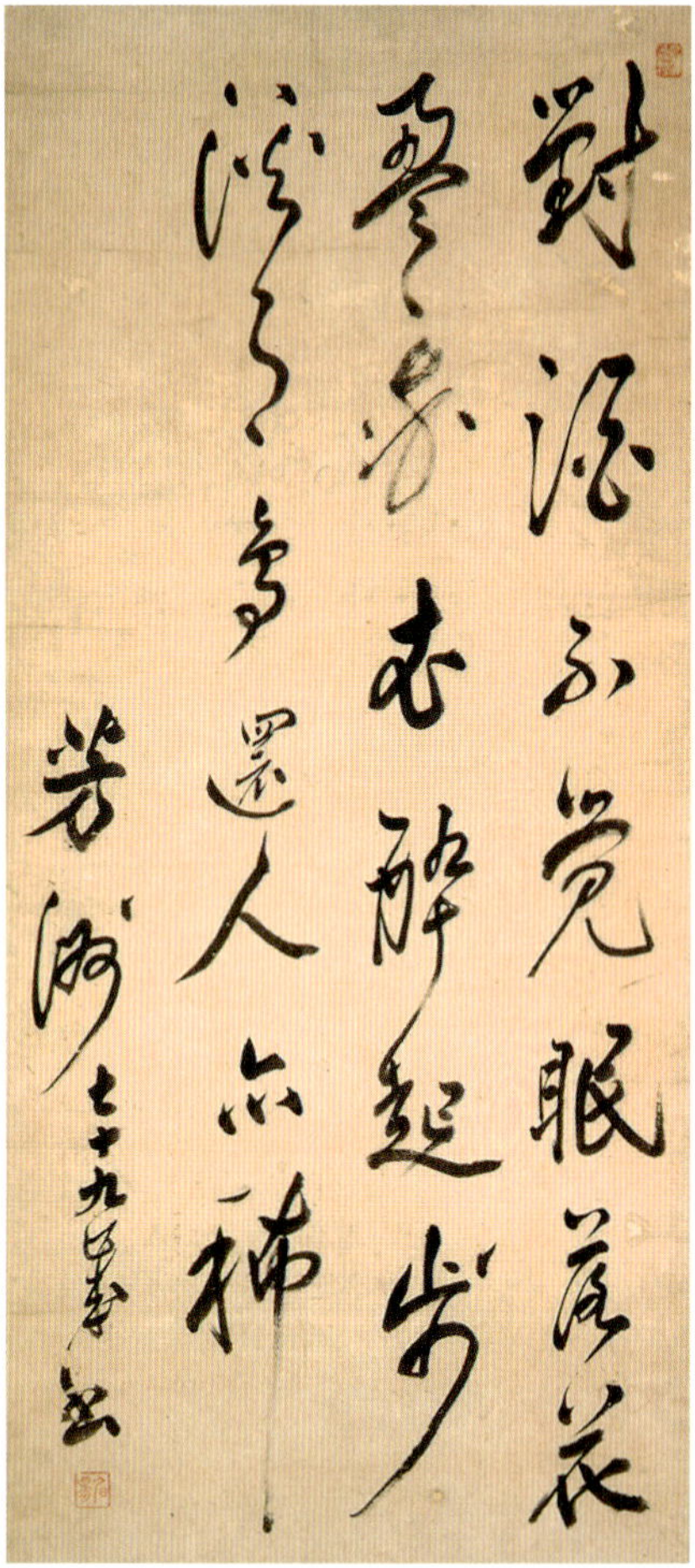

89　詩書　雨森芳洲筆　佐賀県立名護屋城博物館蔵

芳洲が79歳の時に書した、盛唐期の詩人李白の五言絶句「自遣」。

自遣とは、「みずから我が心を慰める」の意。2度の通信使真文役としての護行や数度にわたる渡朝釜山滞在を通じ、芳洲は異邦の莫逆（親友）を多く得た。彼らとの酒席での漢詩唱酬も数多く残されている。晩年の芳洲が、翌年に控えた（自分はもう携わることのない）通信使の来日をとおしてかつての知己を想い、書したものか。詩にも酒にも通じていた李白に、やはり同類の芳洲も心を寄せていたのだろう。

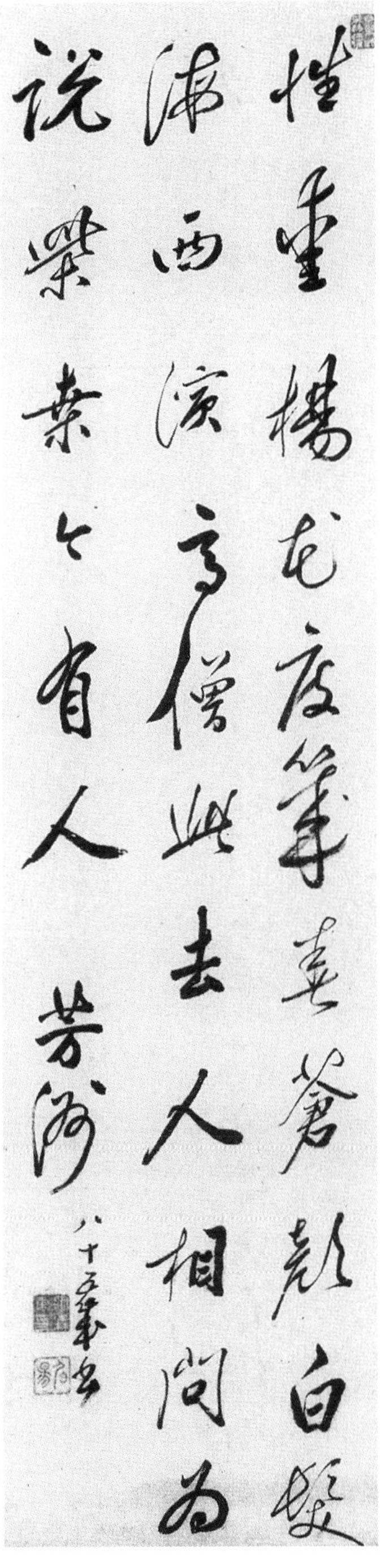

90　七絶「性愛楊花云々」　雨森芳洲筆　滋賀県立琵琶湖文化館蔵

晩年八十五歳の時に作った漢詩(七言絶句)。対馬を離れる僧侶に贈ったもの。僧侶は京都五山から派遣された以酊庵《いていあん》の輪番僧か。海西の孤島・対馬に赴任して六十年、毎春見る柳の花は変わらないのに対して、自分は年老いて大きく変わってしまった。幼い頃を過ごした京都に思いをはせ、作ったものか。

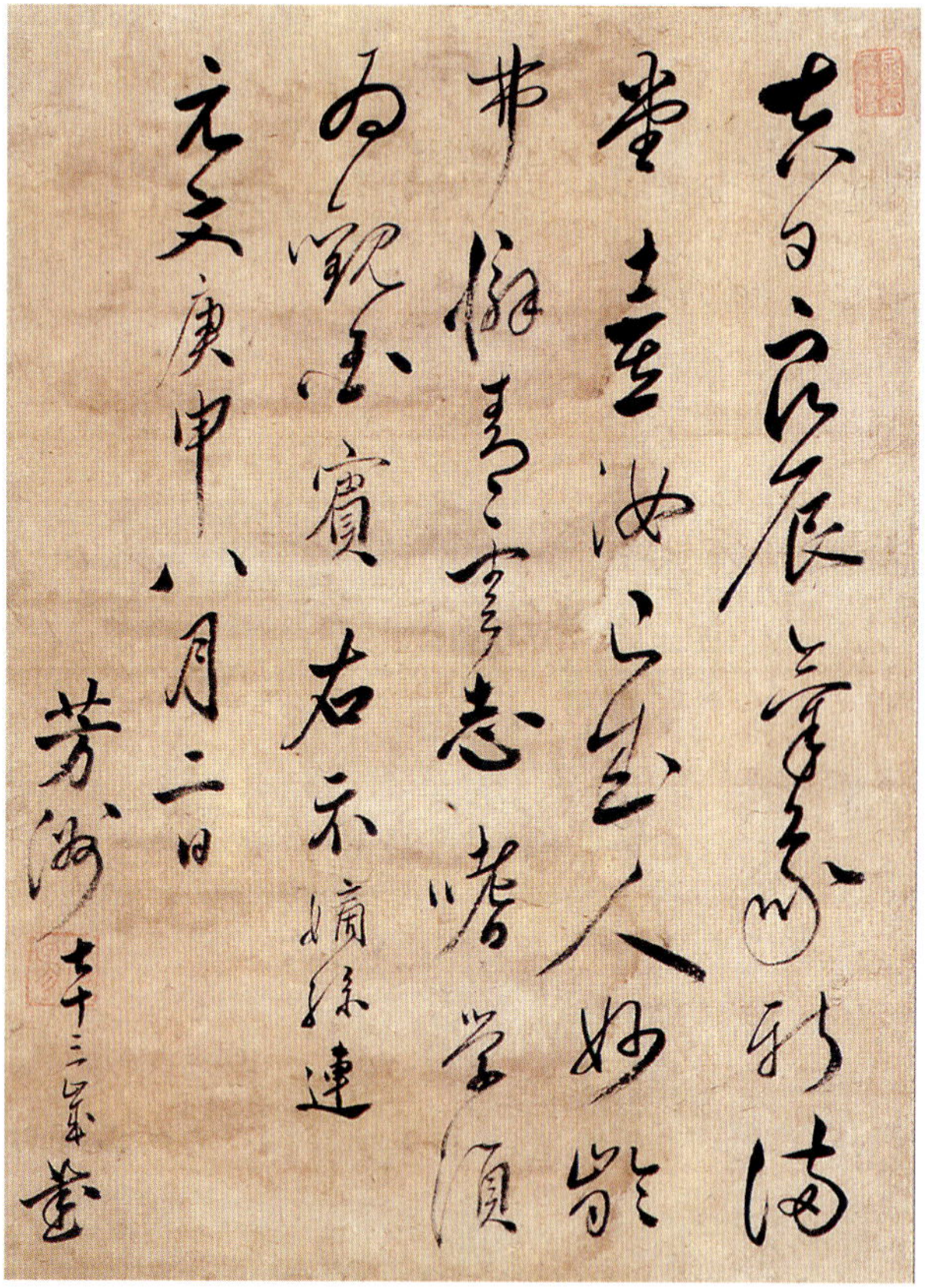

◎91　七絶示嫡孫連　雨森芳洲筆　芳洲会蔵（管理団体長浜市、高月観音の里歴史民俗資料館保管）

芳洲が嫡孫涓庵《けんあん》の元服を祝って示し与えた詩か。「観国《かんこく》の賓《ひん》」つまり外国から賓客として迎えられるような国際人になれとは、孫に対する芳洲ならではの期待を込めた願いといえよう。

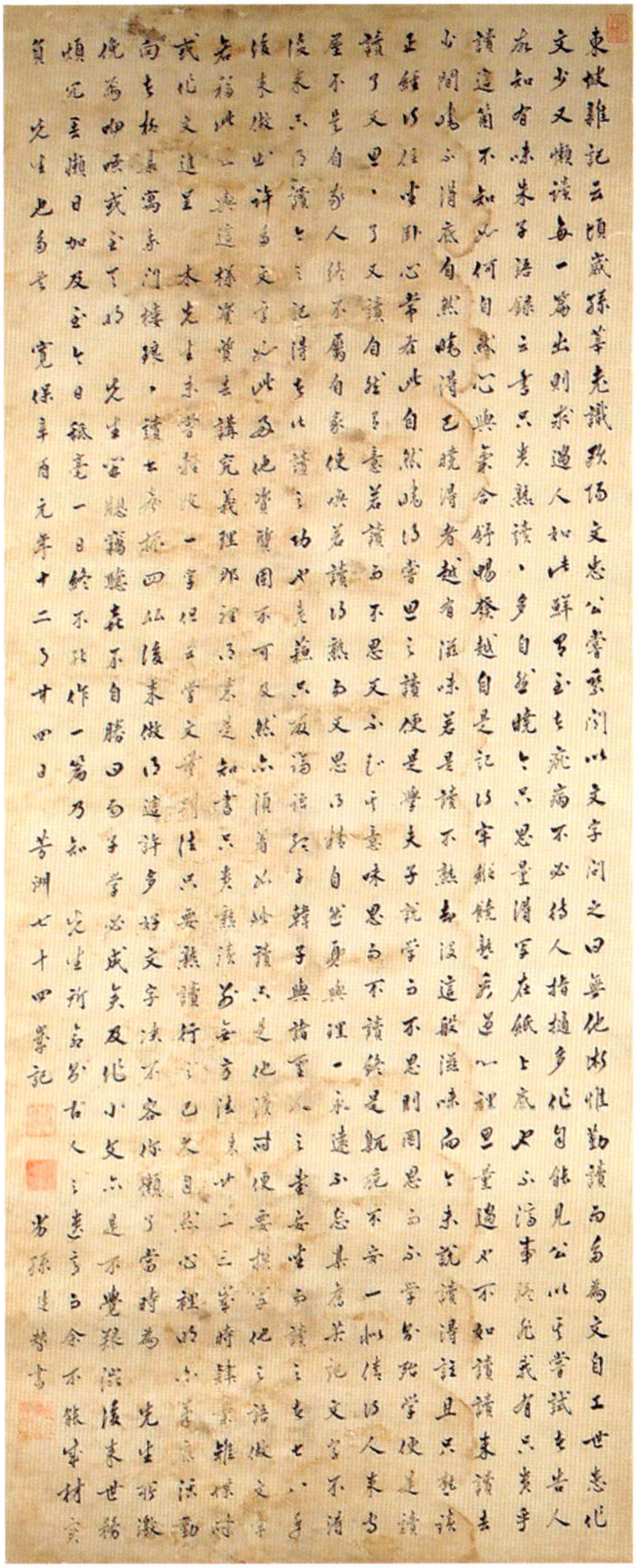

◎92　読書論　雨森芳洲著、雨森涓庵筆　芳洲会蔵（管理団体長浜市、高月観音の里歴史民俗資料館保管）

時に涓庵《けんあん》は十五歳。芳洲が嫡孫の「志学」の齢にあたり、かつて作った「読書論」を書かせたものか。なお読書論は、『芳洲先生文抄』では「紀言二首」の一つとされ、享保十八年（一七三三）芳洲が六十六歳の時、尚絅斎《しょうけいさい》中において作ったものである。

93　老子図　雨森芳洲賛　個人蔵

朝鮮の絵師が描いた老子図に、芳洲が賛を付したもの。芳洲が亡くなる前年、宝暦四年（一七五四）八十七歳の時のもので、芳洲に替わり孫の涓庵《けんあん》が書している。芳洲の引首印や雅印とともに、涓庵の印も捺されている。通信使は、この年に来日していないことから、贈られた後年に賛じたものであろう。芳洲の最晩年の活動を知ることができる貴重な資料といえる。

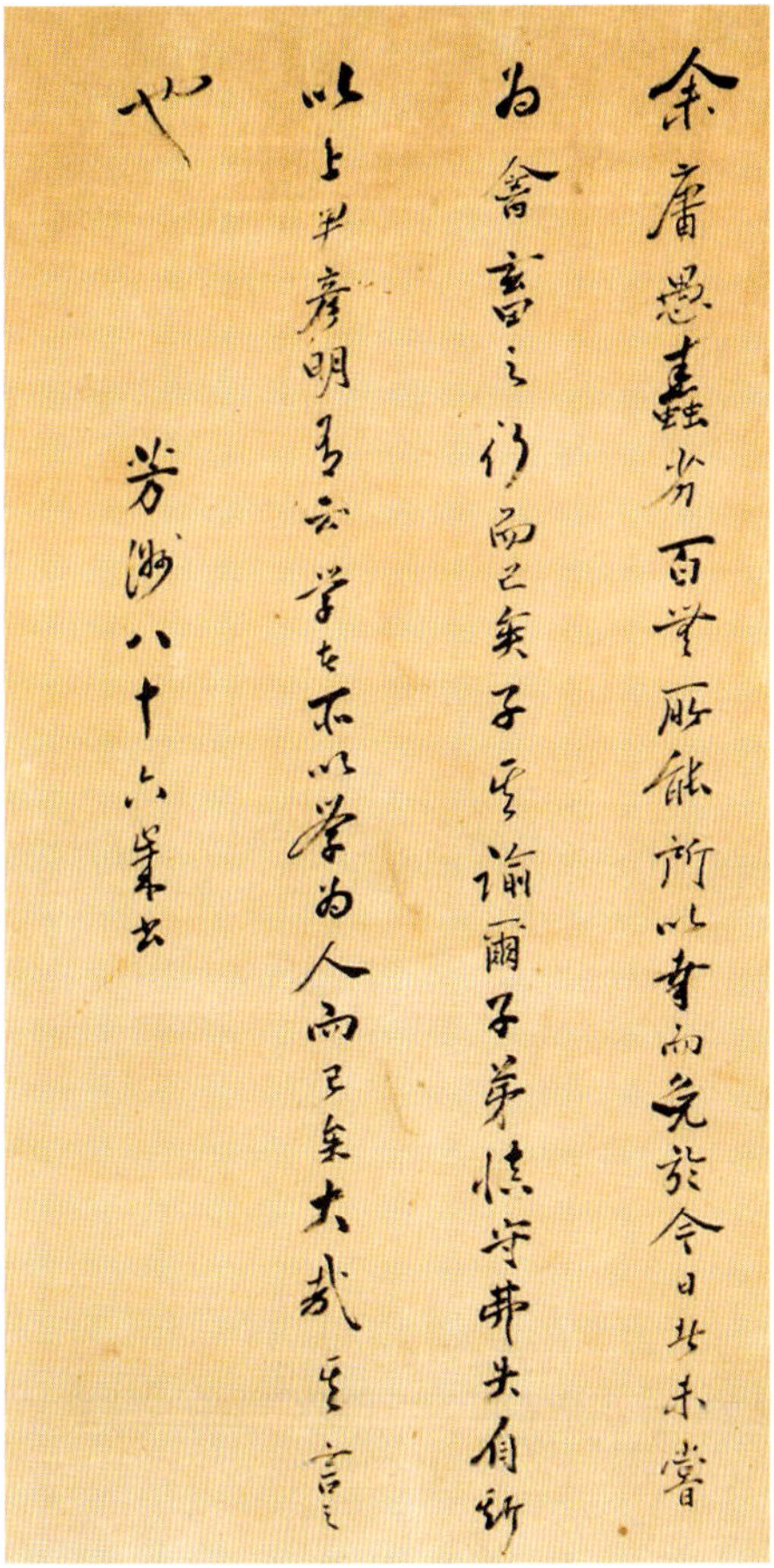

◎95　**論子弟語　雨森芳洲筆**
芳洲会蔵（管理団体長浜市、高月観音の里歴史民俗資料館保管）

子孫ないし門下への訓言。

中国、宋の尹彦明《インヤンミン》（程伊川《チェンイーチュアン》門人）の「学は人たるを学ぶゆえんのみ」、つまり「学問というものは、立身出世や金儲けのためではなく、本当の人間となることを学ぶものである」という言葉を引用し、教え諭している。あるいは嫡孫涓庵《けんあん》に書し与えたものか。

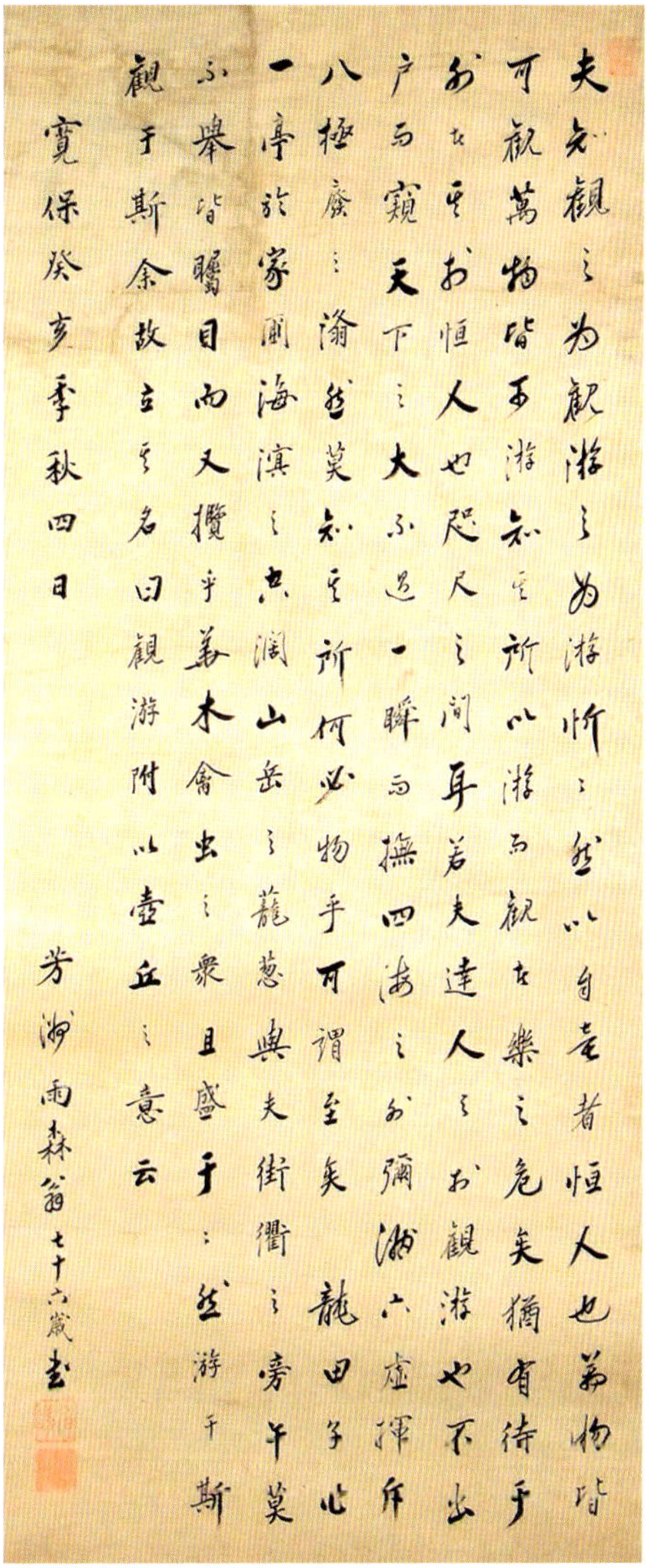

◎94　**観游亭記　雨森芳洲筆**
芳洲会蔵（管理団体長浜市、高月観音の里歴史民俗資料館保管）

芳洲の歌友龍田六左衛門（対馬藩士）が眺望絶佳の場所に亭舎を構え、芳洲はこれを「観游亭《かんゆうてい》」と命名し、本文を寄せた。「観游」とは、達人は居ながらにして天下宇宙を見通すという意味である。

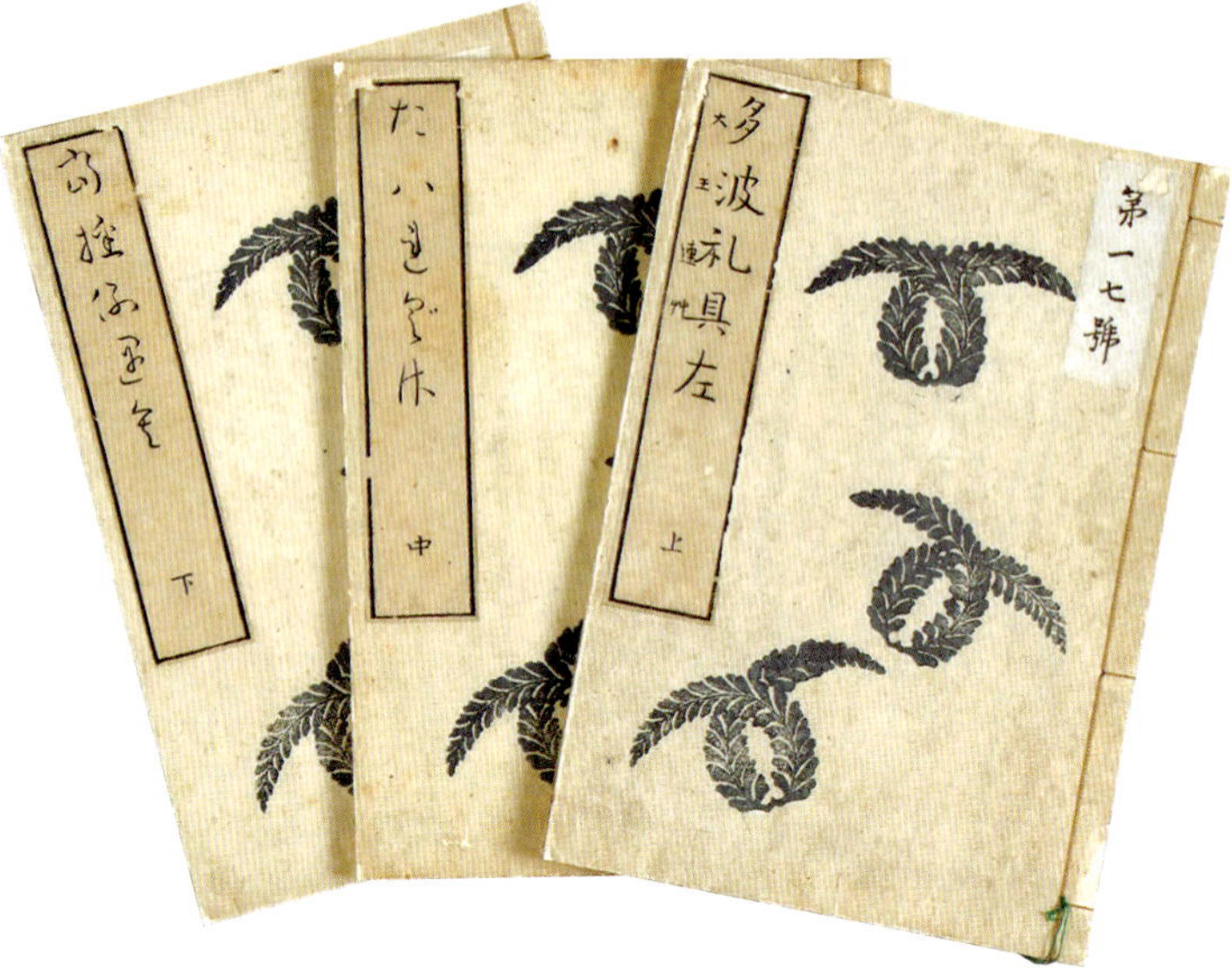

△96　たはれぐさ　芳洲会蔵（管理団体長浜市、高月観音の里歴史民俗資料館保管）

芳洲による代表的な和文随筆。上中下３巻に分編される。跋文は同じ木下順庵門下の室鳩巣《むろきゅうそう》（1658～1734）による。また古義堂文庫（天理大学図書館）には、芳洲が古義堂伊藤東涯《いとうとうがい》（1670～1736）に宛てた本書の校訂・批評を乞う書状が２通伝わっている。

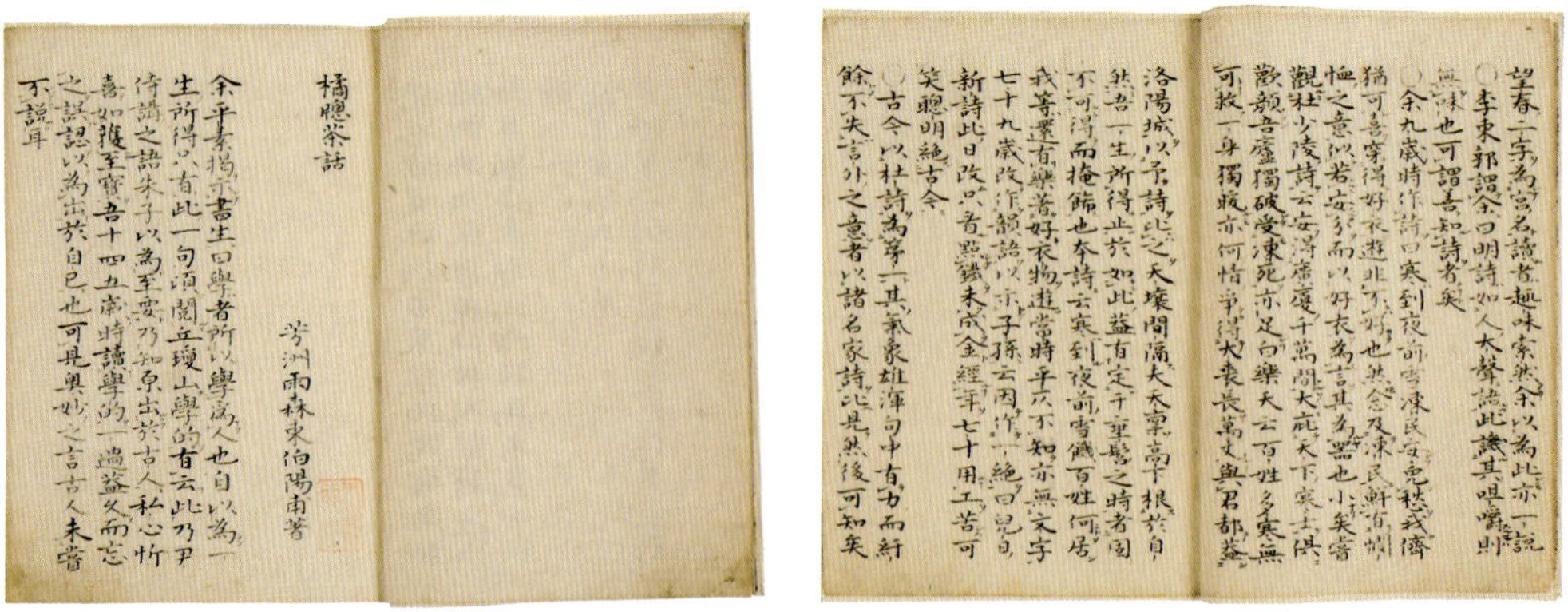

◎97　**橘窓茶話　雨森芳洲著、松浦桂川筆**　芳洲会蔵（管理団体長浜市、高月観音の里歴史民俗資料館保管）

芳洲の代表的漢文随筆。孫の桂川《けいせん》（次男松浦龍岡《りゅうこう》の子）が後年書写したもの。

序文末には芳洲の出自について「祖籍、近江浅井家の豪族、かつて雨森を以て采邑《さいゆう》と為す、因みて氏とすと云う」とあり、芳洲の先祖が北近江雨森村出身であることを裏付けている。

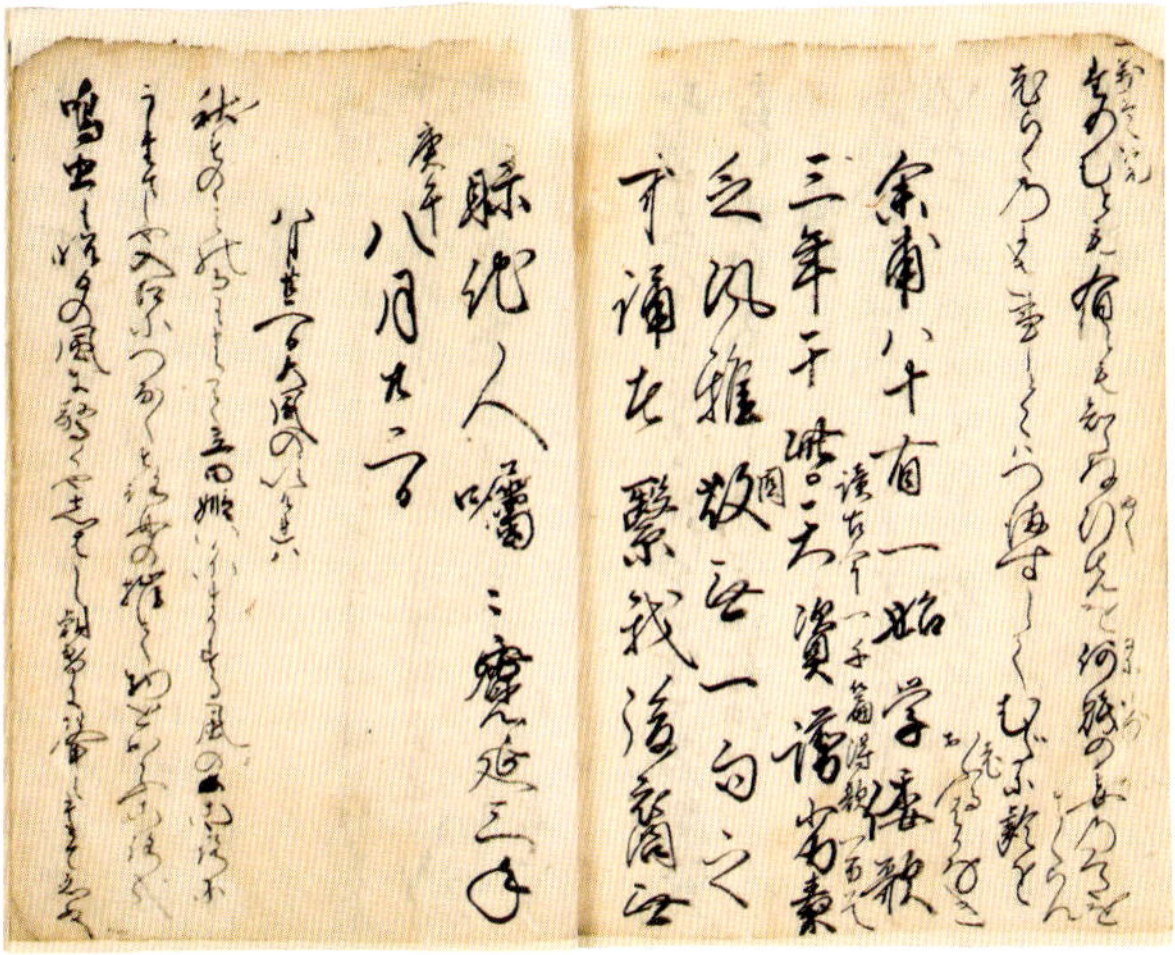

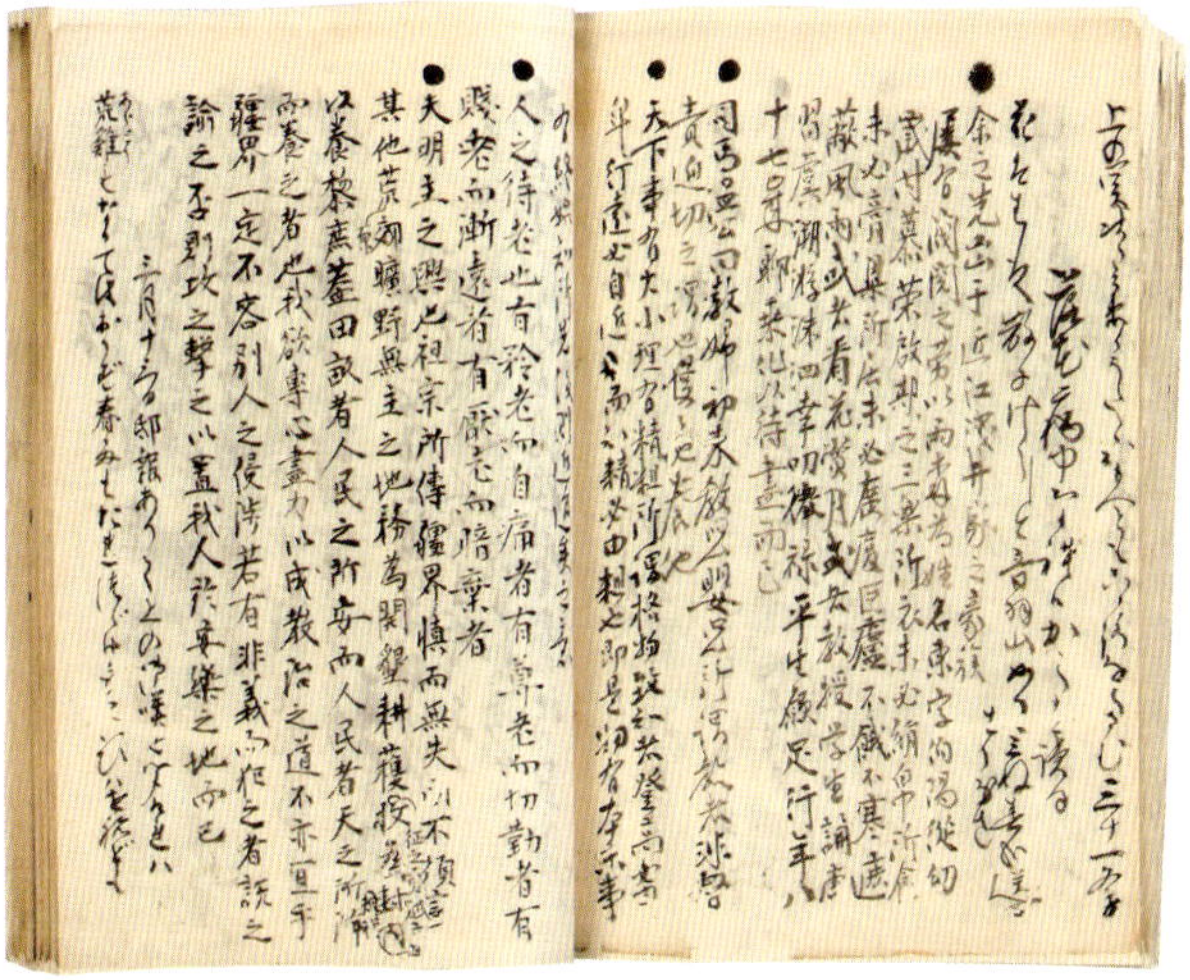

◎ 98　芳洲詠草　雨森芳洲著・筆　芳洲会蔵（管理団体長浜市、高月観音の里歴史民俗資料館保管）

芳洲は晩年81歳の頃より和歌を学びはじめ、『古今和歌集』の千遍読みと和歌1万首の詠草を志した。

千遍読みは、寛延元年（1748）12月晦日より始め、読むペースは次第に速くなり、翌年8月28日に達成した。その成就に際し、次のように感想が歌われている。

古うたをつとめて読みし老の身の 今日は重荷をとく心地すれ

老らくの言葉の花をもとむるは 敷島ならぬはつかしの森（第10巻）

また1万首の詠草は、寛延元年8月23日に開始し、同3年8月22日にはすでに1万首に達し、さらにその後も精力的に詠み続けた。芳洲は、漢詩と和歌は表現こそ違え、その実同等と考えていたようで、第12巻に「詩は漢語の精華なるものなり、歌は和語の精華なるものなり」とも記している。

また、第7巻にはみずからの出自等について、「余の先、近江浅井家の豪族から出で、しばしば閥閲の労ありて、雨森を以て姓と為す」と記し、一族が雨森村出身であることを表明し、また自ら足れりとした晩年の心境を述べている。

コラム

近江と朝鮮通信使の通った道

草津宿街道交流館　館長　八杉　淳

江戸時代の朝鮮通信使は、江戸幕府徳川家康と朝鮮国李王家との間で、「信を通ずる」ことを目的とした外交使節であり、慶長十二年（一六〇七）から文化八年（一八一一）まで十二回来日した。その行程は漢城から釜山、対馬を経て赤間関（下関）へ。瀬戸内海を海路で港に立ち寄りながら大坂に至り、御座船によって京都へ入る。京都からは陸路江戸へと向かった。

京都を出た通信使の一行は、逢坂山を越えて近江に入る。そこに開けるのは琵琶湖の景。さらに一行は大津宿から瀬田川を渡り、草津宿へ。草津宿からは東海道と分かれて中山道に入り、野洲郡の小篠原村では中山道から分かれて八幡、彦根へと北上する道筋をとる。彦根城下を抜け鳥居本宿でふたたび中山道へ戻り、さらに進んで美濃路から東海道を東へ向かった。小篠原で分かれ鳥居本までの道筋を、近江では朝鮮人街道、中山道を上街道と称したのに対して下街道、琵琶湖岸に近いところを通るので浜街道、京へと続く京街道などと呼ばれていた。

この朝鮮人街道を通信使の一行が通ったのは、十二回のうち十回であるが、来聘に際しては幕府でも丁重な接遇をし、東海道や中山道と同じように文化三年（一八〇六）には「朝鮮人道見取絵図」を作成し、幕府が直接管理にあたるなど、重要な通行路として位置づけていたことがうかがえる。

ここで注目されるのは、通信使一行の漢城から江戸に至る長い道のりのなかで、近江の行程が東海道や中山道を通らずに、朝鮮人街道の道筋を通ったことである。この道筋は、朝鮮通信使のために造られたものではなく、織田信長なども上洛に際して利用しており、また関ヶ原合戦に勝利した徳川家康も八幡を経て上京する際に通行した。

このように、家康が上洛に際してこの道筋を通った吉例の道であること、中山道の宿駅では数百人という大規模な通行を収容できる施設が備わっていなかったことから八幡や彦根を通ったことなどが、その理由と考えられている。さらには中山道が内陸部を通っているのに対して、朝

朝鮮人街道道標（近江八幡市）

宗安寺黒門（彦根市）

鮮人街道のルートが琵琶湖寄りを通っていることから、朝鮮半島には大きな湖がなく、日本最大の湖・琵琶湖の風光明媚な景色を望めることなども理由の一つではないかと考えられている。

　街道はいつの時代にあっても、文化や情報の通り道である。朝鮮通信使が通っていった行程でも、沿道各地の町や村に多くの文化的刺激をもたらし、多くの人々と情報交流が行われたことはいうまでもない。近江では、東海道や中山道とともに朝鮮人街道においても担っていたことは、八幡別院や彦根の宗安寺などゆかりの地や、沿道の村や町に残されている資料が物語っている。

近江と朝鮮通信使

（部分拡大）

99　琵琶湖之図　円山応震筆　滋賀県立琵琶湖文化館蔵

琵琶湖畔をゆく朝鮮通信使の行列が描かれた、唯一の絵画資料。画面中央に大きく琵琶湖を描き、それをとりまく景観をパノラマ状に描く。右下には、さざなみ打ち寄せる琵琶湖畔の港（石場小舟入＝大津市）と東海道の家並み、さらに街道を南へ向けて進む朝鮮通信使の行列が描かれる。行列の先頭には槍や矛、戟などが見え、続いて「清道」「令」旗を持つ者、騎馬の童子（陪童子）、冠をいただき騎馬で進む高位の人物、笠子帽を被り徒歩で進む者など、通信使一行の姿が描かれている。

雄大な琵琶湖の風景を大胆な構図で表現しながら、朝鮮通信使の道行きを強く意識して描かれた絵画であり、通信使の琵琶湖来訪を回顧、また顕彰する目的で描かれた作品と考えられる。

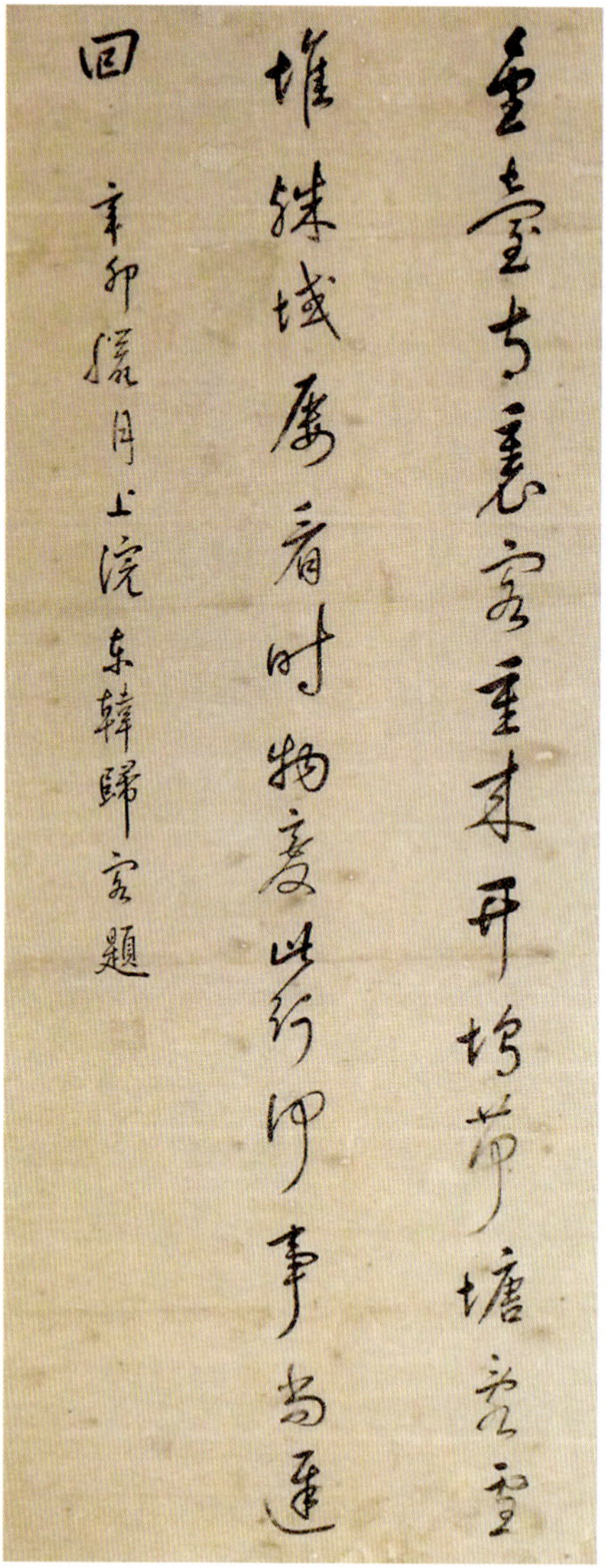

△100　**李邦彦詩書**　本願寺八幡別院蔵

第８次通信使の従事官李邦彦《イバンウォン》（南岡《ナムガン》）が江戸からの帰路、八幡町（現・近江八幡市）での昼食休憩所本願寺八幡別院で賦した七言絶句。一行は琵琶湖の東岸、野洲～彦根間のみ中山道をはなれ、通称「朝鮮人街道」を通行した。この道は関ヶ原合戦に勝利した家康が上洛した特別縁起のいい道で、徳川将軍以外、諸大名等には通行が許されなかった。このことからも、いかに国を挙げて通信使を歓迎していたかがわかる。

コラム

教育者　雨森芳洲

高月観音の里歴史民俗資料館　学芸員　佐々木悦也

長浜市高月町雨森集落の水車

雨森芳洲庵の展示室

「学は、人たることを学ぶゆえんなり」。芳洲が好んで使った言葉である。晩年に書した「諭子弟語《していをさとすことば》」や随筆『橘《きっ》窓茶話《そうさわ》』の冒頭にも記されている。

「学問」の意義は、立身出世・名誉や金儲け、あるいは単に意識を深めるためにあるのではなく、「人たること」、つまり「真に人間らしく生きること」を学ぶことにあるという意味である。

芳洲に遅れること一〇〇年、明治維新の立役者であり「人づくりの名人」と称された長州松下村塾の吉田松陰も「学は、人たる所以を学ぶなり」と常々門弟たちに語っていた。松陰は芳洲の思想を受け継いだ人物であり、『丁《てい》巳幽室文稿《しゆうしつぶんこう》』の中で「雨森芳《あめのもりほう》洲《しゅう》先生の国王称号論跋」なども著している。

また芳洲は生涯学習の先駆者でもある。晩年になっても向学心は衰えず、八十歳を過ぎてから和歌を志した。

知人に宛てた手紙の中で芳洲は、「これまで漢学一筋の一生を過ごしてきた。和歌はまったく知識がない。「かな、けり、らん」の使い方や、「まくらことば」などもまったく知らない。そこで『古今和歌集』を一千遍読んで用法などを学び、その後に一万首作るという課題を自分に課した。八十歳を過ぎて、寿命のことを棚に上げた、アホな話と人は笑うかもしれないが、自分は充分幸せだった。もうこれ以上何も望むところもなく、和歌を作りながら死を待つことも、また風流なことではないか。」と書きつづっている。結局、古今和歌集の千遍読みは八ケ月ほどで完遂し、作った和歌は現在確認できるだけでも二万首におよぶ。

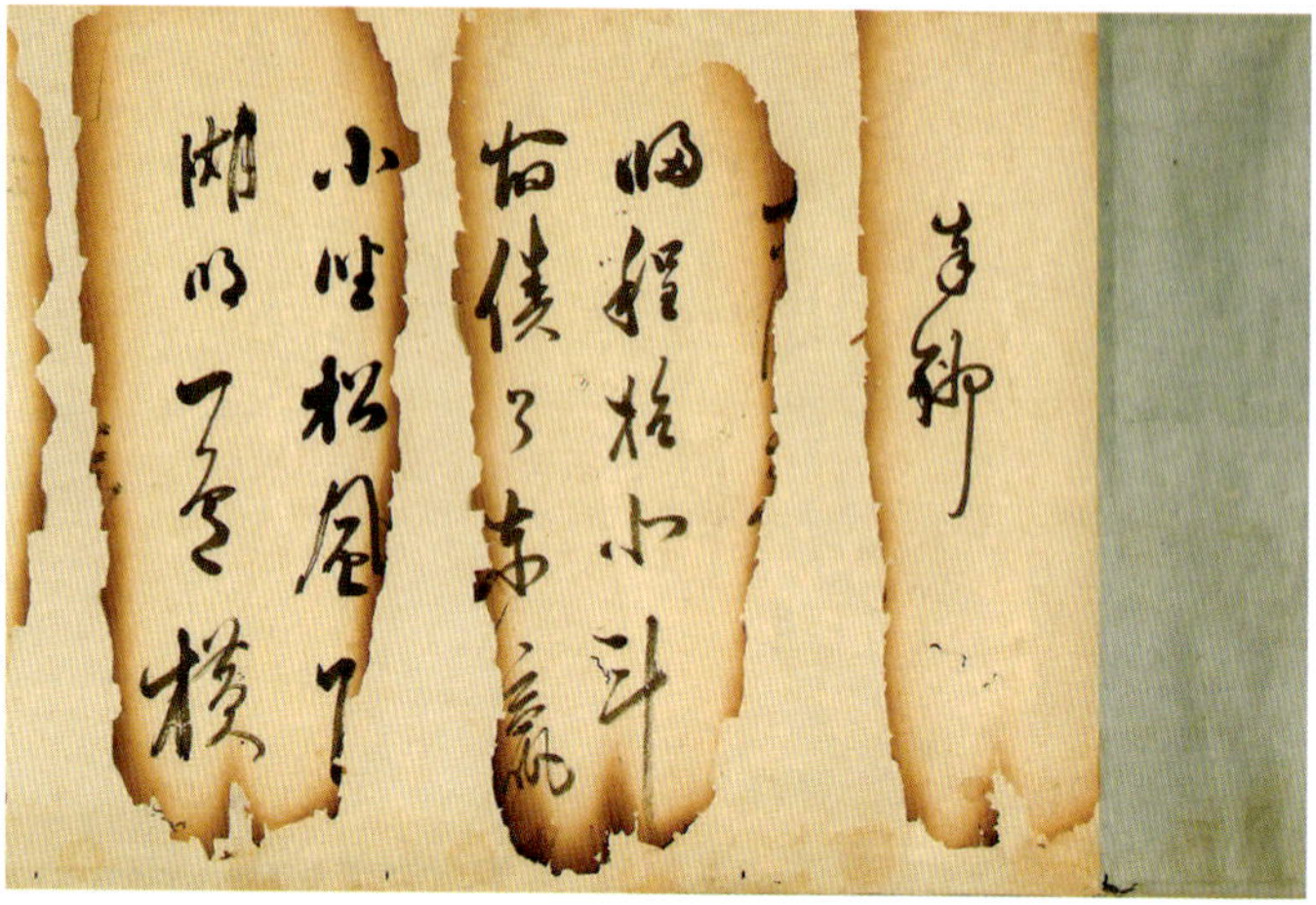

1

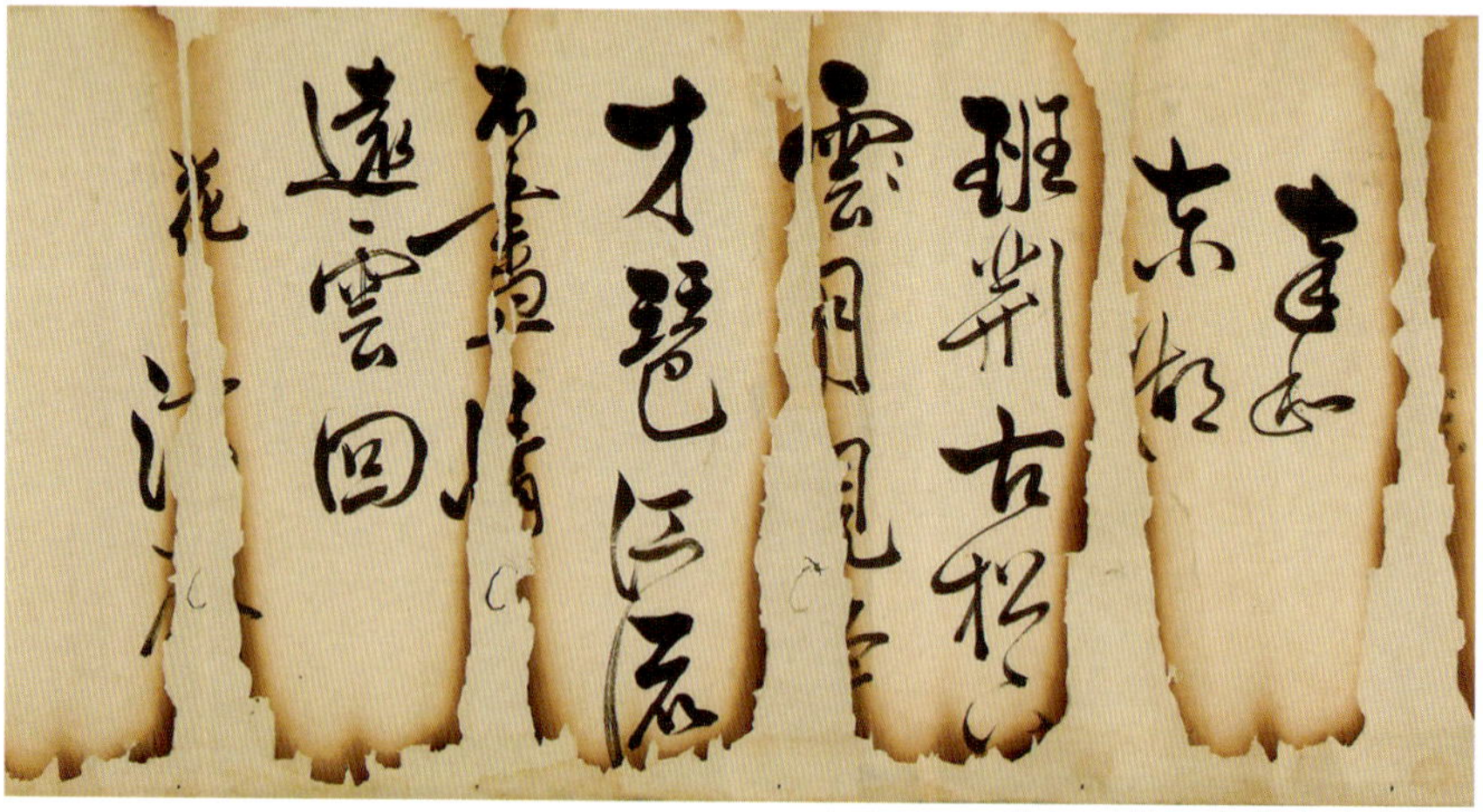

2

ここで唱和した詩文は、浪華の医師百田金峯著「102 桑韓鏘鏗録《そうかんそうこうろく》」に収められているが、その唱酬詩原本は長く所在不明であったが、近年発見された。井口の松井邸は、原泉存命中に火災に遭ったといい、「103 松井孝子賛（朴矩軒《パククホン》筆・伊藤蘭嵎跋《らんぐうばつ》）」と同様、巻いたままの状態で焼損した痕がある。

この資料の発見は、江戸時代における日本と朝鮮との文化交流や朝鮮通信使研究のさらなる発展に大きな意味を持ち、また近世における長浜市に関わる国際的な文化交流を知ることができる貴重な資料といえよう。

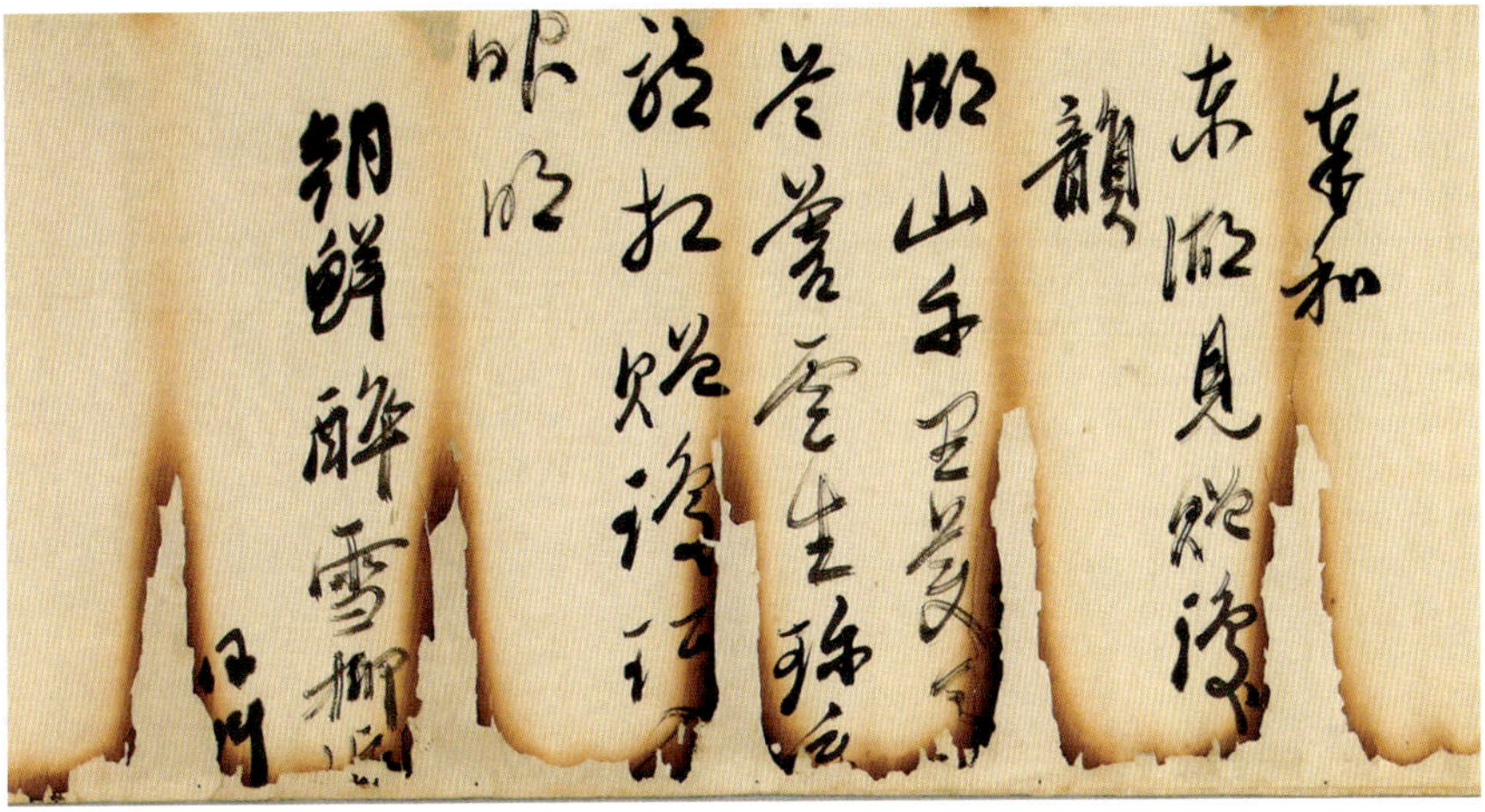

3

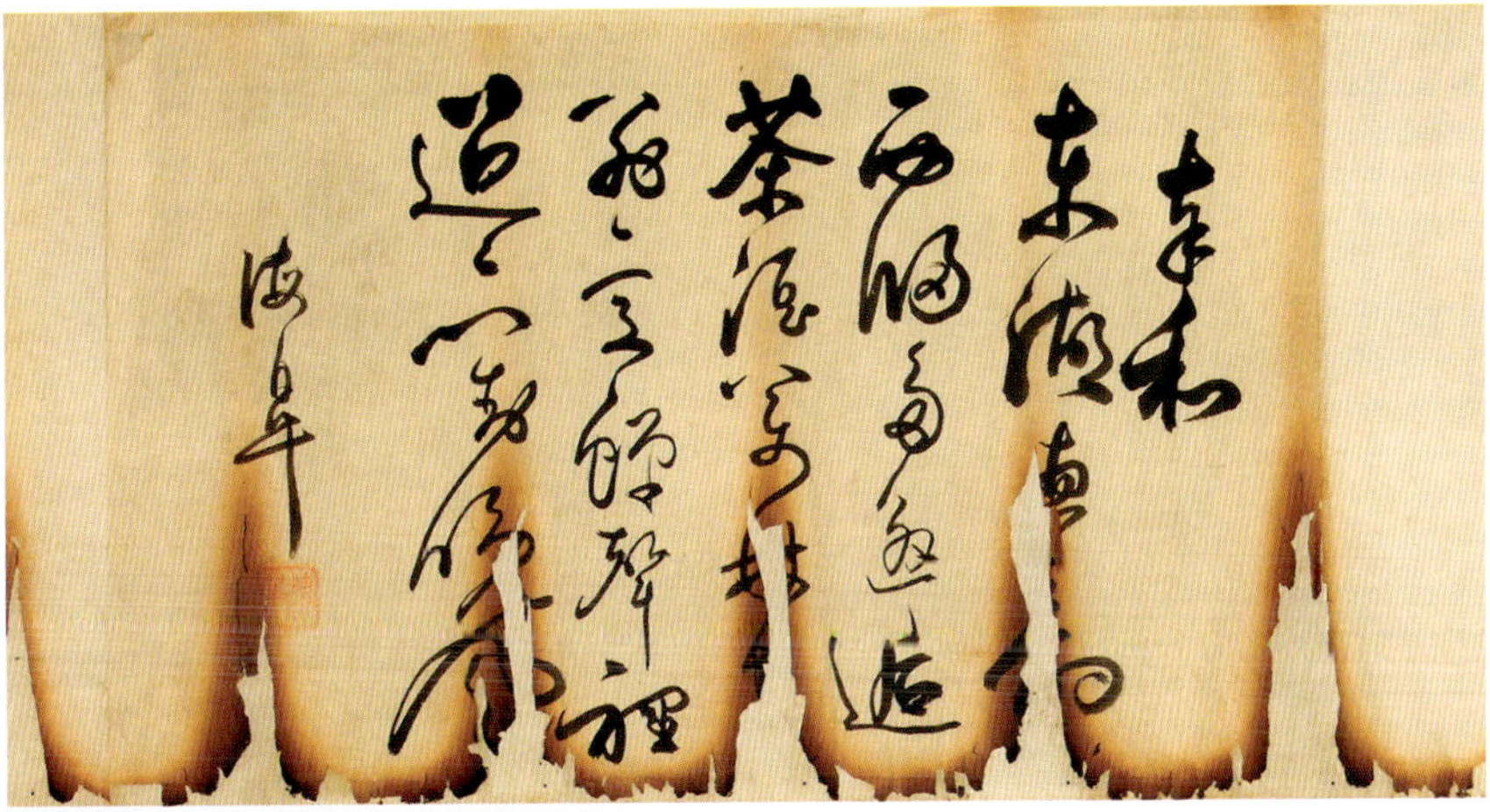

4

101　朝鮮通信使詩巻　朴矩軒他筆　高月観音の里歴史民俗資料館蔵

伊香郡井口村（現・長浜市高月町）出身の松井原泉《まついげんせん》（1698 ～ 1762）は、京都古義堂伊藤東涯《いとうとうがい》に学んだ儒学者である。17 歳の時、膳所藩に仕官し、寛延元年（＝延享５年・1748）、第 10 次通信使来日の際には藩命により、膳所城下にて通信使接伴の任につき、製述官朴敬行《バクキョンヘン》（矩軒《クホン》）、正使書記李鳳煥《イボンファン》（済庵《チェアム》）、副使書記柳《ユ》逅《フ》（醉雪《チュイソル》）、従事官書記李命啓《イミョンゲ》（海皐《ヘゴ》）ら文人４名と詩文の唱和をおこなったと伝える。

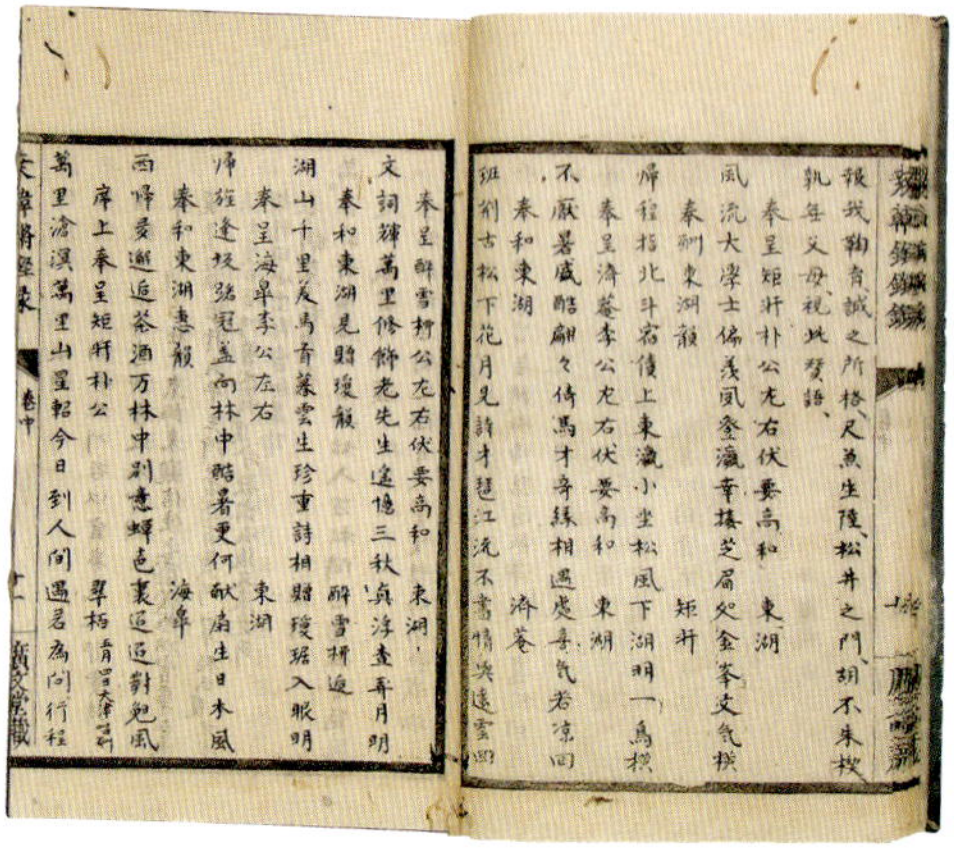

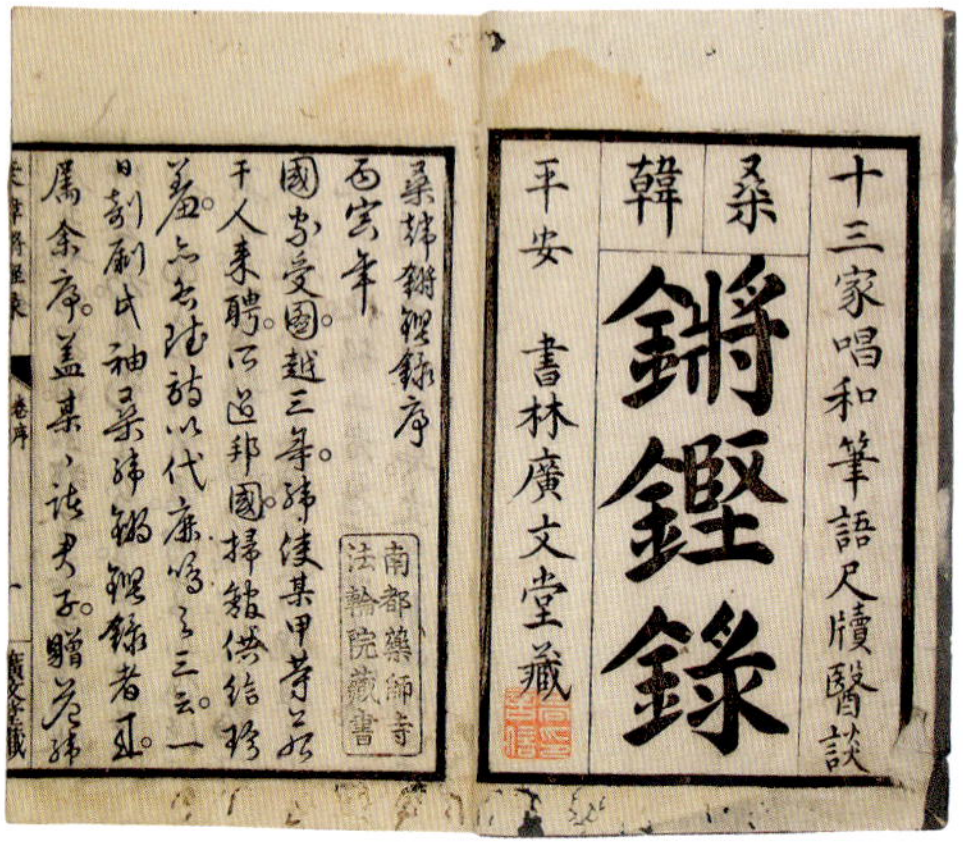

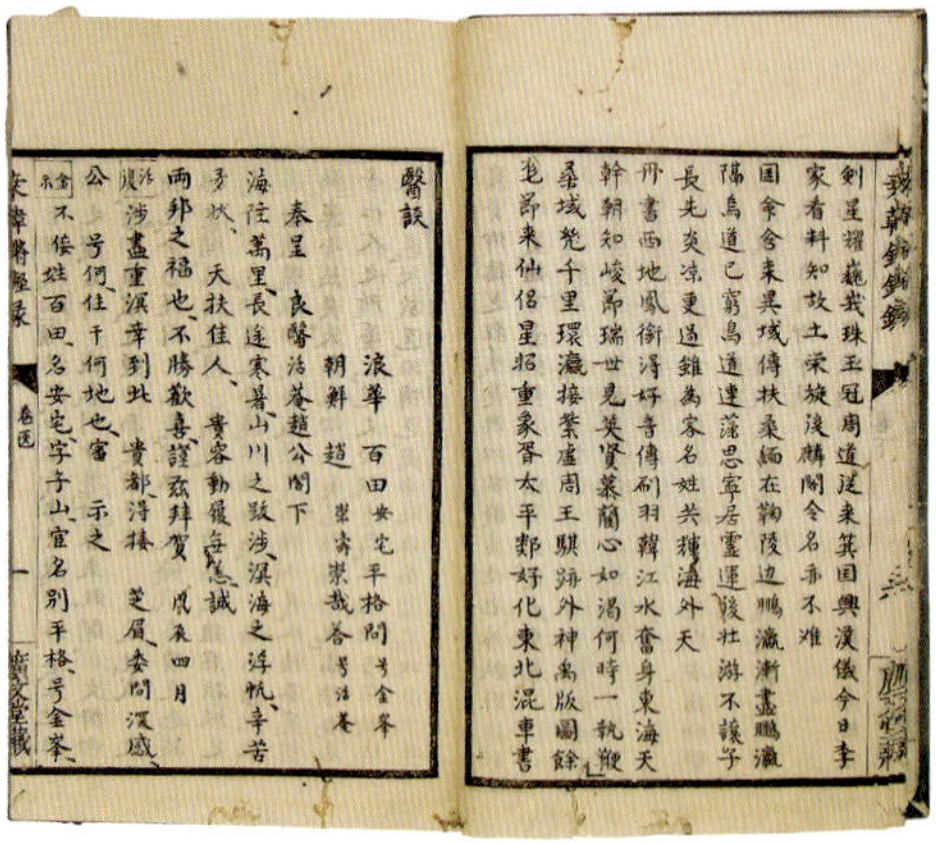

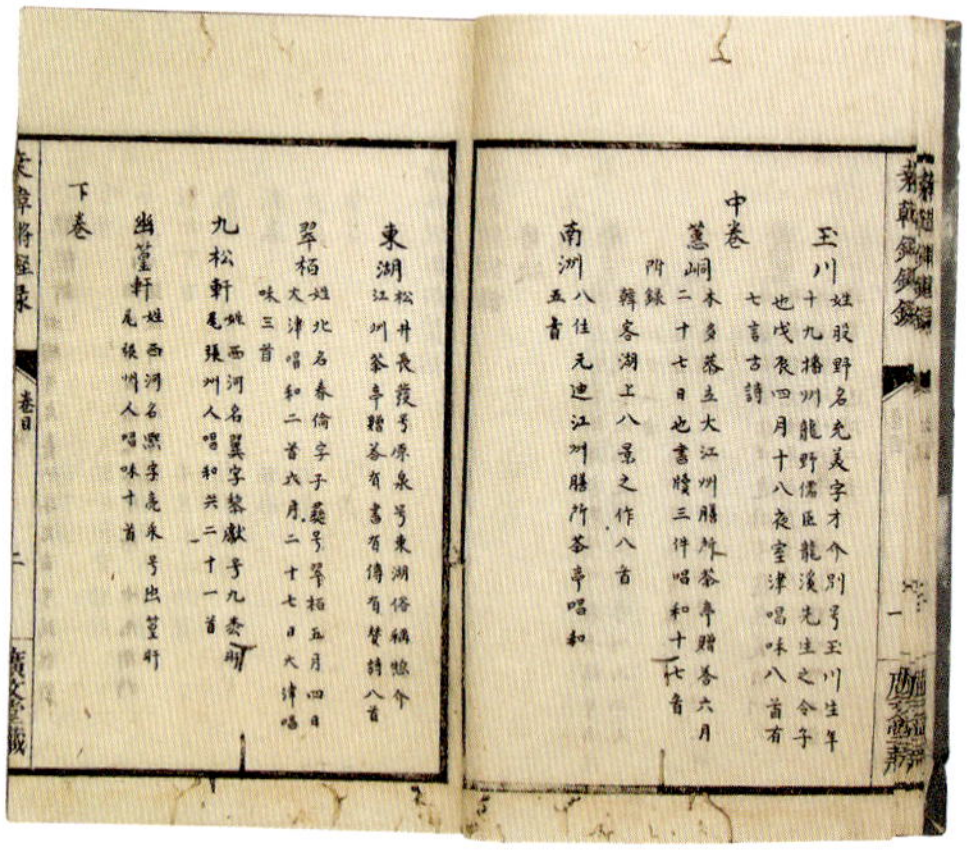

102　桑韓鏘鏗録　薬師寺蔵

内題には「十三家唱和筆語尺牘《せきとく》医談」とあり、寛延元年（＝延享５年・1748）に来日した第10次通信使の一行と日本の文人らとの唱和筆談記録。上巻から下巻６丁までは、高月町井口の儒者松井原泉《まついげんせん》をはじめとする日本人12名と朝鮮の文士による唱酬詩などが収められ、下巻７丁以降は、大坂の医師百田金峯と通信使の良医趙崇寿《チョスンス》（活庵《ファルアム》）による医事問答が記録されている。

「桑韓《そうかん》」とは、扶桑の国「日本」と韓の国「朝鮮」をさし、「鏘鏗《そうこう》」とは金や玉石がふれあって美しく鳴り響く音のたとえ。

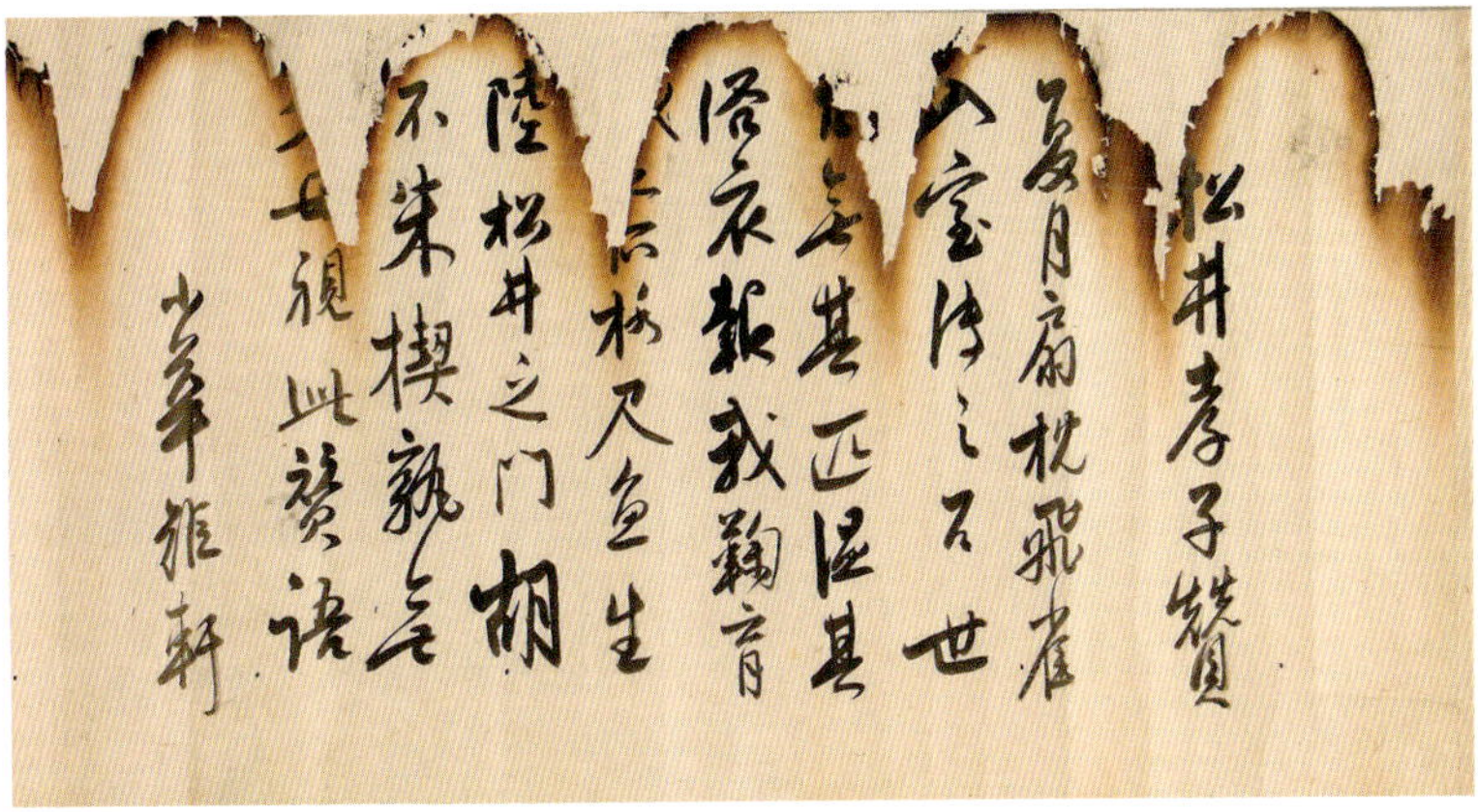

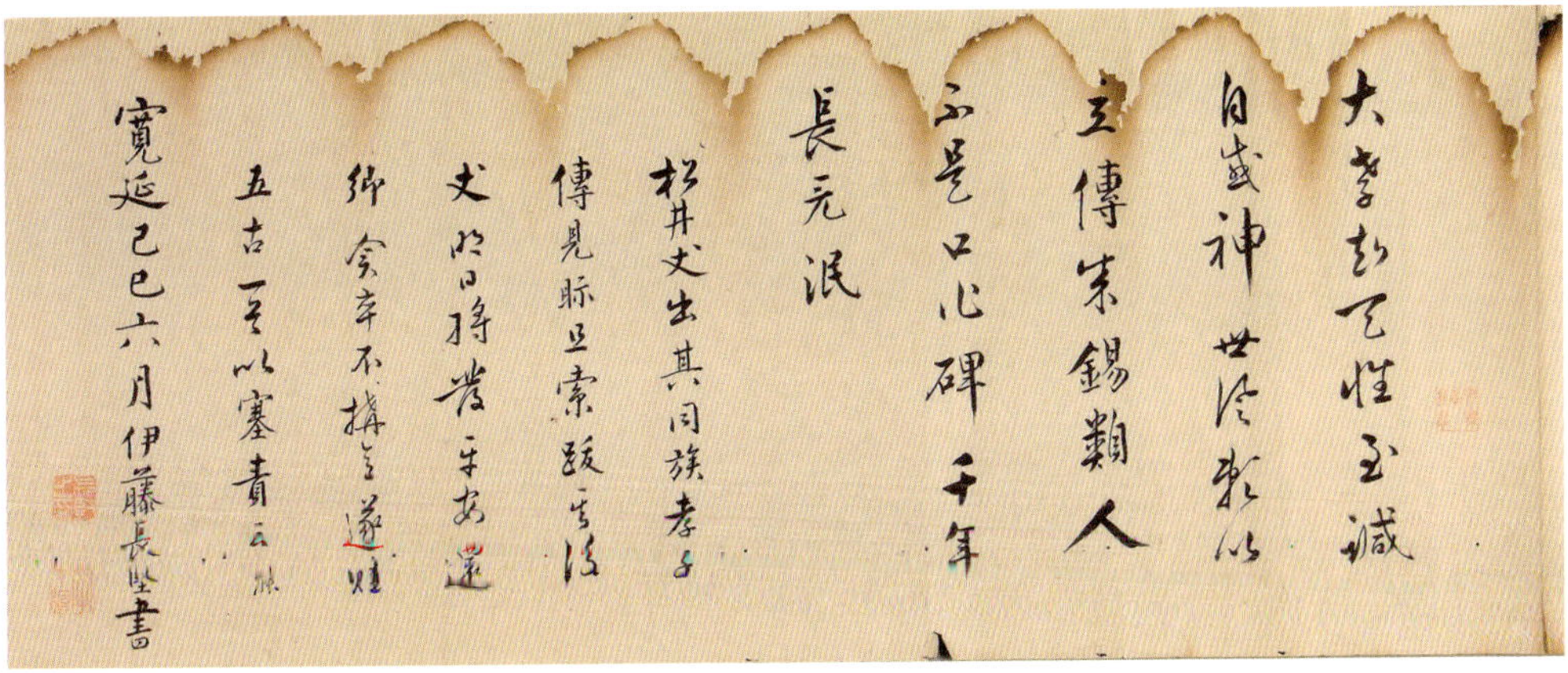

103　松井孝子賛　朴矩軒筆・伊藤蘭嵎跋　個人蔵

江戸時代のはじめ、原泉《げんせん》の親戚に松井宗右衛門というとても親孝行な人物がいた。その孝心を称えて原泉は、享保19年（1734）宗右衛門の伝記『松井孝子《こうし》伝』をまとめた。

寛延元年（1748）、膳所城下における通信使接伴の際、製述官朴敬行《パクキョンヘン》（矩軒《クホン》）はこれに「松井孝子賛」を与え、翌年伊藤蘭嵎《らんぐう》は原泉の求めに応じて「跋文《ばつぶん》」を寄せた。

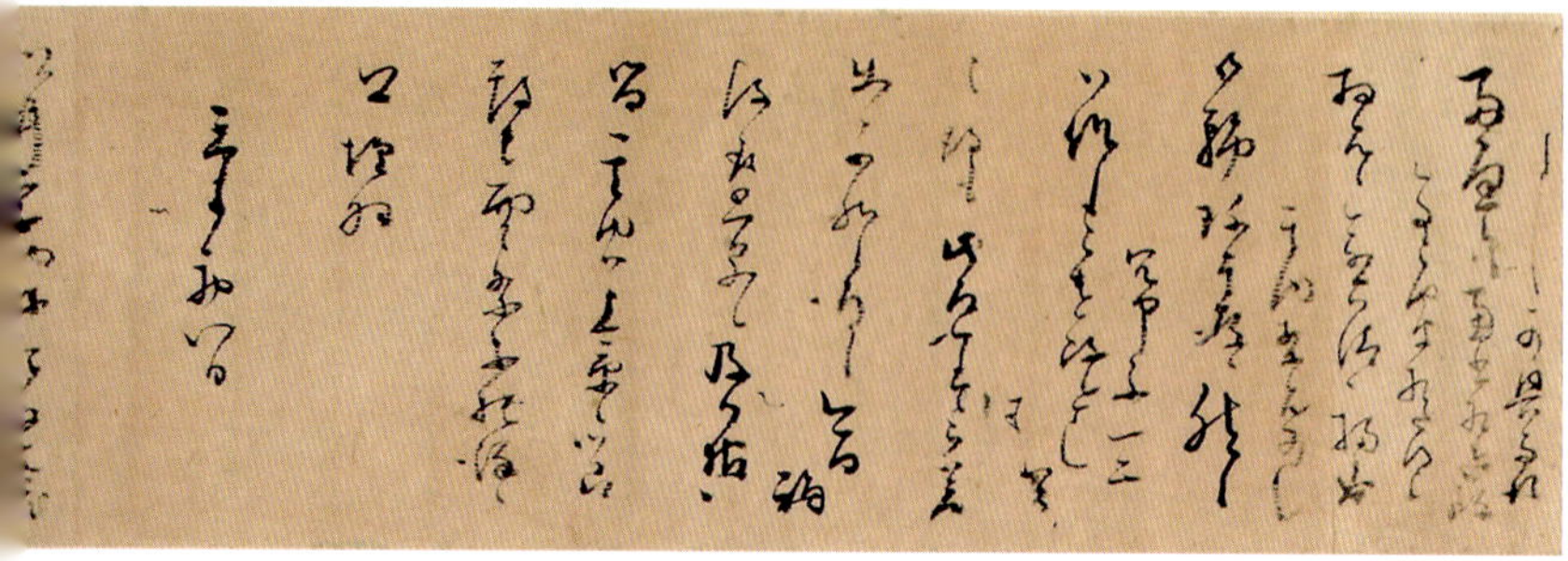

また寛延元年（1748）の第10次朝鮮通信使来日に際しては、藩命により膳所城下にて通信使の接伴の任にあたり、朝鮮文士と交流を深めた。この書状２通は年不詳ながら、東涯が原泉に宛てたものである。

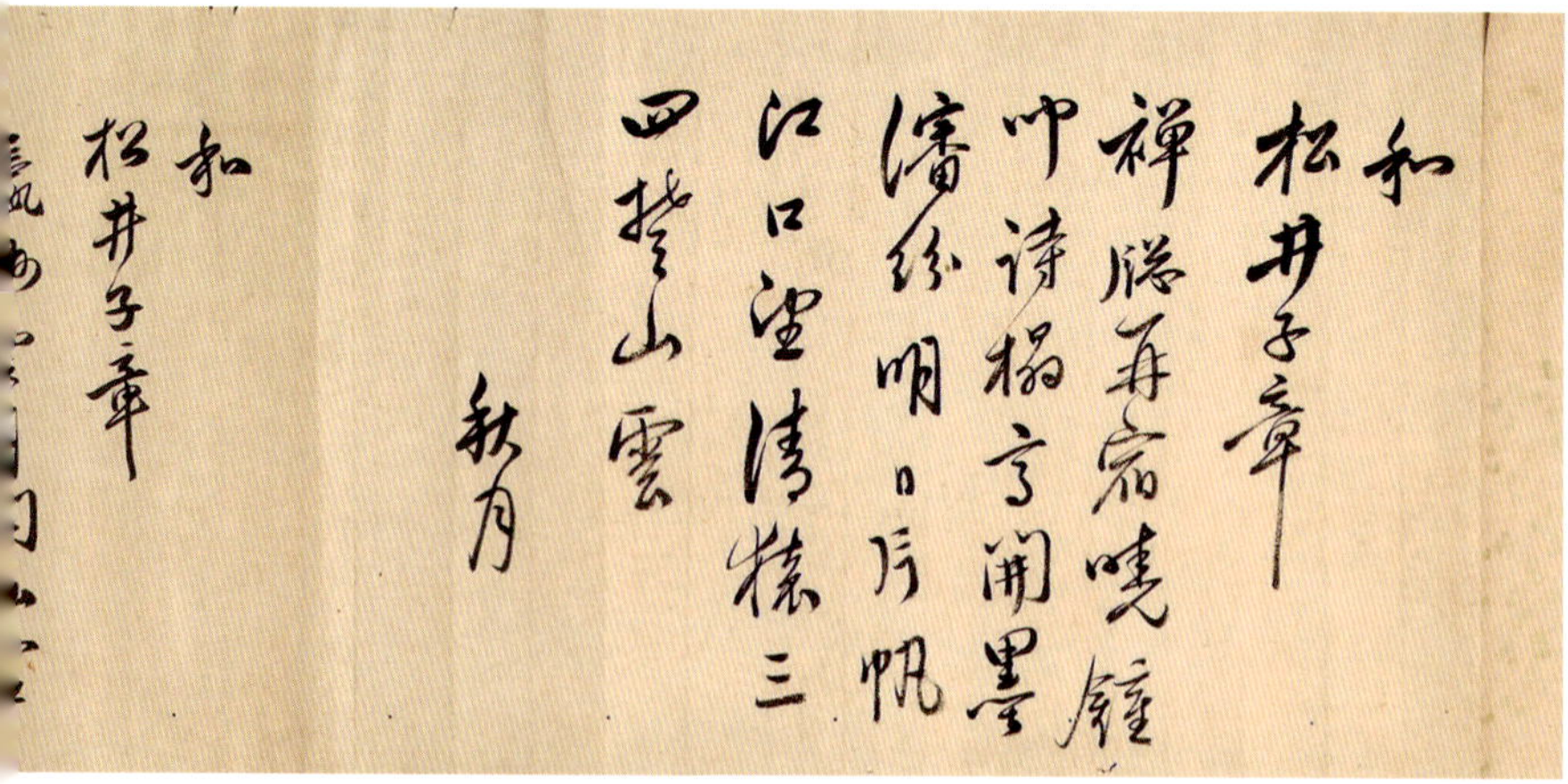

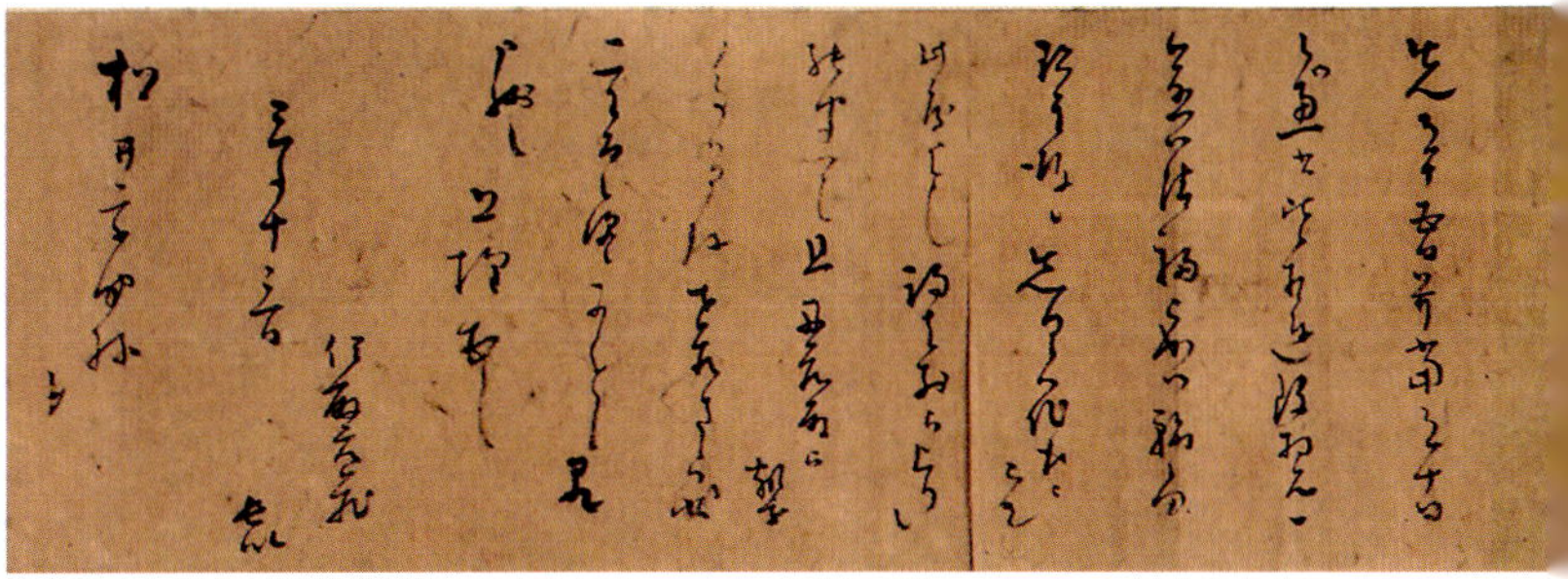

105　伊藤東涯書状　個人蔵

松井原泉《まついげんせん》（1698 ～ 1762）は長浜市高月町井口出身の儒学者。通称は惣助（宗助）、別号東湖《とうこ》。代々膳所藩郷代官をつとめる松井家に生まれた原泉は、はじめ京都古義堂伊藤東涯《いとうとうがい》の門に入り、東涯没後はその末弟蘭嵎《らんぐう》に学んだ。

みずからも郷代官としてよく村を治め、さらに教育者としても郷民・門弟らから慕われたという。

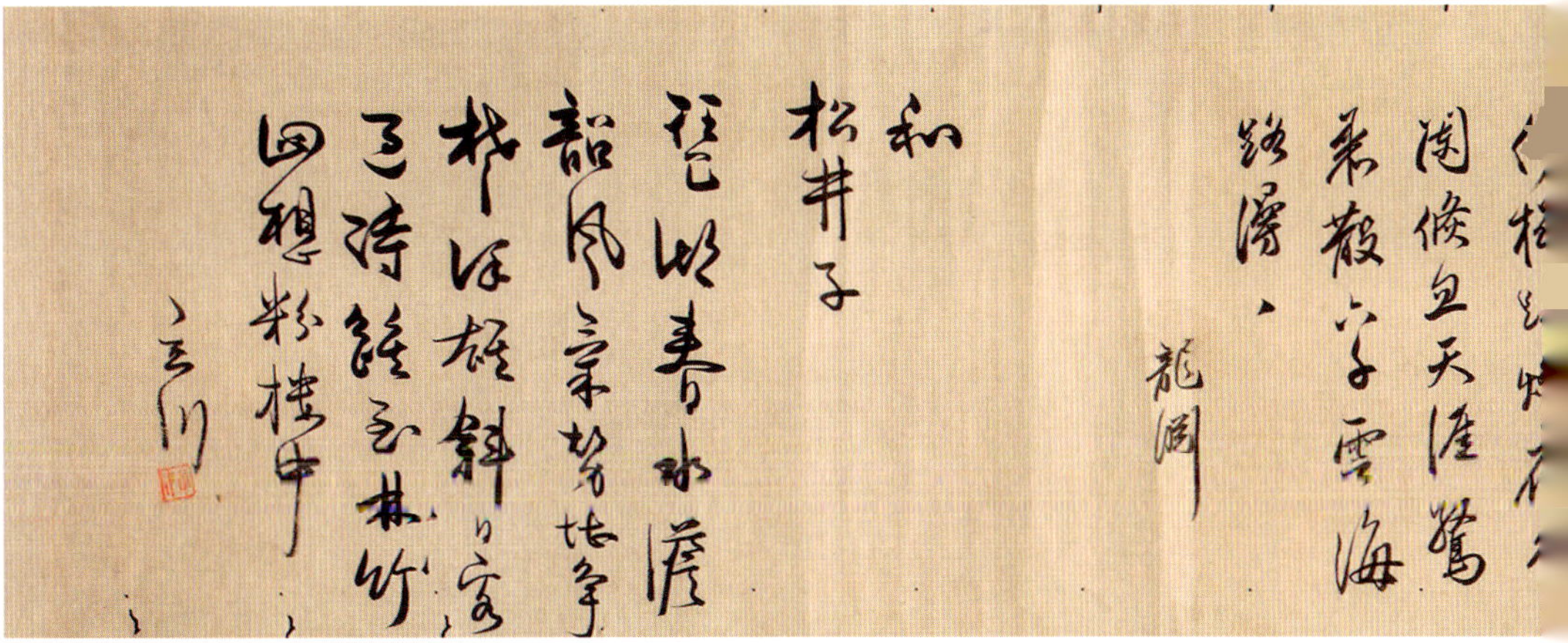

106　朝鮮通信使詩巻　南秋月・成龍淵・元玄川筆　個人蔵

松井原泉《まついげんせん》が没した２年後の宝暦 14 年（1764）に来日した、第 11 次朝鮮通信使の文人と、原泉の子東橋《とうきょう》（文貫、字子章）が唱和した詩巻。製述官南玉《ナムオク》（秋月《チュウォル》）、正使書記成大中《ソンデジュン》（龍淵《ヨンヨン》）、副使書記元《ウォン》重《ジュン》挙《ゴ》（玄川《ヒョンチョン》）の七言絶句が１巻にまとめられている。

従事官書記金仁謙《キムインギョム》（退石《テソク》）にも漢詩を贈ったが、病気のため答詩を返されなかったという。

通信使の経路から離れた長浜市にも、親子２代にわたって朝鮮通信使と交流をもった国際人が存在したことは、まさに驚きである。

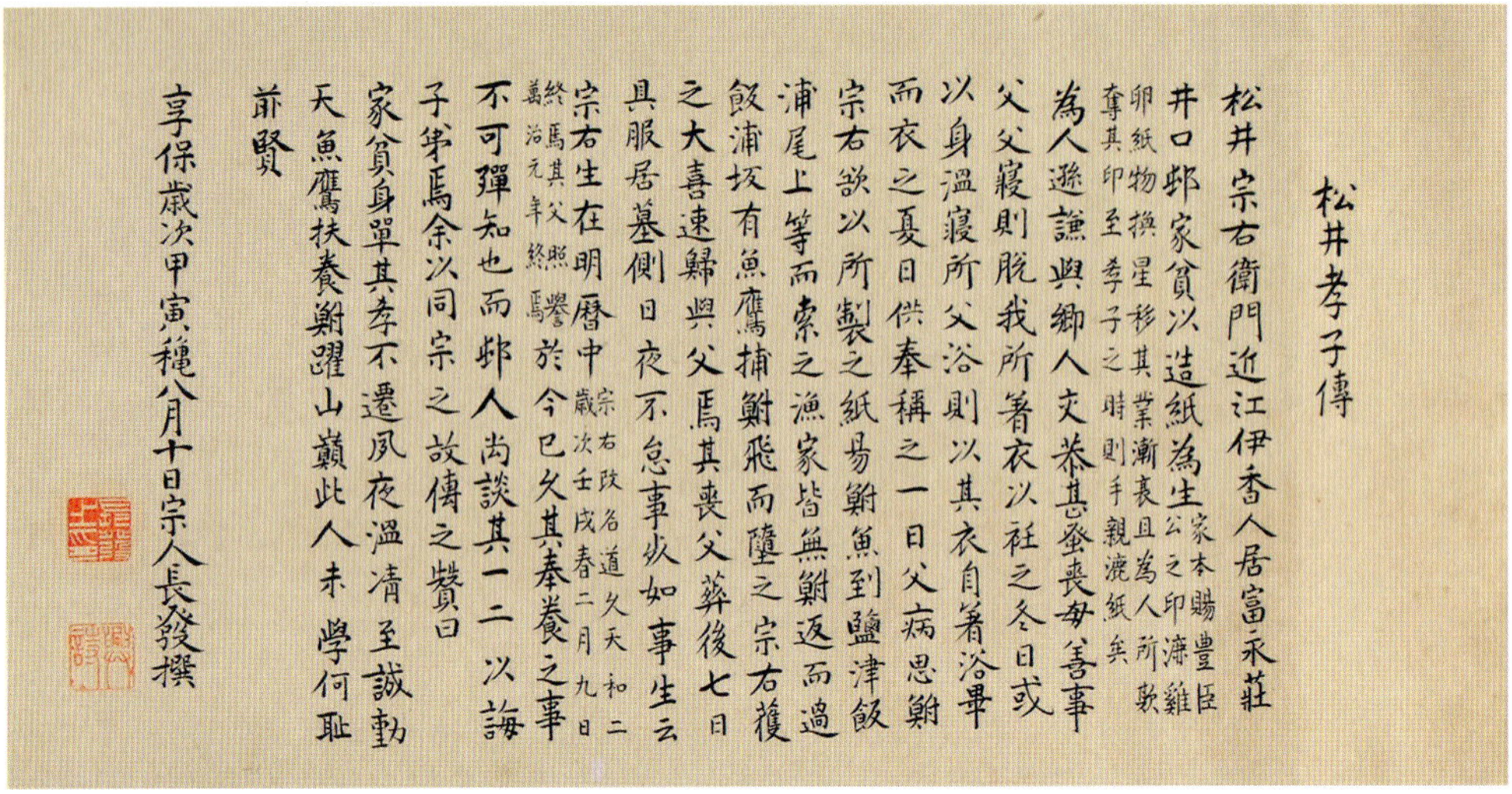

松井孝子傳
松井宗右衛門近江伊香人居富永莊
井口邨家貧以造紙為生家本賜豊臣公之印漉雜
卵紙物換星移其業漸衰且為人所欺奪其印至孝子之時則手親漉紙矣
為人遜讓與鄉人交恭甚蚤喪母善事
父父寢則脫我所著衣以衽之冬日或
以身溫寢所父浴則以其衣自著浴畢
而衣之夏日供奉稱之一日父病思鮒
宗右欲以所製之紙易鮒魚到鹽津飯
浦尾上等而索之漁家皆無鮒返而過
飯浦坂有魚鷹捕鮒飛而墮之宗右獲
之大喜速歸與父焉其喪父葬後七日
具服居墓側日夜不怠事死如事生云
宗右生在明曆中宗右歿名道久天和二歲次壬戌春二月九日
終焉其父照譽萬治元年終焉於今已久其奉養之事
不可殫知也而邨人尚談其一二以誨
子弟焉余以同宗之故傳之贊曰
家貧身單其孝不遷夙夜溫凊至誠動
天魚鷹扶養鮒躍山巔此人未學何恥
前賢
享保歲次甲寅穐八月十日宗人長發撰

104　松井孝子伝・跋・賛　松井原泉編・筆　個人蔵

江戸時代のはじめ、原泉《げんせん》の親戚に松井宗右衛門という孝行息子がいて、原泉はその孝行心を称え、享保19年（1734）宗右衛門の伝記『松井孝子伝』をまとめた。

元文３年（1738）、この文に感銘した中井甃庵《しゅうあん》（播州龍野藩儒、兼大阪懐徳書院教授）は「跋文」を寄せ、寛延元年（1748）通信使製述官朴敬行《パクキョンヘン》（矩軒《クホン》）は「松井孝子賛」を与え、翌年伊藤蘭嵎《らんぐう》が「跋」を寄せた。

本巻は、のちにそれらを写しまとめたもの。

107　瓦人形　近江八幡市蔵

通信使を模した大型の瓦人形で、両手の状態からみると、旗持ちか蓋持ちの人物であろう。顔の表情・帽子・服装の襞、留めた帯など丁寧に作られ、黒・青・赤の泥絵具と金を使って彩色される。当時の鬼瓦作りの職人が顧客向けの贈り物として製作したもので、宝暦14年（1764）の第11回通信使をモデルにしたものと考えられている。

コラム

ユネスコ記憶遺産への道

高月観音の里歴史民俗資料館　学芸員　佐々木　悦也

今を去ること二十五年前、平成二年（一九九〇）五月、韓国の盧泰愚《ノテウ》大統領の訪日を機に、二十一世紀の「日韓新時代」ムードが盛り上がった。大統領は、宮中晩さん会の席上、「二七〇年前、朝鮮との外交にたずさわった雨《あめの》森芳洲《もりほうしゅう》は、『誠意と信義の交際』を信条としたと伝えられます。かれの相手役であった朝鮮の玄《ヒョン》徳《ド》潤《ギュン》は、東莱に誠信堂を建てて日本の使節をもてなしました。今後のわれわれ両国関係もこのような相互尊重と理解の上に、共同の理想と価値を目指して発展するでありましょう（後略）」と述べ、芳洲の名は一気に全国に知れることとなった。

朝鮮通信使ゆかりの町全国交流大会

その前後から、朝鮮通信使に関係する自治体でネットワークを作ったり、シンポジウムを開催するなど、通信使を再認識しようとする動きは広まっていった。

平成五年、朝鮮通信使にゆかりのある自治体・団体等が「朝鮮通信使縁地連絡協議会」を設立。これは、日韓親善友好の歴史的資産である「朝鮮通信使」を支えた誠信の交隣を基本姿勢にして、二十一世紀のアジア太平洋時代とりわけ日韓新時代の重要性を見据え、朝鮮通信使に関わりのある縁地で結成された。各地に残る歴史資料等について研究を重ねるとともに、各地域の振興をはかりながら広域縁地間の連携を強めるとともにアジアの共生の理念から韓国内縁地との交流を促進し、ひいては日韓の友好親善に寄与することを目的としている。

そして、平成二十六年（二〇一四）五月、長浜で「朝鮮通信使縁地連絡協議会」内に、「朝鮮通信使ユネスコ記憶遺産日本推進部会」が設置され、韓国の財団法人釜山文化財団とともに、日韓両国の共同提案の形で「善隣交流の歴史　朝鮮通信使に関する記録」をユネスコの記憶遺産に登録申請する準備が進められている。

※「ユネスコ記憶遺産」とは

一九九七年から登録が行われ、二〇一四年一月の時点では三〇一件にのぼる。世界各国に保管されている文書や書物、楽譜や手書きの写本、絵画、地図、ポスター、映画などの史料のうち、後世に伝える価値のある動産の記録物を登録・保護することを目的として実施されている。

「雨森芳洲と朝鮮通信使」関連略年譜

（明治以前の表中年月日は陰暦）

年号	西暦	
文禄元～	一五九二	文禄・慶長の役（壬辰・丁酉倭乱）おこる。
慶長三	～九八	豊臣秀吉の死去によって撤兵。
慶長四	一五九九	宗義智、講和を求め使者を朝鮮に派遣するが拒絶される。
慶長五	一六〇〇	関ヶ原の戦い
慶長八	一六〇三	徳川家康、征夷大将軍に任命される。
慶長十	一六〇五	朝鮮国の松雲大師、徳川家康と伏見城で接見。 徳川秀忠、二代将軍となる。
慶長十二	**一六〇七**	**第一次朝鮮通信使（回答兼刷還使）来日…国交再開**
慶長十四	一六〇九	対馬宗氏と朝鮮国の間で己酉約条（慶長条約）締結、貿易再開。 薩摩の島津氏が琉球侵攻。以降、薩摩藩の支配下に入る。
元和元	一六一五	武家諸法度が定められる。 大坂夏の陣、豊臣家滅ぶ。
元和二	一六一六	徳川家康没する（七十五歳）。
元和三	**一六一七**	**第二次朝鮮通信使（回答兼刷還使）来日…大坂平定、日本統一祝賀**
元和九	一六二三	徳川家光、三代将軍となる。
寛永元	**一六二四**	**第三次朝鮮通信使（回答兼刷還使）来日…家光襲職の賀** スペイン船の来航を禁止する。
寛永十	一六三三	日本人の海外渡航および海外からの帰国も禁止する。
寛永十一	一六三四	琉球使節の派遣が始まる（一八五〇年まで十八回にわたる）。 長崎に出島ができる。
寛永十三	**一六三六**	**第四次朝鮮通信使来日…太平の賀**
寛永十四	一六三七	島原の乱
寛永十六	一六三九	オランダ商館が出島に移る。 ポルトガル船の来航を禁止する。
寛永二十	**一六四三**	**第五次朝鮮通信使来日…家綱誕生の賀**
明暦元	**一六五五**	**第六次朝鮮通信使来日…家綱襲職の賀**

寛文八	一六六八	五月十七日、医師雨森清納の子として生まれる。
寛文九	一六六九	シャクシャイン（アイヌの酋長）の反乱
延宝四	一六七六	詩を作る（寒到夜前雪云々）。 伊勢の名医高森氏に医術を学ぶ。 儒学を志し柳川震沢に師事する。
天和二	**一六八二**	**第七次朝鮮通信使来日…綱吉襲職の賀**
貞享元	一六八四	父清納没する。
貞享二	一六八五	江戸へ出て儒学者木下順庵の門に入る。
貞享三	一六八六	新井白石、木下順庵の門に入る。
貞享四	一六八七	徳川綱吉が生類憐みの令を定める。
元禄二	一六八九	四月、師順庵の推挙により対馬侯（宗義真）に仕え、二十人扶持及び金十両を江戸邸に賜る。 五月、学問稽古のため引き続き師のもとで学ぶことを命じられる。
元禄三	一六九〇	白足恵厳（心越禅師門下）より初めて中国語を学ぶ。 この年、新井白石ら、芳洲の寓居で詩会をひらく。
元禄五	一六九二	十一月、師の依頼により長崎へ派遣され上野玄貞より中国語を学ぶ。
元禄六	一六九三	対馬に赴任する。十二月、禄二〇〇石及び府中馬場筋に邸を賜る。 新井白石が甲府藩主徳川綱豊（のちの六代将軍徳川家宣）の侍講となる。
元禄七	一六九四	三月、対馬侯（宗義倫）の参府に従い江戸へ赴く。
元禄九	一六九六	二月、中国語を学ぶため江戸から長崎へ派遣される。九月、対馬へ一時帰国する。 十二月、対馬藩士小河新平の妹との縁組を許される。再び長崎へ赴く。
元禄十一	一六九八	三月、長崎から対馬へ帰国。七月十九日「朝鮮御用支配役佐役」を命じられる。 十二月、木下順庵没する（七十八歳）。 この頃、長男顕之允（名・清元、号・鵬海）生れる。
元禄十三	一七〇〇	陶山訥庵らの建議により猪狩り令が発せられる。
元禄十五	一七〇二	二月、宗義真の退休を告げる「告逓参判使」の都船主として初めて朝鮮へ渡る。 赤穂浪士討ち入り
元禄十六	一七〇三	九月、学文稽古のため「草梁倭館」に派遣され朝鮮語を学び、この間『交隣須知』をまとめる（翌年十一月対馬へ帰国）。この頃次男徳之允（権之允か、賛治、名・守経、号・龍岡）生まれる。
宝永二	一七〇五	四月、再び学文稽古のため「草梁倭館」に派遣され朝鮮語を学ぶ（十一月対馬へ帰国）。

宝永三	一七〇六	十月、湯治のため有馬へ行く。この頃三男俊之允（名・清一、号・玄徹）生まれる。 『天龍院公（義真）実録』『霊光院公（義倫）実録』の編纂を担当する。
宝永六	一七〇九	三月、倭館枡の調査報告書『斛一件覚書』を上申。 徳川家宣、六代将軍となる。新井白石近侍する。（正徳の治）
宝永七	一七一〇	中御門天皇の即位参列のため京都へ向った新井白石に祝賀詩を寄せる。
正徳元	**一七一一**	三月、日本国王号問題・信使待遇問題等につき白石へ書簡を送る。五月、国王号問題についての交渉のため「草梁倭館」に派遣される。 **第八次朝鮮通信使来日…家宣襲職の賀** 八月「真文役」として朝鮮通信使一行を護行して江戸を往復する。
正徳三	一七一三	一月、六代将軍家宣の逝去を告げる「告訃参判使」の都船主として朝鮮へ渡り「草梁倭館」に赴く。
正徳四	一七一四	八月『天龍院公実録』『霊光院公実録』草稿成る。九月、幕府の銀輸出制限に対応するため江戸へ派遣され、白石と論争する。白石に詩の批評・添削を乞う。この年おそく荻生徂徠と初めて会談し、徂徠は芳洲を「偉丈夫・福人」と評する。顕之允を徂徠の門に入れる。
正徳五	一七一五	春頃、顕之允を入門三ヶ月で引き取る。四月『隣交始末物語』を白石に提出する。
享保元	一七一六	四月、七代将軍家継逝去し、白石失脚・引退。大学頭林信篤に書を送り「学者の任務が名分を正すに存する」ことを論じる。 徳川吉宗、八代将軍となる。享保の改革がはじまる。
享保二	一七一七	八月、禄二三〇石（三〇石加増）となり、翌々年にかけて江戸に滞在。（四年四月対馬へ帰国）。
享保三	一七一八	宗義誠対馬藩主となる。この頃、義誠公の諱の一字を賜って誠清と名乗り「十一箇条訓言」（公爾忘私、国爾忘家云々）を上申。
享保四	**一七一九**	**第九次朝鮮通信使来日…吉宗襲職の賀** 七月「真文役」として朝鮮通信使一行を護行して江戸を往復する。
享保五	一七二〇	一月、林大学頭の求めにより『朝鮮風俗考』を著す。七月『韓学生員任用帳』をまとめ通詞養成策を上申。十月、白石に詩の批評・添削を乞う。十月十六日、朝鮮新王景宗の即位を慶賀する「陳賀参判使」の都船主として朝鮮へ向かうが、同二十三日、長門津之島へ漂着。十一月九日帰国し、改めて「草梁倭館」に赴く（翌年三月対馬に帰国）。
享保六	一七二一	藩の求めにより、密貿易問題に対する意見書を陶山訥庵・松浦霞沼とともに各々上申する。 春頃、聚化庵を構えて内々に隠居する。長男顕之允の家督相続について訥庵と書翰を交す。 七月「朝鮮御用佐役」を辞任。但し家老から下問があった場合は意見を述べるよう命じられる。 この頃、三男俊之允を医術稽古のため剃髪し玄徹と改名させ、京へ送る。 五月、長男顕之允、無禄にて出仕する。
享保九	一七二四	閏四月『天龍院公実録』『霊光院公実録』を藩に提出。十月「御用人」を命じられる。
享保十	一七二五	三月、対馬侯（宗義誠）の参府に従い江戸へ赴く。五月、新井白石没する（六十九歳）。この頃、次男徳之允、松浦霞沼の養子となる。
享保十二	一七二七	八月、役目御免を願い出るが却下される。『通詞仕立帳』を上申。朝鮮通詞養成の「惣下知」となる。 この頃、嫡孫連（加兵衛、名・清寿、号・涓庵）生まれる。

享保十三	一七二八	八月「御用人」辞任を許可され「裁判役」を命じられる。九月、松浦霞沼没し（五三歳）、十一月、賛治（徳之允）家督を相続する。十二月『交隣提醒』を著す。
享保十四	一七二九	三月「裁判役」として「草梁倭館」に派遣される（翌年十月対馬に帰国）、六月『全一道人』を公にする。
享保十五	一七三〇	八月『誠信堂記』を記す。
享保十七	一七三二	一月、松浦賛治（徳之允）が『大衍院公実録』編纂責任者となり、芳洲その相談役を命じられる。六月、陶山訥庵没する（七十六歳）。
享保十八	一七三三	二月『大衍院公実録』完成。九月、伊藤東涯に随筆集『たはれぐさ』の校訂・批評を乞う。
享保二十	一七三五	十月『治要管見』を上申。
元文四	一七三九	四月、顕之允没し（四十二歳）、以後嫡孫連の教育に努める。五月『大雲院公実録』完成。
延享二	一七四五	七月、連無禄にて出仕する。
延享四	一七四七	十月『橘窓茶話』完成。この頃、腰痛のため病床に。子弟の教育を続ける。
寛延元	一七四八	三月、公式に隠居し、連家督を相続する、この頃、和歌の研究をはじめ『古今和歌集』千遍読みと和歌一万首詠草を志す。第十次朝鮮通信使来日…家重襲職の賀
寛延二	一七四九	八月『古今和歌集』千遍読み終わる。
宝暦二	一七五二	この頃『万葉集』の研究をはじめる。この頃、二度にわたって上申する。
宝暦三	一七五三	五月『信使停止之覚書』を上申。十二月「裁判役」として「草梁倭館」に派遣されていた松浦賛治（徳之允）が帰国し、閉門を命じられた後、知行没収となる。
宝暦五	一七五五	一月六日、日吉の別荘にて没する（八十八歳）。長寿院に葬る。法諡は一得斎芳洲誠清府君
宝暦七	一七五七	妻小河氏没する。
明和元	一七六四	第十一次朝鮮通信使来日…家治襲職の賀
天明二	一七八二	天明の飢饉
天明七	一七八七	寛政の改革がはじまる。
文化八	一八一一	第十二次朝鮮通信使来日…家斉襲職の賀
文政八	一八二五	異国船打払令が出る。
天保四	一八三三	天保の飢饉
天保十二	一八四一	天保の改革がはじまる。
嘉永六	一八五三	アメリカよりペリーが浦賀に来航
安政五	一八五八	日米和親条約締結、下田・箱館を開港

慶応三	一八六八	大政奉還、明治維新
～	～	
明治二十七	一八九四	日清戦争がはじまる。
明治三十七	一九〇四	日露戦争がはじまる。
大正三	一九一四	第一次世界大戦がはじまる。
大正十三	一九二四	芳洲の事績調査・贈位申請。文教に貢献せる功績により「従四位」追贈。芳洲会設立。
昭和十四	一九三九	第二次世界大戦がはじまる。
昭和五十八	一九八三	「雨森芳洲文庫資料」、高月町指定文化財に指定される（一三六件）。
昭和五十九	一九八四	東アジア交流ハウス「雨森芳洲庵」開館
平成二	一九九〇	盧泰愚韓国大統領来日、宮中晩餐会での天皇陛下への答礼において、大統領は雨森芳洲の名をあげ、「誠信外交」を両国関係の上に生かしていくことを提案。
平成六	一九九四	「雨森芳洲関係資料」、重要文化財（歴史資料）に指定される（八六件）。
平成十	一九九八	高月町、対馬厳原町と「友好のまち」縁組
平成二十二	二〇一〇	高月町、市町合併により長浜市に編入
平成二十三	二〇一一	長浜市、対馬市と「友好のまち」縁組

『雨森芳洲と朝鮮通信使　―未来を照らす交流の遺産―』

展示資料目録

＊展示会場：［長浜］……長浜城歴史博物館
［高月］……高月観音の里歴史民俗資料館
＊番号の上の記号は、以下の内容を示す。
◎…重要文化財　△…市指定文化財

江戸時代の外交使節団「朝鮮通信使」

◎1　明王贈豊太閤冊封文　一巻　［長浜］
万暦二十三年（文禄四、一五九五）
大阪歴史博物館蔵
巻子装、綾本墨書
三一・三×五〇一

2　懲毖録　二冊　［長浜］
元禄八年（一六九六）刊
下関市立長府博物館蔵
紙本木版
（各）二六・九×一八・九

3　高野山敵味方闘死者供養碑拓本　一幅　［長浜］
慶長四年（一五九九）建立
個人蔵（大阪歴史博物館保管）
紙本拓本
一六五・六×六二・七

4　朝鮮国礼曹俘虜刷還諭告文　二幅　［長浜］
万暦四十五年（元和三、一六一七）
佐賀県立名護屋城博物館蔵
紙本墨書
（各）一〇一・七×六六・一

5　朝鮮国礼曹参判書契　一通　［長浜］
崇禎九年（寛永十三、一六三六）
一般財団法人　布施美術館蔵
紙本墨書
五一・九×一一三・八

6　朝鮮通信使絵巻「正徳度朝鮮通信使参着帰路行列図巻」　四巻　［長浜］
正徳元年（一七一一）
高麗美術館蔵
紙本著色
（各）二八・五×（第一巻）一三三一・七
（第二巻）一一二四・九
（第三巻）一一九七・〇
（第四巻）一一五七・一

7　正徳元年朝鮮通信使登城行列図　第一巻（三巻のうち）　［高月］
正徳元年（一七一一）
大阪歴史博物館蔵（辛基秀コレクション）
紙本著色
二七・七×一、四七六・七

8　延享五年朝鮮通信使登城行列図　一巻　［長浜］
延享五年（一七四八）
下関市立長府博物館蔵
紙本著色
三四・八×五五二・五

9　朝鮮通信使行列図　一巻　［高月］
文化八年（一八一一）
個人蔵（山口県立山口博物館保管）
紙本著色
二七・九×一、二八五・四

10　琉球人行列図巻　一巻　［長浜］
年不詳
下関市立長府博物館蔵
紙本木版彩色
一八・四×二〇三・四

11　朝鮮通信使上々官第三船図　二面　［長浜］
正徳元年（一七一一）
大阪歴史博物館蔵（辛基秀コレクション）
紙本著色
（各）二七・七×一四八・〇

（供船図）一一一・五

12 延享五年朝鮮人来朝書付（行程図）一紙 [長浜]
延享五年（一七四八）
佐賀県立名護屋城博物館蔵
紙本墨書彩色
三一・三×四四・一

13 乗轎 一基 [長浜]
佐賀県立名護屋城博物館蔵
九八・九×八七・七×一一三・八
（棒長二四三・〇）

14 宝暦十四年通信正使趙曮書帖 一帖 [長浜]
宝暦十四年（一七六四）
下関市立長府博物館蔵
紙本墨書
二九・〇×二一・六

15 日観要考 一冊 [長浜]
江戸時代後期（原著：享保四年（一七一九））
芳洲会蔵（高月観音の里歴史民俗資料館保管）
紙本墨書
二四・七×一三・八

◎16 送使約條私記 一冊 [長浜]
規白玄方著、雨森芳洲筆、江戸時代中期
芳洲会蔵（高月観音の里歴史民俗資料館保管）
紙本墨書
二七・五×二〇・七

◎17 交隣大昕録 一冊 [長浜]
規白玄方他著、雨森芳洲編・筆、江戸時代中期
芳洲会蔵（高月観音の里歴史民俗資料館保管）
紙本墨書
二六・五×二〇〇・〇

18 東医宝鑑 二十五冊 [長浜]
許浚《ホジュン》著、朝鮮・光海君六年（一六一二）初刊
一般財団法人 布施美術館蔵
紙本木版
三四・三×二一・四（第一冊）

19 朝鮮人参 三包 [長浜]
江戸時代後期
佐賀県立名護屋城博物館蔵

20 朝鮮通信使接待用食器 八口 [長浜]
文化七年（一八一〇）
個人蔵（甲賀市信楽町長野）

21 朝鮮人御用信楽長野村焼物雛形控 一冊 [長浜]
文化七年（一八一〇）
個人蔵（甲賀市信楽町長野）
紙本墨書墨画
三三・四×二四・三

道中の記録「描かれた通信使」・「供応の記録」

22 朝鮮人物正写朝鮮人饗応之節 一巻 [長浜]
原画・近藤子文、江戸時代後期
大阪歴史博物館蔵（辛基秀コレクション）
紙本著色
三五・〇×一、〇四〇・三

23 御免朝鮮人来聘行列附 一巻 [長浜]
江戸時代後期
高麗美術館蔵
紙本木版淡彩
一九・〇×六六二・〇

24 正徳元年朝鮮人行列次第 一冊 [長浜]
正徳元年（一七一一）
下関市立長府博物館蔵
紙本木版
二一・七×一五・六

25 延享五年朝鮮通信使次第 一冊 [長浜]
延享五年（一七四七）
下関市立長府博物館蔵
紙本木版
二二・五×一五・五

26 朝鮮紀聞 一冊 [長浜]
江戸時代後期

佐賀県立名護屋城博物館蔵

27 朝鮮人来朝行列記　一冊〔長浜〕
文化八年（一八一一）
高麗美術館蔵
紙本木版
一八・〇×一二・五

28 琉球人行列図　一冊〔長浜〕
天保三年（一八三二）
下関市立長府博物館蔵
紙本木版
二二・九×一五・九

29 朝鮮使節騎馬図　一幅〔長浜〕
宮川長春筆、江戸時代中期
佐賀県立名護屋城博物館蔵
絹本著色
一二五・〇×四〇・〇

30 馬上才図　一面〔高月〕
二代鳥居清信筆、江戸時代中期
高麗美術館蔵
紙本著色
五二・〇×八一・四

31 馬上才図巻　一巻〔長浜〕
江戸時代中期
佐賀県立名護屋城博物館蔵
紙本著色
二五・五×六〇九・〇

△32 江州蒲生郡八幡町絵図　一幅〔長浜〕
江戸時代中期
近江八幡市蔵
紙本著色
八二・〇×九八・〇

33 未年朝鮮人江戸上下江州八幡山昼休御賄入用　惣目録帳　一冊〔長浜〕
寛永二十年（一六四三）
佐治家文書（長浜市長浜城歴史博物館保管）
紙本墨書
二八・八×二二・〇

34 未年朝鮮人江戸上下江州八幡山昼休御賄所作事入用帳　一冊〔長浜〕
寛永二十年（一六四三）
佐治家文書（長浜市長浜城歴史博物館保管）
紙本墨書
二九・〇×二一・二

35 近江野洲村朝鮮通信使に対する課役免除口上書　一巻〔長浜〕
江戸時代：元禄八年〜文化五年
佐賀県立名護屋城博物館蔵
紙本墨書
三〇・八×八三〇・〇

36 朝鮮通信使守山宿宿泊地絵図　一巻〔長浜〕
江戸時代後期
佐賀県立名護屋城博物館蔵
紙本著色
三一・六×三四一・七

37 朝鮮人御用覚　一帖〔長浜〕
延享四年（一七四八）
横関家文書（高月観音の里歴史民俗資料館保管）
紙本墨書
一二・三×三五・四

38 朝鮮人来聘大津駅記　一帖〔長浜〕
延享四年（一七四八）
横関家文書（高月観音の里歴史民俗資料館保管）
紙本墨書
一二・二×三四・七

39 西六右衛門書状　松井五兵衛宛　一通〔長浜？〕
年不詳
横関家文書（高月観音の里歴史民俗資料館保管）
紙本墨書
三〇・四×四一・四

△40 朝鮮人帰国諸役掛り物高付　一通〔長浜〕
天和二年（一六八二）
古橋村高橋家文書（長浜市長浜城歴史博物館蔵）
紙本墨書

三〇・〇×四二・五

41　羽柴秀吉判物　もりもと大夫宛　［長浜］

42　朝鮮人御越人足伝馬役御免之儀ニ付指上書　［長浜］

43　朝鮮人御入用免許之儀ニ付申上書　［長浜］

44　朝鮮人高掛馬高割戻之儀ニ付書置　［長浜］

45　朝鮮人来朝懸リ銀赦免之儀ニ付書置五通　［長浜］
江戸時代
高月町森本自治会蔵
紙本墨書

46　朝鮮人来朝御入用人馬賃請取状　［長浜］

47　大津宿御賄所下行渡鶏役銀請取状　二通　［長浜］
江戸時代
高月町柏原自治会蔵
紙本墨書

雨森芳洲「誠心外交」

◎48　雨森芳洲肖像　一幅　［長浜］
江戸時代中期
芳洲会蔵（高月観音の里歴史民俗資料館保管）
紙本著色
七四・六×四二・九

◎49　雨森芳洲肖像　一幅　［高月］
江戸時代中期
芳洲会蔵（高月観音の里歴史民俗資料館保管）
絹本著色
七六・〇×四三・〇

◎50　木下順庵肖像付自賛　一幅　［長浜］
画者不詳、賛・木下順庵筆、元禄九年（一六九六）
芳洲会蔵（高月観音の里歴史民俗資料館保管）
絹本著色
一一五・五×四二・〇

◎51　与頭奉公帳　［長浜］
長崎県蔵（県立対馬歴史民俗資料館保管）

◎52　毎日記　［長浜］
長崎県蔵（県立対馬歴史民俗資料館保管）

◎53　立身　加増　新規被召出　帰参　［長浜］
長崎県蔵（県立対馬歴史民俗資料館保管）

◎54　家業人　［長浜］
長崎県蔵（県立対馬歴史民俗資料館保管）

◎55　義如君江故事申上扣①・日乗②・日課③　三冊　［長浜］
雨森芳洲筆
①享保十八年（一七三三）～十九年
②元禄十一年（一六九八）
③元禄十三～十五年頃
芳洲会蔵（高月観音の里歴史民俗資料館保管）
紙本墨書
①二四・五×一七・〇
②二四・五×一八・二
③二四・二×一八・三

◎56　公爾忘私国爾忘家　附十箇条訓言　一幅　［長浜］
雨森芳洲筆、寛延元年（一七四八）
芳洲会蔵（高月観音の里歴史民俗資料館保管）
紙本墨書
八八・五×四八・〇

◎57　交隣提醒　一冊　［長浜］
雨森芳洲著、雨森鵬海筆カ、
原著・享保十三年（一七二八）
芳洲会蔵（高月観音の里歴史民俗資料館保管）
紙本墨書
二五・七×一九・五

△58　誠信堂記　一通　［長浜］
雨森芳洲撰、原著・享保十五年（一七三〇）
芳洲会蔵（高月観音の里歴史民俗資料館保管）
紙本墨書

◎59 国書書改惣論 [長浜]
雨森芳洲著・筆、正徳元年（一七一一）　紙本墨書
芳洲会蔵（高月観音の里歴史民俗資料館保管）
二六・七×二〇・八

◎60 雨森芳洲了簡書草案 一巻 [長浜]
雨森芳洲筆、江戸時代中期　紙本墨書
芳洲会蔵（高月観音の里歴史民俗資料館保管）
二四・二×一一二一・〇

◎61 信使一件幷集書 二冊 [長浜]
雨森芳洲著・筆、正徳元年（一七一一）　紙本墨書
芳洲会蔵（高月観音の里歴史民俗資料館保管）
（第一冊）二四・五×一七・〇
（第二冊）二三・五×一七・五

△62 朝鮮風俗考 一冊 [長浜]
雨森芳洲著、原著・享保五年（一七二〇）　紙本墨書
芳洲会蔵（高月観音の里歴史民俗資料館保管）
二四・六×一六・五

◎63 全一道人 一冊 [長浜]
雨森芳洲著・筆、享保十四年（一七二九）　紙本墨書
芳洲会蔵（高月観音の里歴史民俗資料館保管）
二四・七×六一・〇

◎64 吏文大師 一冊 [長浜]
雨森芳洲編カ、芳洲筆、江戸時代中期　紙本墨書
芳洲会蔵（高月観音の里歴史民俗資料館保管）
二六・九×一八・八

◎65 享保六年辛丑雨森東五郎朝鮮佐役被差免候節差出候書付 一冊 [長浜]
陶山訥庵著・筆、享保六年（一七二一）　紙本墨書
芳洲会蔵（高月観音の里歴史民俗資料館保管）
二七・〇×一九・五

◎66 治要管見 一冊 [長浜]
雨森芳洲著・筆、享保二十年（一七三五）　紙本墨書
芳洲会蔵（高月観音の里歴史民俗資料館保管）
二四・六×一七・〇

◎67 雨森芳洲了簡書 一冊 [長浜]
雨森芳洲著・筆、延宝四年（一七四七）カ　紙本墨書
芳洲会蔵（高月観音の里歴史民俗資料館保管）
二四・二×一九・二

△68 雨森芳洲上申書控 一通 [長浜]
雨森芳洲筆、江戸時代中期　紙本墨書
芳洲会蔵（高月観音の里歴史民俗資料館保管）
二三・五×一八・〇

△69 雨森芳洲跋書控 一冊 [長浜]
雨森芳洲筆、宝暦三年（一七五三）　紙本墨書
芳洲会蔵（高月観音の里歴史民俗資料館保管）
一六・〇×二八七・五

◎70 李東郭七絶「遊仙詩」 一幅 [長浜]
李東郭筆、正徳元年（一七一一）　紙本墨書
芳洲会蔵（高月観音の里歴史民俗資料館保管）
二五・〇×一七・三

◎71 李東郭七律 一通 [長浜]
李東郭筆、正徳元年（一七一一）　紙本墨書
芳洲会蔵（高月観音の里歴史民俗資料館保管）
三一・九×六〇・五

◎72 道以書翰 一通 [長浜]
玄錦谷筆、享保十一年（一七二六）　紙本墨書
芳洲会蔵（高月観音の里歴史民俗資料館保管）
三六・二×四八・七

◎73 唐金氏宛申維翰詩文 一冊 [長浜]
申維翰著　雨森芳洲筆、享保四年（一七一九）　紙本墨書
三八・五×六八・九

芳洲会蔵（高月観音の里歴史民俗資料館保管）
紙本墨書
二一・八×一六・四

74 申維翰 詩書 一幅 [長浜]
申維翰筆、享保四年（一七一九）
佐賀県立名護屋城博物館蔵
紙本墨書
二九・四×五一・八

交流の遺品

75 拾得図 一幅 [長浜]
金明国筆、江戸時代前期
下関市立長府博物館蔵
紙本墨画
六四・五×五二・八

△76 朝鮮信使東槎紀行 一冊 [長浜]
原著・明暦元年（一六五五）、江戸時代中期
芳洲会蔵（高月観音の里歴史民俗資料館保管）
紙本墨書
二七・九×二〇・八

◎77 縞紵風雅集・同附集 八冊 [長浜]
正徳元年（一七一一）
芳洲会蔵（高月観音の里歴史民俗資料館保管）
紙本墨書
二八・九×二〇・二（第一冊）

△78 京都唱酬 一冊 [長浜]
正徳元年（一七一一）
芳洲会蔵（高月観音の里歴史民俗資料館保管）
紙本墨書
二四・三×一七・三

△79 三宅滄溟通信使一行詩文筆談集 一冊 [長浜]
正徳元年（一七一一）
芳洲会蔵（高月観音の里歴史民俗資料館保管）
紙本墨書
二七・五×一九・〇

△80 韓使五山唱和集 一冊 [長浜]
雨森芳洲筆カ、正徳元年（一七一一）
芳洲会蔵（高月観音の里歴史民俗資料館保管）
紙本墨書
三〇・五×二一・〇

81 韓客酬唱録 三巻 [長浜]
小倉尚斎他筆、江戸時代中期
個人蔵（山口県立山口博物館保管）
紙本墨書

◎82 韓客唱和集 六冊 [長浜]
雨森芳洲筆、正徳元年（一七一一）
芳洲会蔵（高月観音の里歴史民俗資料館保管）
紙本墨書
二九・〇×ヨコ二〇・八（第一冊）

雨森芳洲とその交友

◎82 李東郭七律 附雨森芳洲識語 一幅 [高月]
上段・李東郭筆、正徳三年（一七一三）
下段・雨森芳洲筆、元文二年（一七三七）
芳洲会蔵（高月観音の里歴史民俗資料館保管）
紙本墨書
（上段）三〇・一×四九・〇
（下段）四〇・四×四八・九

◎84 李東郭書状 一通 [高月]
李東郭筆、江戸時代中期
芳洲会蔵（高月観音の里歴史民俗資料館保管）
紙本墨書
三三・一×四六・九

◎85 雨森鵬海詩抄 一巻 [高月]
雨森鵬海著・筆、新井白石筆、正徳四年（一七一四）
芳洲会蔵（高月観音の里歴史民俗資料館保管）
紙本墨書
二六・四×一四四・〇

86 白石詩草 一冊 [高月]
新井白石著、正徳二年（一七一二）刊
下関市立長府博物館蔵
紙本木版
二七・五×一七・六

◎87　七律「寄贈新井勘解由在西京」一幅　［高月］
雨森芳洲筆、宝暦二年（一七五二）
芳洲会蔵（高月観音の里歴史民俗資料館保管）
紙本墨書
一二六・四×四一・五

◎88　松浦霞沼挽詩　一通　［高月］
雨森芳洲筆、享保十三年（一七二八）カ
芳洲会蔵（高月観音の里歴史民俗資料館保管）
紙本墨書
三七・二×四七・四

89　雨森芳洲　詩書　一幅　［高月］
雨森芳洲筆、延享三年（一七四六）
佐賀県立名護屋城博物館蔵
紙本墨書
一〇九・一×四九・五

90　七絶「性愛楊花云々」一幅　［高月］
雨森芳洲筆、宝暦二年（一七五二）
滋賀県立琵琶湖文化館蔵
紙本墨書
一〇五・六×二六・五

◎91　七絶示嫡孫連　一幅　［高月］
雨森芳洲筆、元文五年（一七四〇）
芳洲会蔵（高月観音の里歴史民俗資料館保管）
紙本墨書
四四・二×三二・三

◎92　読書論　一幅　［高月］
雨森芳洲著、雨森涓庵筆、寛保元年（一七四一）
芳洲会蔵（高月観音の里歴史民俗資料館保管）
紙本墨書
一二六・五×五三・〇

93　老子図　一幅　［高月］
賛・雨森芳洲作、雨森涓庵筆、宝暦四年（一七五四）
個人蔵
紙本著色・墨書
九〇・四×二七・八

◎94　観游亭記　一幅　［高月］
雨森芳洲筆、寛保三年（一七四三）
芳洲会蔵（高月観音の里歴史民俗資料館保管）
紙本墨書
九一・五×三八・九

◎95　諭子弟語　一幅　［高月］
雨森芳洲筆、宝暦三年（一七五三）
芳洲会蔵（高月観音の里歴史民俗資料館保管）
紙本墨書
六一・二×三二・〇

△96　たはれぐさ　三冊　［高月］
雨森芳洲著、寛政元年（一七九〇）刊
芳洲会蔵（高月観音の里歴史民俗資料館保管）
紙本木版
二五・四×一七・六

◎97　橘窓茶話　二冊　［高月］
雨森芳洲著、松浦桂川筆、原著・延享四年（一七四七）
芳洲会蔵（高月観音の里歴史民俗資料館保管）
紙本墨書
二四・七×一八・二（第一冊）
二四・五×一八・三（第二冊）

◎98　芳洲詠草　二十二冊　［高月］
雨森芳洲著・筆
寛延元年（一七四八）～宝暦四年（一七五四）
芳洲会蔵（高月観音の里歴史民俗資料館保管）
紙本墨書
二五・一×一七・八（第一冊）

近江と朝鮮通信使

99　琵琶湖之図　一幅　［高月］
円山応震筆、文政七年（一八二四）
滋賀県立琵琶湖文化館蔵
絹本著色
五七・五×一四六・六

△100　李邦彦（南岡）詩書　一幅　［高月］
李南岡著、正徳元年（一七一一）
本願寺八幡別院蔵
紙本墨書
一五一・五×六一・二

101　朝鮮通信使詩巻　一巻　［高月］
朴矩軒他筆、寛延元年（一七四八）

高月観音の里歴史民俗資料館蔵
紙本墨書
二八・七×三七四・六

102 桑韓鏘鏗録 三冊 ［高月］
百田金峯著、寛延元年（一七四八）刊
薬師寺蔵（奈良市）
紙本木版
二六・四×一六・七

103 松井孝子賛 一巻 ［高月］
朴矩軒筆・伊藤蘭嵎跋、寛延元年（一七四八）・二年
個人蔵
紙本墨書
二七・九×一九八・一

104 松井孝子伝・跋・賛 一巻 ［高月］
松井原泉編・筆、江戸時代中期
個人蔵
紙本墨書
二九・一×一七五・三

105 伊藤東涯書状 一巻 ［高月］
伊藤東涯筆、江戸時代中期
個人蔵
紙本墨書
一五・六×九三・一

---

106 朝鮮通信使詩巻 一巻 ［高月］
南秋月・成龍淵・元玄川筆、宝暦十四年（一七六四）
個人蔵
紙本墨書
二九・五×一二七・九

107 瓦人形 一体 ［高月］
江戸時代後期
近江八幡市蔵
高六一・八

古文書・詩文等釈文

＊表題の上の数字は列品番号と一致する。
＊列品番号がないものは、頁数で図版と対照できるようにした。

33　未年朝鮮人江戸上下江州八幡山昼休御賄入用　奥書

右者朝鮮人未ノ六月、江戸参勤、同帰国ノ時、江州八幡山ニ而両度昼休之御賄入用、諸色直段之義者致吟味相究、代銀相渡候、手形帳差添上ヶ申、相違之義御座候者、何時も仕直シ上可申候、以上、

寛永廿　　未

御勘定所

34　未年朝鮮人江戸上下江州八幡山昼休御賄所作事入用帳留　奥書

右ハ朝鮮之信使五人之座敷、中間・下官ノ小屋賄所建申入用、并上官之座敷畳表かへ、其外入用諸色直段之義ハ、致吟味相究申候、諸職人売上代銀請取候手形帳差添上ケ申候、相違之義御座候者、何時も仕なをし上ケ可申候、以上、

寛永弐拾　　未

御勘定所

以上

39　西六右衛門書状　松井五兵衛宛

初春御慶申納候、然者、ふれ状まいらせ遣候、若此内御断ありたき儀も候ハヽ、十五日已前ニ、御上り可有候、藤太夫方へ申遣候、十五日已前可罷上候間、御同道待申候、銀納候直段百四十壱匁ニ極候、御上之時分御持参可有之、何も代官所人かたへ渡申候、朝鮮人送人足駄賃之割、旧冬に遣候定ヲ相届候、六尺極之儀も

（下段）

申遣候定相届可申候、何銀子御持参可有候、折ふしいそかしき儀候而、早々かき申候、わけ文申まして置候、御上之時分可申述候、恐々謹言

西六右衛門

正月六日　　□□（花押）

松五兵衛様
まいる

40　帰国諸役掛り物高付書

今度朝鮮人帰国之刻諸役掛り物高付之跡

一、三千百六拾八石九斗　　北之郡之内
一、六千二百七拾四石六斗　　中郡之内
一、八千弐百五拾三石八斗　　南之郡之内

右之趣致吟味、兼日相触候通、村々江可被申渡者也、

天和弐年
戌九月日

42　朝鮮人御越人足伝馬役御免之儀ニ付指上書

指上ケ申手形の事

一、この度、朝鮮人お越しに付き、森本村へ人足・伝馬仰せ付けられ候。然れども、森本村の儀、太閤様御書き付け頂戴つかまつり候以後、諸役仰せ付けられ候儀、ござ無く候。三十四年以前、丑の年、（井伊）直孝様、御領内の御朱印御改めなされ候節、松居小左衛門様御取り次ぎにて、件の御書き付け御披見に入れ、前々の通り、諸役御免なされ、後々朝鮮人お越しの時

分も、人馬ともに出し申さず候。右、件《くだん》のお断り申し上げ候に付き、この度も、人馬御免下され、忝《かたじけ》なく存じ奉り候。後々諸役御免の儀、もし偽りこれ有るに於いては、如何様《いかよう》の曲事《くせごと》にも、仰せ付けらるべく候。後日の為、よって件《くだん》の如し。

天和二年　戌の七月二十七日

伊香郡森本村

庄屋孫四郎

横目長太夫

組頭左助

同孫兵衛

惣百姓中

御奉行様

45　大津宿御賄所下行渡鶏役銀請取状

覚

掛高九百二十三石一斗一升

一、銀七十目七分九厘

江州伊香郡

柏原村

右は、当申、朝鮮人来朝、江州大津宿御賄い所、下行渡し、鶏役諸入用銀、書面のとおり納め候ところ、よって件《くだん》の如し。

明和元年申閏十二月　石(石原)清左右衛門

右村

庄屋

年寄

46　朝鮮人来朝御入用人馬賃請取状

請取申上納金銀事

役高九百二十三石一斗一升

一、金十五両二歩

銀五匁一分七厘二毛

百石に付き　金一両二歩

永百八十八文　掛

右は、当申年、朝鮮人来朝、御入用人馬賃、御国役金銀懸け改め、たしかに受け取り申すところ、件《くだん》の如し。

明和元年申十二月二十九日　嶋本三郎九郎

江州伊香郡柏原村

庄屋

年寄中

50　木下順庵肖像　付自賛

(読み)

眉目顦顴面全体いまだ全からず、語黙動静神伝わり心自ら伝わる、縹嚢　細帙文字の間に生死し、褒衣博帯鵷鷺の班に陪侍し、これを舒ぶればすなわち物あり則あり、日用を知らず、これを巻けばすなわち声なく臭なく世とともに相移る、用舎行蔵いづくんぞあるとなさんや、いづくんぞ亡しとなさんや、嗚呼、噫嘻、我と爾とこれあるかな。

元禄丙子二月中浣　錦里木幹直夫書

橘東に附す

(意訳)

顔立ちをみると美男子とはいえない。喋っていても黙っていても、また動いていても静かにしていても、その挙動に本当の心が表れている。

自分は、立派な書物の研究に人生を送り、ある時は立派な服を着て偉い人のお供をし、ある時は学問に専心し官人と席を並べることもある。

自分の思い通りに行動する時は、自然に法則にかなっている(が自覚はしない)、黙っていれば目立たず、世を共に世の人と移っていく。

出処進退が立派かどうか、自分には分からない。

ああ、そういう境地は、私とお前だけである。

元禄二年二月中旬　木下順庵書

橘東(芳洲のこと)に附す

56　公爾忘私国爾忘家　附十箇条訓言

(読み)

公のみ私を忘れ　国のみ家を忘る

経遠を図る　苛細を捨つ

賢能を選ぶ　謇直を尚ぶ

奢侈を禁ず　倹制に遵う

廉恥に励む　情欲を慎む

賞罰を明らかにす　賄賂を絶つ

対府原任用人芳洲雨森東八十一歳書

(意訳)
私事を忘れて公事に専念し、家も忘れて国に尽くす
目先のことに振り回されず、遠大な計略を立てる。
細かく煩わしいことは捨てる(下役の者に任せる)。
賢く能力のある者を選任する。
忠実で真正直な(直言する)者を重んずる。
身分以上のぜいたくを禁ずる。
つつましさを守る。
いさぎよく、恥を知る。
むさぼりの心を慎む
正しく善行を認め、悪行を咎める。賄賂を絶つ

70 李東郭七絶「遊仙詩」

(読み)
青鳥晨に玉字を含んで来り
上元今夜瑤台に讌す
仙童たちまち蒼竜を繋いで至り
騎して瓊筵に向い酔いを帯びて廻る
　辛卯菊秋東郭芳洲のために題す

(意訳)

私(青鳥)は、国王の使者として国書を運んで来た。

今夜は立派な御殿で酒宴が催される。そこへ仙童(使いの童)が蒼竜(芳洲)を伴ってやって来た。

彼は馬に乗って華やかな宴席に向い、把酒清談、酔いを帯びて再び帰っていった。

71 李東郭七律

(読み)
酒席、芳洲に贈る　東郭狂生不本の才
六旬余二鬢皚を含む　腹中の文字五千巻
酔裏豪情三百杯　しばしば朝班を忝し
仍宰たり　再び仙桂を攀じて一に魁に居る
襟懐坦蕩畦畛なし　物色今朝かつ猜うなし
　東郭

(意訳)

酒席においてこの詩を芳洲に贈る。私は頑固偏屈で、才能も乏しい愚かな人間である。年老い六十二歳になり、髪も白くなったが、博学かつ酒豪である。

恐縮ではあるが、しばしば朝廷より高い役職を戴き、現在も長官職についている。再び進士の試験に及第し、常にその首席である。私の胸の内はおおらかで分け隔てはない。あなたに対しても、自分をさらけ出して、疑いなど全く持っていないのですよ。

81 韓客酬唱録

皇華琴瑟亦詩盟　無隴諸賢有占情　何似闘竃関今夜会
一燈歓笑両心傾　相逢此夜験
海上寒随白鳥盟　蓬莱雲月入詩情　龍窟
看得明珠筆下傾　青泉申秘書

83 李東郭七律　附雨森芳洲識語

上段
(読み)
遙に芳洲の案下に寄す　万古傷心ここに別離す
永嘉台外また天涯なり　詩を題してすなわち使う相思うの字　酒を得てまず懐う対酌の時
遠書を寄せんと欲しただ涙あり　堪うべけんや
良覿更に期なきを　ただ憐れむ夜々東城の月
扶桑海上の枝より来るを　癸巳首夏上澣東郭

(意訳)

芳洲に寄せる詩。遠く離れてしまったあなたとの別れはいつまでも私の心を痛める。詩を作ると、すぐにあなたを相思うという字を使ってしまう。

また酒を飲むとまず思い出すのは、一緒に汲み交した時のことだ。手紙を書こうと思うと、ただそれだけで涙が溢れてしまう。もう会えないと思うと耐えられない。ただ救いは、月だけは毎夜あなたと私の両方を照らしてくれるということだ。

下段

（読み）

安陵の太守東郭李先生、名は礥、字は重叔、正徳辛卯信聘せらる時の製述官なり、人となり忠厚博学にして詞章をよくす、余結びて紵縞の交りをなす、海陸数千里の間を往還すること半載余りあり、朝夕唱和して水乳相投じ、ついに異邦の莫逆たり、癸巳、余、かの国に奉使し、草梁館中に寓す、詩一首来り寄するあり、家に珍蔵すること久し、今その人の墓木すでに拱なり、余もまた年七帙に登る、篋を開いてこれを視る、手筆宛然として面目を見るが如し、存没の感肺腑に痛切なり、すなわち賛治に命じて装潢して軸をつくらしめる、蓋しこれを子孫に伝え、東郭と余と相厚きのかくの如きに至れるを知らしめんと欲すと、しかいう、

元文丁巳二月十八日　芳洲雨森東書

（意訳）

李東郭は正徳通信使の製述官である。その人となりは、忠心厚く博学で詩や文章を作るのが上手だった。彼と私は、大変親密な良き友であった。通信使の行程を半年余り同行し、朝な夕なに詩を交わして意気投合し、ついに国を越えた親友となった。正徳三年、私が釜山の倭館に滞在した折、彼から詩を一首寄せられ、長く我が家に大切に保存してきた。今、すでに彼の墓の木は抱えるほど大きくなり（死後長い歳月が経ち）私も七十歳になってしまった。箱を開いてこれを見ると、まるであなたの顔をまのあたりにするようだ。人の命とははかなく、胸が締め付けられる。その詩を賛治に表具させた。これを子孫代々に伝え、彼と私が無二の親友だったことを永く伝えたいと思う。

87　七律「寄贈新井勘解由在西京」

（読み）

寄せて新井勘解由の西京にあるに贈る

星軺きくならく京陽に駐るを　彩節錦袍驌驦に跨がる　古寺花深くして白閣に登り綺筵酒緑にして黄堂に倚る　跡は禹穴を尋ね詩篇富み　栄は畿門に擬して姓字香し識らんと欲す辺城客思多きを　黒貂半ば敝れ鬢霜となる

これすなわち余壮年の時作るところ　掬水軒の老僧酒席にあり偶爾口占す　よって故旧を懐想し覚えず悵然たり　芳洲八十五歳書

（意訳）

京都に滞在する新井白石に寄せて贈る詩。

聞く所によると、あなたは今京都におられるとのこと、彩った美しい旗を立て、豪華な錦の衣服を着て、良馬に乗り、威勢揚々たることでしょう。ある時は花深い古寺を尋ねて白閣に登り、ある時は美しく豪華な宴席で澄んだ美酒を汲み交しているのでしょう。またいろいろ名勝旧跡を巡り、立派な詩をたくさん作られ、その栄誉は高く、評判は各地に知れ渡っています。それにひきかえ私は辺鄙な田舎（対馬）にいて寂しく心細く、黒貂皮の衣服も半ばやぶれ、年老いて髪にも白髪が混じり霜のようになってしまいました。

この詩は、私が若い頃に賦した旧作で、掬水軒の老僧が酒席で口ずさんだので、当時を懐かしみ、今は亡き白石を思い嘆き悲しんでいる。

90　七絶「性愛楊花云々」

性、楊花を愛して幾春を度る

蒼顔白髪、海西の濱

高僧此を去りて人相問えば

為に説け、柴桑に今人ありと

芳洲八十五歳書

（訳）

私は生まれつき楊の花が好きで、この地に幾春かを過ごし、今は年老いて顔青白く、頭髪も白くなって海西の浜にいる。今高僧がこの地を離れ遠くへ行くが、先方の人がもし私の近況を尋ねたら、私は悠々自適の日々を送っていると伝えて下さい。

91　七絶示嫡孫連

（読み）
吉日良辰気象新たなり、満堂喜ぶ、汝のすでに成人たるを、妙齢懈らず、青雲の志、学を嗜み、すべからく観国の賓となるべし。嫡孫連に示す。

元文庚申八月二日　芳洲七十三歳書

（意訳）
今日は日柄も良く、万象新鮮な感じがする、この堂に集まっているもの全員がおまえの成人を喜んでいる。まだ若いの心から青雲の志を抱き、怠ることなくよく学び、かならずや彼の国から賓客として迎えられるような国際人に成長しろ。これを嫡孫に示す。

93 老子図

昏々黙々　守蔵仙
底事徘徊　深野辺
紫気定応　呈瑞色
眼穿老尹　函関天

芳洲雨森東八十七歳題　孫雨森連替書

94 観游亭記

（読み）
それ観の観たり、游の游たるを知りて、忻々然としてもって自ら喜ぶものは恒人なり。万物はみな観るべく、万物けみな游ぶべし。その游びて観るゆえんを知るもの、これを楽しむは危し。なお外に待つものあり。その恒人におけるや、咫尺の間のみ。もしそれ達人の観游におけるや、戸を出ずして天下の大を窺い、一瞬に過ぎずして四海の外を撫し、六虚に弥満し、八極を揮斥す。これを廃して倏然として、その所を知るなし。なんぞ必ずしも物ならんや。至れりというべし。

龍田子、一亭を家圃に作り、海溟の空濶、山岳の龍嵸、かの街衢の旁午と、挙げてみな矚目せざるなし。しかして又、華木禽虫の衆く且つ盛んなるを攬り、于々然として、ここに游び、ここに観る。余、ゆえにその名を立てて観游という。

附するに壺丘の意をもってすという。

寛保癸亥季秋四日　芳洲雨森翁七十六歳書

（意訳）
観ること、遊ぶことを知り、そこで喜んでいる人は凡人である。何につけ、観ようと思えば、また遊ぼうと思えば、観ることも遊ぶこともできる。

しかし、そこで楽しんで満足することは危険なことである。実際に目の前にあるわずかのものしか観ることも遊ぶこともできない。達人の「観遊」は、家の中に居ながらにして天下・宇宙、全てのことを見通している。龍田氏は一亭を作って、居ながらに外界の様子を知り、ここに「観遊」している。

だから、私はその亭舎を「観遊」と命名したのだ。

95 論子弟語

（読み）
余《よ》、庸愚蠢劣《ようぐしゅんれつ》にして、百もよくするところなし。

幸《さいわい》にして、今日に免るるゆえんは、これいまだかつて禽畜《きんちく》の行《おこな》いをなさざるのみ。子それ諭《さと》れ、爾子弟慎《なんじしていつつし》み守りて失わず、自ら新《あら》たなれ、以上、尹彦明《インヤンミン》言うあり、学は人たるを学ぶゆえんなるのみ、と。大なるかな、その之を言うや。

芳洲八十五歳書

（意訳）
私は愚かで、何一つ満足にできない人間である。

しかし、こんな私が幸いにして今日まで悪事もせず無事に生きながらえることができたのは、自分が善をなしたからではなく、いまだかつて鳥や獣のような道理をわきまえない行いをしなかったため、ただそれだけである。あなたは子弟に対して「慎みを守って、日々新たに向上するように」と諭しなさい。尹彦明は「学問とは、本当の人間となることを学ぶものである」と言っている。なんと素晴らしい言葉ではないか。

100 李邦彦（南岡）詩書

（釈文）
金台寺裏客重来
竹塢荷塘乱雪堆
残域属看時物変
此行何事尚遅回
辛卯蜡月上浣東韓帰客題

101　朝鮮通信使詩巻

（釈文）
奉酬
東湖韻
帰程指北斗
宿債上東瀛
小坐松風下
湖明一鳥横
矩軒

奉和
東湖
班荊古松下
雲（ご）月見詩才
琶江流不尽
情興遠雲回
花　済庵

奉和
東湖見贈瓊韻
湖山千里美
馬首暮雲生
珍重詩相贈
瓊琚入眼明
朝鮮酔雪柳逅
同所

奉和
東湖恵韻
西帰多邂逅
茶酒万林中
別意蝉声裏
迢々対晩風
海皐

106　朝鮮通信使詩巻　南秋月・成龍淵・元玄川筆

（釈文）
和
松井子章
禅窓再宿暁鐘聞
詩榻高開墨瀋紛
明日片帆江口望
清猿三四楚山雲
秋月

和
松井子章
瀛洲雲月問仙宦
仏榻踈灯夜色闌
倏忽天涯驚屎散
六千雲海路漫々
龍淵

和
松井子
琵琶春水澹韶風
気勢堪争楚沢雄
斜日客過詩誰至
林竹回想粉楼中
立川

主な参考文献

姜在彦訳注『海游録』平凡社東洋文庫（一九七四）
長崎県教育会対馬部会『郷土史料対馬人物志』（一九七七〈再版〉）
関西大学東西学術研究所『雨森芳洲全書一・二・三・四』関西大学出版部（一九七九～八四）
泉澄一編『宗氏実録一・二』清文堂出版（一九八一～八八）
田中健夫『対外関係と文化交流』思文閣出版（一九八二）
田代和生『書き替えられた国書―徳川・朝鮮外交の舞台裏』中公新書（一九八三）
水田紀久『近世日本漢文學史論考』汲古書院（一九八七）
辛基秀『朝鮮通信使往来　二六〇年の平和と友好』労働経済社（一九九三）
辛基秀・仲尾宏編『善隣と友好の記録 大系朝鮮通信使』明石書店（一九九三～九六）
滋賀県教育委員会編『雨森芳洲関係資料調査報告書』（一九九四）
李元植『朝鮮通信使の研究』思文閣出版（一九九七）
泉澄一『対馬藩藩儒　雨森芳洲の基礎的研究』関西大学出版部（一九九七）
辛基秀『朝鮮通信使　人の往来、文化の交流』明石書店（一九九九）
仲尾宏『朝鮮通信使をよみなおす』明石書店（二〇〇六）
仲尾宏『朝鮮通信使―江戸日本の誠信外交』岩波新書（二〇〇七）
信原修『雨森芳洲と玄徳潤』明石書店（二〇〇八）
上田正昭『雨森芳洲―互に欺かず争わず真実を以て交り候』ミネルヴァ書房（二〇一一）
田代和生校注『交隣提醒』平凡社東洋文庫（二〇一四）

東京国立博物館「朝鮮通信使　近世二〇〇年の日韓文化交流」（一九八五）
高月町立観音の里歴史民俗資料館「雨森芳洲墨蹟展」（一九八八）
下関市立長府博物館「朝鮮通信使　その足跡と防長における文化交流」（一九八九）
岐阜市歴史博物館「朝鮮通信使」（一九九二）
朝日新聞社「宗家記録と朝鮮通信使」一九九二）
大阪市立博物館「朝鮮通信使　善隣友好の使節団」（一九九四）
佐賀県立名護屋城博物館「誠信の交わり　文化八年の朝鮮通信使」（一九九七）
下関市立長府博物館「東アジアの中の下関」（一九九六）
京都文化博物館「こころの交流　朝鮮通信使」（二〇〇一）
佐賀県立名護屋城博物館「４つの窓と釜山」（二〇〇三）
常葉美術館「朝鮮通信使展　江戸時代の善隣友好」（二〇〇四）
下関市立長府博物館「朝鮮通信使と下関」（二〇〇八）
高月町立観音の里歴史民俗資料館「雨森芳洲と朝鮮通信使」（二〇〇九）
高麗美術館「朝鮮通信使と京都『誠信の交わり』への道―松雲大師と雨森芳洲―」（二〇一三）

お世話になった方々（敬称略、五十音順）

近江八幡市
大阪歴史博物館
（公財）高麗美術館
佐賀県立名護屋城博物館
滋賀県立琵琶湖文化館
下関市立長府博物館
長崎県立対馬歴史民俗資料館
長浜市高月町柏原自治会
長浜市高月町森本自治会
（一財）布施美術館
本願寺八幡別院
薬師寺
山口県立山口博物館
株式会社 梨洞

荒巻直大
石野義明
出雲一郎
井上ひろ美
井上　優
大澤研一
岡藤英生
小倉真義
片山真理子
片山通夫
加藤大覚
烏野茂治
姜　南周
姜　鶴子
金　京一
古城春樹
西郷教信
辛　理華
田中洋一
鄭　喜斗
仲尾　宏
久野哲矢
平井茂彦
布施秀茂
町田一仁
松井正直
山口華代
八杉　淳
山田　稔
山本　潤
龍造寺裕則
渡邊勇祐

編集スタッフ
太田　浩司（長浜市長浜城歴史博物館・高月観音の里歴史民俗資料館　館長）
佐々木悦也（高月観音の里歴史民俗資料館　副参事）
秀平　文忠（高月観音の里歴史民俗資料館　副参事）
坂口　泰章（高月観音の里歴史民俗資料館　学芸員）

制作スタッフ
岸田　詳子（サンライズ出版）
岸田　幸治（サンライズ出版）
高野瀬普子（サンライズ出版）

雨森《あめのもり》芳洲《ほうしゅう》と朝鮮通信使
―未来を照らす交流の遺産―

発　行　日　平成二十七年九月二日
企画・編集　長浜市長浜城歴史博物館
　　　　　　高月観音の里歴史民俗資料館
制　　　作　サンライズ出版株式会社
発　　　行　高月観音の里歴史民俗資料館
　　　　　　〒五二九―〇二三三
　　　　　　滋賀県長浜市高月町渡岸寺二二九
　　　　　　電話　〇七四九（八五）二二七三
発　売　元　サンライズ出版
　　　　　　〒五二二―〇〇〇四
　　　　　　滋賀県彦根市鳥居本町六五五―一
　　　　　　電話　〇七四九（二二）〇六二七

ISBN978-4-88325-578-8 C0021